P. S. Pallas

Sammlungen historischer Nachrichten über die Mongolischen Völkerschaften

Erster Band

Verone

P. S. Pallas

Sammlungen historischer Nachrichten über die Mongolischen Völkerschaften
Erster Band

1st Edition | ISBN: 978-9-92500-056-2

Place of Publication: Nikosia, Cyprus

Erscheinungsjahr: 2015

TP Verone Publishing House Ltd.

Nachdruck des Originals von 1776.

D. R. Nitschmann inv. et ..

Samlungen

historischer Nachrichten

über die

Mongolischen Völkerschaften

durch

P. S. Pallas

D. A. D. Profeſſor der Naturhiſt. und ordentl. Mitgl. der Rußiſch = Kayſerl.
Akademie d. W., der Römiſch = Kayſerl. und Königl. Schwediſchen Akad. wie
auch der Engl. Societät, der Petersburg. freyen ökonom. u. Berlin.
naturforſchenden Geſellſchaften.

Erſter Theil.

— Si in tanta ſcriptorum turba mea fama in obſcuro ſit, nobilitate ac
magnitudine eorum, meo qui nomini officient, me conſoler.
Liv. hiſt. lib. 1. praef.

St. Petersburg,

gedruckt bey der Kayſerlichen Akademie der Wiſſenſchaften 1776.

Vorrede.

Die Mongolische Nation, eins der ältesten und mächtigsten Stamvölker Asiens, welches sich Jahrtausende lang so unvermischt erhalten und durch alte und neuere Heerzüge nicht nur den umliegenden asiatischen Reichen, sondern selbst Europa fürchterlich gemacht hat; welches seine eigne Sprache und Schrift besizt, ganz besondern Gebräuchen anhängt und izt den so mannichfaltigen und noch so wenig bekannten Tybetischen Götzendienst unter sich hat: verdiente wohl, zumal in unsern Zeiten, da selbige immer mehr zerstreut und unterjocht wird, eine eigne und genaue Beschreibung. Wollte man das alles, was in Geschicht = und Reisebeschreibern über die Mongolen und deren Brüder die Oerdt oder Dirät vorhin aufgezeichnet war, zusammen fassen, so würde zwar die ältere und neuere

Geschichte

Geschichte dieser Völker einigermaſſen vollſtändig, aber nicht viel zuſammenhängendes über ihre Lebensart, Sitten und den merk= würdigen Aberglauben, dem ſie anhängen, herauskommen. Deßwegen hatte der Herr **Staatsrath Müller,** welchen man als den Vater der Geſchichte des nordlichen Aſiens erkennen muß, ſchon vor ſeiner unternommenen wichtigen Sibiriſchen Reiſe, den Vorſaz gefaſt wenigſtens die Kalmückiſche Nation, als den mächtigſten Hauptzweig der Oerdt, durch umſtändlichere eigne Nachrichten auch in dieſer Abſicht unſerm Welttheil bekannter zu machen, wie der von Ihm **im dritten Stück des erſten Bandes** Seiner Samlungen **rußiſcher Geſchichte** (S. 273 = 279.) eingerückte Entwurf beweiſt. Die darauf erfolgte Reiſen dieſes verehrungswürdi= gen Gelehrten und übernommene wichtigere Geſchäfte haben die Ausführung ſeines Entwurfs verhindert.

Als ich mich in den Jahren 1768. und 69. an der Wolga und dem izt ſogenannten Uralfluſſe aufhielt, hatte ich Gelegenheit vieles von der Kalmücken Lebensart und von ihrem Aberglauben, theils aus eignem Augenſchein und Nachfragen, theils aus einigen mir mitgetheilten Ueberſetzungen geiſtlicher Schriften zu ſamlen. Daraus entſtanden diejenige Nach= **richten von den Kalmücken,** welche ich im erſten Theil meiner Reiſebeſchreibung als flüchtige, von der Reiſe ausge= fertigte Beyträge bekannt gemacht habe. Ich kannte die da= malige Unvollkommenheit dieſer in kurzer Zeit und mit wenig Muſſe und Gelegenheit zuſammengetragnen Nachrichten voll= kommen wohl: Weil mir aber das meiſte obgleich nicht vollſtändig, doch zuverläßig genug bekannt war, und damals noch ſo wenig Original=Nachrichten von dieſem Volk in Druck

waren,

waren, ich auch nicht wuſte, ob ich die meinigen zu ver=
mehren noch einſt Gelegenheit haben würde; ſo ließ ich,
ſonderlich auf des damals noch lebenden Herrn Prof. Fiſcher
Zurathen, jene unvollkommene Arbeit unter den übrigen Reiſe=
nachrichten drucken.

Als ich mich darauf im J. 1772. bey den Mongolen
befand, hatte ich neue Gelegenheit meine Samlungen über
die Lamaïſche Götzenlehre und Gebräuche fortzuſetzen, verſchiedne
ſich darauf beziehende Schriften und mongoliſch verfaſte Auf=
ſätze überſetzen zu laſſen und die unter rußiſcher Herrſchaft
verbliebne Mongolen ſowohl, als die mit den Kalmücken vor
Alters verbrüderte Buräten kennen zu lernen; Wobey mir
ſonderlich die gütige und freundſchaftliche Hülfe des bey der
Selenginſkiſchen Gränzkanzley angeſtellten Herrn Majors
Simeon Fedorowitſch Wlaſſof ſehr wohl zu ſtatten kam
und daher meine öffentliche Erkenntlichkeit verdient.

Zu dieſen Vermehrungen kam ferner, daß ich im Jahr
1773. meine Rückreiſe aus Sibirien durch die Wolgiſchen Ge=
genden zu nehmen von der Kayſerl. Akademie der Wiſſen=
ſchaften die Erlaubniß erhielt. Während des ganzen Win=
ters, welchen ich in Zarizyn zubrachte, war ich ernſtlich be=
müht unter den dort herum ziehenden Kalmücken, theils ſelbſt,
Umgangsweiſe und durch Geſchenke, theils durch Dollmetſcher,
allerley Nachrichten und mongoliſche Schriften zu ſamlen, auch
meine vorige Anzeichnungen zu berichtigen, zu vermehren und
durch Ausfüllung unzähliger Lücken und dunkler Stellen in
einen beſſern Zuſammenhang zu bringen. Behülflich war
zu Erreichung meines Vorhabens, daß mir von der Kayſerl.
Akademie d. W. auf meine Vorſtellung erlaubt ward zwey ge=

)(3   weſene

wesene Mitbürger der unter Zarizyn ansäßigen Sareptischen Colonie mährischer Brüder, Hr. David Renatus Nitschmann, als Zeichner, und Hr. Johann Jährich als Kalmückischen Uebersetzer bey meiner Reisegesellschaft aufzunehmen; von welchen der leztere durch seine ganz ohne Anleitung erworbne Kenntniß der mongolischen Sprache und Geschicklichkeit im Uebersetzen sowohl, als auch alle orientalische Schriftarten aufs sauberste nachzuahmen, ersterer aber durch geschickte Entwerfung der zu Erläuterung der Kalmückischen Lebensart, Sitten und Ceremonien so nöthigen Vorstellungen, welche dieses Werk in Kupfern begleiten, nüzlich geworden sind.

Solchergestallt befand ich mich in den Stand gesezt den izt gedruckt erscheinenden ersten Theil dieser Samlungen und die meisten Abschnitte des zweyten, noch in Zarizyn in Ordnung zu bringen, und würde selbige schon viel eher dem Druck übergeben haben, wenn mich nicht zwey nachher noch erhaltne wichtige Beyträge, sonderlich zum historischen Abschnitt, genöthigt hätten ganze Stellen dieses leztern umzuarbeiten, zu den übrigen hin und wieder Zusätze zu machen und meine ganze Arbeit noch einmahl durchzusehn. Diese Beyträge bestanden: Erstlich in historisch-genealogischen, nur zum Theil gebrauchten Nachrichten über die Kalmücken, welche ich von der Güte des Herrn Staatsrath Müller in Moskau erhielt, dem ich auch einen Theil der Nachrichten vom Tybet und der Tybetanischen Hierarchie, welche im zweyten Theil erscheinen werden, zu verdanken habe; darnach aus denen Nachrichten welche mein vormaliger Freund, der in seiner unglücklichen Gefangenschaft verstorbne Herr Prof. S. G. Gmelin über die Kalmücken, bey seinem Aufenthalt in Astrachan, gesamlet hatte und die mir,

nach

nach deſſen Ableben, zu Ergänzung meiner Arbeit von der Akademie übergeben wurden. Unter dieſen waren mir hauptſächlich die Archivſchriften, woraus ich die neuere Begebenheiten der Wolgiſchen Kalmücken gröſtentheils gezogen habe, willkommen; alle übrige, die Lebensart und den Aberglauben dieſes Volk betreffende Anmerkungen fand ich zwar gröſtentheils ſchon unter dem meinigen, manches darunter aber war mir doch zur Beſtätigung oder zur Erläuterung angenehm.

So ſind die gegenwärtige Samlungen über die Mongoliſchen Völkerſchaften entſtanden, die ich, ſoviel möglich, in eine zuſammenhängende Ordnung zu bringen geſucht habe. — Im hiſtoriſchen Abſchnitt iſt mein Zweck nicht geweſen eine vollſtändige Geſchichte dieſer Völker zu liefern; ich habe nur genauere Eintheilungen und Benennungen der Stämme, von deren Richtigkeit ich hinlänglich verſichert bin, die Genealogien der verſchiednen Fürſtenlinien unter ihnen und das weſentlichſte aus ihren eigenthümlichen Jahrbüchern, beſonders ſolche Umſtände, die ich ſonſt nirgend aufgezeichnet fand, mittheilen wollen. Die Schwierigkeiten welche ich überwinden müſſen, um bey einem nomadiſchen Volk den Beſitzer dieſer oder jener Schrift erſt auszukundſchaften, dann durch freundliche Worte, Geſchenke und Verſprechungen ſelbige nur auf eine kurze Zeit geliehen zu erhalten; und auch die Entfernung desjenigen Theils der Kalmückiſchen Horde aus den Wolgiſchen Steppen, bey welchem die meiſten und vollſtändigſten Urkunden zu vermuthen waren, entſchuldigen meine Unvollſtändigkeit, ſonderlich in Abſicht der ältern mongoliſchen Geſchichte, genugſam. — In den übrigen Abſchnitten habe ich ſo umſtändlich und genau, als mir möglich war, zu ſeyn getrachtet

getrachtet und bin dadurch vielleicht in den bey solchen Ma=
terien schwer zu vermeydenden Fehler der Weitläuftigkeit ver=
fallen; worüber ich denn die Nachsicht meiner Leser erbitten muß.

Wegen der S. 4. dieser Schrift bezweifelten Stelle
des Abulgasi (oder, wie er eigentlich geschrieben wird: Abu=l=
ghási Mohhammed Bahâdur Chan), habe ich, erst nach Ab=
druck meiner ersten Bogen, eine bey der Kayserl. Bibliothek allhier
befindliche, ungedruckte teutsche Uebersetzung dieses tatarischen Ge=
schichtschreibers, welche von dem vormaligen Prof. Kehr nach dem
Original verfasset worden, zu vergleichen Gelegenheit gehabt,
wodurch ich in meinem Zweifel über die Treue der französi=
schen Uebersetzung bey dieser und vielen andren Stellen genugsam
bestärkt worden bin. Die obgedachte, vom französischen Uebersetzer
wiedersprechend verkürzte Stelle des Originals lautet nach
Kehrs Uebersetzung folgender maßen:

„In den Geschichtbüchern sind Nahmen der erwähnten
„Berge und Sprachen, und Oerter und Personen in mon=
„golischer oder in türkischer Sprache. Bey mir halten
„sich solche Leute auf, die da Bücher machen und aus=
„arbeiten, wie auch Schreiber und zwey Tadshiken (Bucha=
„ren), welche Mongolisch verstehn. In der mongolischen
„Sprache ist ein grosser Theil, und umgekehrt in der tür=
„kischen Sprache ist wieder ein grosser Theil von den
„mongolischen Wörtern und Nahmen. Einem Tadshiken
„ist es leicht, wenn er zehn Tage im leinen aushält, eine
„Sprache, die er noch niemals gelehrt worden, schreiben
„und verstehn zu lernen. Mir Armen hat in der Er=
„lernung der türkischen und Persischen Sprache und in
„der Nuzanwendung derselben Gott, der Allerhöchste viel

Gnade

„Gnade gegeben. --- Zu dieser Zeit ist mir noch ein
„Türk und ein Tadshik nöthig, welche mir Armen dieses
„Werk durchsehen und verbessern helfen. Nächstdem ist mir
„eine wichtige Hülfe gewesen, daß ich zu den Kalmaken
„gereiset bin und mich allda ein Jahr lang aufgehalten
„habe. Denn daselbst habe ich der Mongolen Sprache
„und Manier und Redensarten wohl gelernt. Und da=
„mit ich alles Gute und alles Schlimme in diesem Chroniko
„verstehen möchte; so habe ich bisher alles, was ich ge=
„macht, auf solch Türkisch aufgeschrieben, als wie ichs
„rede, und dadurch habe ich mehr geleistet als fünf muntre
„Jünglinge thun können. --- Wir setzen bisweilen auch
„aus dem Tschagatajischen, Türkischen und Arabischen ein
„Wort mit hinzu, daß es desto deutlicher, klärer und
„nachdrücklicher seyn möge. (Wenn mir keine Todesge=
„danken aufsteigen sollten, so bin ich Willens dieses Buch
„auch zugleich mit der Persischen Sprache zu übergülden
„und auszulegen. „ u. s. w.

Aus dieser Deutung des ziemlich weitschweifigen Ge=
wäsches, welches hier im Original zu stehn scheint, wird
wenigstens niemand einen Grund hernehmen können die alte
Mongolische und Türkische Sprache für eines zu erklären.
Folgende, in der französischen Uebersetzung S. 4. 5. vorkom=
mende etwas dunkle Stelle kann nach der Kehrischen Aus=
deutung ebenfalls das Gegentheil bekräftigen:

„Es wird kein Mensch sobald glauben, wie schwer es
„mir geworden dieses Chronikon zu verfertigen; wie viel
„Nachsinnen ich dabey gebraucht und wie viele Zeit ich
„darüber verderbt, ehe ich etwas gefunden, was zur

„Hauptsache dient. — (Aus dieser Ursach) ist unsre
„eigne Ausarbeitung dem Türkischen ähnlich, also daß die
„Redensarten eine gebrochne Schreibart meiner eignen
„Landessprache zu nennen sind„ Kehr.

Diese Stellen habe ich zu Bestätigung des von mir
gewagten Zweifels beyzubringen vor nöthig gehalten.

Der zweyte Theil meiner Arbeit, dessen Druck unver-
züglich erfolgen soll, wird eine vollständige Nachricht von der Lamaischen Welt und Götzenlehre, von der Tybetanischen Hierarchie, dem Götzendienst und der geistl. Zeitrechnung unter
den Kalmücken und Mongolen auch allen damit verknüpften
Ceremonien, wie auch endlich von den Ueberbleibseln des
Schamanischen Aberglaubens unter diesen Völkern und ihren
geist- und weltlichen Sprachen und Schriftarten, liefern.

St. Petersburg im Oktober 1776.

Erklärung

* *

Erklärung
der Kupferplatten
des ersten Theils.

Die Kupfer welche dieser Schrift beygefügt sind, haben mehr die Erläuterung vorkommender Beschreibungen, als die Zierlichkeit zum Zweck. Eine ausführliche Beziehung auf selbige ist im Text nicht schicklich gewesen, und doch sind ohne dieselbe manche Kleinigkeiten in der Vorstellung leicht zu übersehn. Eine kurze Erklärung derselben wird also nicht ganz überflüßig seyn.

Das Titelkupfer,

Bildet eine Kalmückische Familie mit ihrem Melkvieh ab. Vor der aufgeschlagnen Filzhütte sieht man die an einem zwischen Pflöcken gespannten Seil angebundne Füllen, zu welchen sich die Stuten versammeln und von einem Mädgen, so wie von einer andern die Kühe, in Gegenwart der dabey stehenden Kälber, gemolken werden. Der Knabe, welcher das gesattelte Pferd mit der einen und mit der andern Hand die Schlinge, in welcher man Pferde aus der Heerde fängt, hält, hat das Vieh bey der Hütte zusammen getrieben. Ein Weib hat auf der Erde ein Schaffell angepflöckt, und breitet darauf, um es zu bereiten, saure Milch mit einem Messer aus. Der auf dem Vorgrund bey Menschengebeinen sitzende Hund deutet auf die gewöhnlichste Leichenbestattung der Kalmücken, da die Verstorbnen ohne alle Bedeckung auf dem Felde verlassen und den Wölfen oder Hunden nach und nach zur Speise werden.

Die

Die erste Platte,

Stellt die Art der Kalmücken, mit allem ihrem Gepäcke zu ziehn und sich zu lagern, vor. Die Gegend der Vorstellung ist nahe am Ausfluß der Sarpa in der Wolga, bey welcher Gelegenheit auf dem Vorgrund das gemauerte Monument eines im Jahr 1772 bey der Colonie Sarepta verbrannten Lama der Derbetischen Ulus, welches daselbst noch izt an der Höhe zu sehn ist, mit seinen Gebetfahnen hat vorgestellt werden können. — Der zweyte Grund zeigt einen Zug kalmückischen Gepäckes: beladne Kameele, um die Weise zu zeigen, wie die Hüttenstangen und andres Geräth darauf gepackt wird; einen Kalmückischen Karrn; einige Männer und Weiber zu Pferde, deren eine ein Pferd mit einem drauf reitenden Kinde, in dem mit einer Art von Baldachin versehenen Kindersattel, leitet. — Auf dem übrigen Raum der Platte sieht man hauptsächlich die verschiednen Haupt - Stücke und das Aufstellen der Filzhütten, nebst umher liegendem Geräth; die Art Kameele abzuladen; mit Hütte und Hausgeräth beladne Stiere; eine Anzahl schon aufgeschlagner Hütten; die Art frey gehende Pferde mit einer Schlinge zum reiten einzufangen, und endlich noch einen bedeckten Karrn, auf welchem die Götzen geführt werden, mit den dabey aufgesteckten Götzenfahnen.

Die zweyte Platte,

Stellt eine vornehmere Kalmückische Filzhütte im Durchschnitt vor, in welcher sich Abends junges Volk zum Tanz versammelt hat. Ein bey ihrem Liebhaber auf dem Lager sitzendes Mädchen rührt die Laute, eine andre ist im Tanz begriffen und zwey Jünglinge und ein Weib suchen noch eine dritte Dirne zum Tanzen zu zwingen. An der andern Seite sitzen einige Geistliche und andre Gäste als Zuschauer. Das Feuer wird von einem Knaben mit gedörrtem Mist, welcher in den kahlen Steppen oft die einige Feurung ist, unterhalten. Ueber dem mit Teppichen behängten Gepäck und Kisten sind, zur linken des Eingangs, Opferschälchen und ein Götzenaltar aufgestellt. Der Schlauch, in welchem die Milch zum Getränk säuert, steht auf der andern Seite.

Ueber der Hütte sind in den leeren Winkeln bey A. und B. zwey musikalische Instrumente der Kalmücken angebracht, deren im Text unter dem Nahmen Churr und Biwa Erwähnung geschieht.

Die

Die dritte Platte,

Iſt der Durchſchnitt einer gemeinen Kalmückiſchen Filzhütte, in welcher die Hausfrau den Milchbranntwein abzuziehen beſchäftigt iſt. Die Anſtalten dieſer Operation ſind im Text ausführlich beſchrieben. Hinter der Frau erblickt man eine kalmückiſche Wiege und darinn das in einer Art von doppeltem Löffel ſitzende Kind. Auf dem Lager des Wirths liegt ein als Gaſt eingekehrter Geiſtlicher. In der Hütte herum ſieht man das gewöhnliche kalmückiſche Gepäcke, auf der linken Seite die Waffen und das Reitzeug des Mannes, nebſt einem Damenzug; zur rechten einiges Hausgeräth der Frau, und ſonderlich den fürs tägliche Getränk beſtimten groſſen Milchſchlauch, mit dem darinn ſteckenden Rührſtock.

Die vierte Platte,

Zeigt den Durchſchnitt der Hütte eines Saiſſans oder Edlen Kalmücken. Der Wirth auf ſeinem Lager und die ſitzende, mit Nähearbeit beſchäftigte Wirthin; einige zum Beſuch gegenwärtige Pfaffen mit Sommerhüten, deren zwey miteinander Schach ziehn, der dritte aber auf dem für Fremde beſtimten Lager, bey dem Waffenwinkel des Wirthes, ruht. Das Gepäcke iſt mit Teppichen behängt, und auf der Seite des Mannes (zur linken vom Eingang) iſt ein Götzenbehältniß und eine Schachtel mit Gebetbüchern, nebſt einigen Opferſchälchen aufgeſtellt, in der Erde aber ſteckt, mit ihrem Stiel, die gröſſere Opferſchaale a. An der Seite der Wirthin ſieht man allerley Geräth: eine Schaale mit einem Ausguß c. zum übergieſſen des Milchbranntweins, den Milchſchlauch und den darüber befeſtigten Bord b. um Schaalen mit Butter oder andern Fettigkeiten wegzuſetzen; einige an der Erde herum liegende lederne Gefäſſe, eine hölzerne und eine kupferne Theekanne, und die Vorſtellung des zum Aufrütteln der Milch gebräuchlichen Butterſtocks d. Ein dienſtbarer Knabe knieet am Feuerplaz, um eine Pfeife anzuzünden. —

Die fünfte Platte,

Der Durchſchnitt einer Hütte, die ein Kalmückiſcher Schmidt bewohnt. Die Eſſe auf der Erde, bey welcher ein niederſitzender Kalmück die Windſchläuche drückt, ein andrer das Feuer regiert, der auf dem Amboß an der Erde arbeitende Schmidt und ein Knabe, welcher Kohlen zuschlept, stellen die ganze Schmiedeanstalten vor; welche für die weiblichen Arbeiten noch Raum genug übrig lassen. Beyläufig ist an der andern Seite die kalmückische Wiege ledig vorgestellt, um die Löffel zu zeigen, zwischen welchen das Kind zu sitzen komt.

Die sechste Platte,

Ist diesem Theil hauptsächlich wegen der darauf im Vorgrund befindlichen Vorstellung eines reutenden Kalmücken und der Art Bogen und Pfeilköcher zu führen, auch des auf der andern Seite in der Entfernung angebrachten Gerüstes *a.* zu einem Kalmückischen Kriegszelt, beygefügt worden. Die Hauptfigur stellt das bey Krugloi=Gorodok, oberhalb Astrachan, dem verstorbnen Choschotischen Fürsten Samiang errichtete, gemauerte Monument, mit seinen Betflaggen, Betrade und Mühlen vor, wovon im zweyten Theil ausführlicher wird gehandelt werden.

Die siebente Platte,

Bildet eine mongolische Filzhütte im Durchschnitt vor, um die tungusische, bey einigen Buräten gebräuchliche Anstalt, den Milchbranntwein abzuziehen, und die Kleidung der Mongolinnen, nebst andern Nebendingen, begreiflicher zu machen. Ueber dem Milchkessel *a.* ist eine Art von halben Faß *b.* aufgesezt, in dessen mittler Höhe ein Zwerchboden befestigt ist, durch dessen mittlere Oefnung die Dünste in den obern Raum des Fasses aufsteigen, und daselbst abgekühlt in die Rinne *c.* zusammenfliessen. Die stehende Figuren stellen eine völlig angekleidete Mongolische Frau und ein kleines Mädgen dieser Nation vor. Neben der sitzenden Figur ist abermals die der kalmückischen ganz ähnliche Wiege, neben denen aufgestapelten Kistchen aber, (worauf ein lamaïscher Göße, mit seinen Opferschälchen steht,) der sogenannte Schaafgöße oder lederne Immegildshin, wovon im zweyten Theil die Rede seyn wird, und ein Paar, mit dem Bogen, auf der Erde liegende Jagdpfeile, welche Zischkugeln haben, abgebildet.

Sammlungen
zur
politischen, physikalischen und moralischen
Geschichte
der
mongolischen Völkerschaften.

Erster Abschnitt.
Von den Mongolischen Stämmen überhaupt, ihrer Eintheilung und Geschichte.

1.
Eintheilung der Mongolischen Völkerschaften.

Unter dem mongolischen Völkerstam begreifen die neuesten Geschichtschreiber, welche nicht mehr alle asiatische Nomaden mit dem gemeinschaftlichen Nahmen Tataren zu belegen gewohnt sind, ausser denen eigentlichen Mongolen (*), mit Recht auch die Verschiedenheit der Mongolen und Tataren.

Erster Theil.   A

(*) Das Volk nennt sich selbst: Mongol, also gebrauchen deutsche Schriftsteller mit Unrecht die rußische Aussprache: Mungalen, und

Verschie-
denheit der
Mongolen
und Tata-
ren.

die ihnen in Sprache, Sitten und Ansehn so ähnliche Kalmücken und Buräten. Dieses uralte, afiatische Stamvolk, welches zu Anfang des dreyzehnten Jahrhunderts den Grund zu einer der mächtigsten Monarchien, die je auf dem Erdboden erschienen sind, legte und seine Eroberungen, mit dem Schrecken seiner Waffen aus den östlichsten Wüsteneyen von Asien bis an Europa und Afrika ausbreitete, fast allen Tatarischen Horden und Reichen, so wie Persien und China, Regenten gab und schon einen Theil von Europa unter Gehorsam zu bringen anfieng, zeigt in der That mit den Tataren in nichts, als seinem Hirtenleben, und einer entfernten Aehnlichkeit der Sprache, die geringste Verwandschaft. Vielmehr unterscheidet es sich in Gebräuchen, in der politischen Einrichtung und am meisten in Gesichtsbildung von allen reinen tatarischen Stämmen, ja von allen westlichern Nationen fast eben so sehr, als in Afrika die Negers von den Mohren. Ohngeachtet aller Vermischung mit fremdem Blut, durch ihre weitschweifige Kriege und Räubereyen, haben die Mongolen und Kalmücken ihre characteristische Gesichtszüge bis auf den heutigen Tag erhalten, ja den Eindruck davon sogar vielen andern Völkerschaften, die von ihnen überzogen worden, sonderlich den Kirgisen, den östlich wohnenden Ssolonen (*) und dem ganzen nordlichen China sehr merklich mitgetheilt. Daß sie jemahls mit den Tataren eine Nation ausgemacht haben sollten, davon ist nicht eine Spur von Ueberlieferung unter ihnen mehr übrig; ja sie halten den Nahmen Tatar für schimpflich, sogar daß sie denselben aus ihrer Sprache von Tatanai (anlocken oder rottiren) herleiten und nicht viel besser als: Räuber auslegen wollen.

Zweifel deßfalls.

Nach allen Nachrichten, die ich habe einziehen können, kömt mir nichts unwahrscheinlicher vor, als mit unserm seel. Herrn Prof. Fischer zu behaupten, daß die ursprünglichen Mongolen unter Tschingis-

---

und noch übler werden sie bey den französischen Geschichtschreibern Mogols genannt. Der würdige Herr Staatsrath Müller nennt sie gemeiniglich Mongalen, welches der rechten Aussprache am nächsten kömt.

(*) Ssolön oder Schützen werden die Tungusen in Daaurien von den Mongolen genannt, und diesen Nahmen scheinen auch die Chineser angenommen zu haben. S. den 3ten Theil meiner Reise-Nachrichten S. 238.

gis = Chan, deren beym Abulgafi Baatyr Chan erwähnte Stämme
sich größtentheils, bis auf unsre Zeiten, im östlichen Asien nahmentlich erhalten, türkischer Herkunft gewesen und mit den Tataren einerley Sprache geredet haben sollten; die neuern Mongolen hingegen für
ein zusammengelaufnes Volk zu erklären, welches sein Daseyn und
Sprache hauptsächlich den Kalmücken oder Oeröt zu verdanken hätte
(*). Die nicht sparsamen Worte, welche die tatarische Sprache mit
der mongolischen gemein hat, und deren sich viele in der türkischen
Sprache nicht antreffen lassen, können theils einer uralten Nachbarschaft und Gemeinsamkeit beyder Nationen, die wohl niemand leugnen
wird, zugeschrieben werden, theils sind es die Spuren, welche die
herrschende Mongolen bey den unterjochten Tataren hinterlassen mußten.
Das Kiptschakische Reich hatte unter des großen Tschingis Enkeln,
außer einem mitgebrachten, weiberlosen Heer mongolischer Anführer
und Kriegsleute, lauter ächte Tataren zu Unterthanen. Nach und
nach wurde auch das Heer mit Tataren ergänzt. Also konnte die geringere Zahl der Mongolen schon ihren ersten Abkömlingen, welche
eher die Sprache tatarischer Mütter, als die schwerere Aussprache
der Väter gelernt haben werden, nur eine Nebenkenntniß der letztern
hinterlassen, welche in der Folge immer mehr aus der Uebung kommen und in die Landessprache nur wenige Worte einbringen konnte.
Hätten die alten Mongolen türkisch geredet, so würden die Oeröt,
wenn sie die Entvölkerung der Mongoley je ersezt hätten, nie alle
Spuren der vorigen Sprache, die in allem so sehr von der öröfisch-
mongolischen verschieden ist, ausgetilgt haben; die Sprache der heutigen Mongolen würde sich also der tatarischen mehr nähern, als die
Kalmückische: welches sich gerade umgekehrt verhält. — Und meldet
denn nicht Abulgafi ausdrücklich, wie die von den Mongolen mitgebrachte Sprache in Persien so bald außer Gebrauch gekommen?
Eben dieses hat unter den zahlreichern Tataren, nachdem sich ihre
Beherrscher von der mongolischen Monarchie unabhängig befanden und
keine kriegerische Horden aus Osten mehr nachrückten, nothwendig auch
geschehn müssen. — Dessen auch nicht zu erwähnen, daß die Nahmen aller Heerführer des Tschingis = Chan, welche uns die Geschichte
erhalten hat, vollkommen neu = mongolisch sind; so scheint ja, nach

A 2 der

Zweifel we-
gen Ver-
schiedenheit
der Mon-
golen und
Tataren.

(*) I. E. FISCHERI Quaestiones Petropolitanae (Goett. et Gothae 1770.)
p. 43. seq. de origine Tatarorum coniecturae.

Zweifel wegen Verschiedenheit der Mongolen und Tataren.

der Uebersetzung, in derjenigen Stelle des Abulgasi (*), auf welche man sich wegen der Gleichförmigkeit der alt-mongolischen und türkischen Sprache am meisten zu stützen sucht, ein offenbarer Widerspruch zu liegen. Denn wenn dieser tatarische Geschichtschreiber sagt, daß er die mongolische Sprache unter den Kalmücken zu lernen Gelegenheit gehabt; so folgt, daß er die örötisch-mongolische, izt unter diesen Völkern übliche, und ganz gewiß eine andre, als die türkisch-tatarische, in welcher er gebohren war, gemeynt haben müsse. Was kann es also anders, als ein Fehler der Uebersetzung seyn, wenn bald darauf die türkische und mongolische Sprache, als gleichgeltend, genannt werden. Vielleicht hatte Abulgasi seine Geschichte türkisch und auch mongolisch geschrieben, so wie er sie nachher noch ins persische zu übersetzen gedachte. Die Wörter, welche nach der französischen Uebersetzung, als alt-mongolisch angegeben werden, sind fast alle bloß aus der türkisch-tatarischen Sprache her, die Abulgasi nicht unter den Kalmücken lernen konnte, auch nicht zu lernen nöthig hatte. Daß er aber Mongolen und Tataren durchgängig für ein einiges Stamvolk ausgiebt, gründet sich auf uralte Ueberlieferungen, die sich in das Gebiet der Fabel verlieren, und bey welchen der Nationalstolz eines Tataren sein eignes Volk zum ältesten und mächtigsten zu erheben suchte. Allein gewiß, verdient irgend eine Nation als ein uraltes Stamvolk betrachtet zu werden, so kömt dieser Nahme, mit Recht denen von allen andern asiatischen Völkern, der körperlichen und moralischen Beschaffenheit nach, so sehr unterschiednen Mongolen zu.

Altes Vaterland der mongolisch. Stämme.

Nichts ist wahrscheinlicher, als daß die Gegenden zu beyden Seiten und sonderlich hinter dem grossen Altaischen Gebürge von undenklichen Zeiten her das Gebiet und Vaterland der mongolischen Stämme gewesen sey. Die Benennungen aller Gewässer und Gebürge in diesen Wüsteneyen sind izt ursprünglich mongolisch; die Gegend zeigt keine beträchtliche Spuren einer städtischen Bevölkerung; und die ältesten Nachrichten, welche Abulgasi von den Wohnplätzen der alten mongolischen Horden giebt, deuten mehrentheils auf eben
diese

_____

(*) Histoire généalogique des Tatars p. 79. u. folg.

diefe Gegenden. Ja vielleicht ift unter der von ihm erwähnten, von hohen Gebürgen ganz eingeſchloßnen Landſchaft Irgana-Kon, in welche ſich die von den Tataren zu Grunde gerichtete Mongoliſche Nation, unter den beyden von Mogul-Chans Geſchlecht noch übrigen Fürſten Kajan und Nagos, auf einem von Steinwiddern (*) gebahnten Stege, zurück gezogen haben ſoll, nichts anders, als die Landſchaft um den Kokonoor zu verſtehn, auf welche die angeführte Kennzeichen nicht nur paſſen, ſondern wohin auch die kalmückiſche ſowohl, als mongoliſche Traditionen ihr älteſtes Vaterland zu ſetzen pflegen. _{Altes Vaterland der mongoliſch. Völker.}

Die Mongoliſche Nation muß ſich vor ſehr vielen Jahrhunderten, auf politiſche Begebenheiten, welche eine natürliche Abſcheidung durch Gebürge begünſtigen konnte, in zwey Hauptvölker zertrennt haben, die durch das Intereſſe ihrer Fürſten und den aus öfterem Hader endlich entſtandnen Nationalhaß, viele Jahrhunderte lang in ſteter Zwietracht ſind unterhalten worden. Beyde brachte der große Tſchingis wieder unter ein Oberhaupt, und legte dadurch den Grund zur nachmaligen Mongoliſchen Macht; aber gleich nach Zerrüttung der von ihm geſtifteten Monarchie, wurden ſie durch die alten Zwiſtigkeiten wieder von einander abgeriſſen und haben ſich nachmals, bis zu beyderſeitigem Untergang bekriegt. Die eigentlich ſogenannten Mongolen, welche ſich, als die nächſten Nachbarn, zuerſt unter Chineſiſche Herrſchaft haben bequemen müſſen, machen das eine, und die ſogenannten Dörbön-Oirät das andre Hauptvolk aus. _{Theilung in Mongolen und Oeröt.}

Der Nahme Oirät (**) oder Oeröt, welcher vereinigte oder verbündete anzeigt, iſt von einigen vor die dem kalmückiſchen Volk _{Beſtimmung der Dörbön- in Oerät.}

A 3

(*) Abulgaſi ſetzt Archara; Archar aber heiſſet, bey den Kirgiſen und andern Tataren, der Steinwidder oder öſtliche Muſimon, welches der Verfaſſer der Anmerkungen über den Abulgaſi nicht gewuſt, und in Erklärung dieſes Worts ſehr verlegen geweſen iſt.

(**) Ich ſchreibe hier und in der ganzen Folge dieſer Sammlungen die Nahmen der Völker, Gegenden und Perſonen genau ſo, wie ſie nach der urſprünglichen Ausſprache im Deutſchen ausgedruckt werden müſſen, ohne mich an die Varianten voriger Schriftſteller zu kehren.

Bestimmung der Dörbon-Oirät: in der Nationalsprache eigne Benennung gehalten worden. Wenn man aber dieses Volk selbst zu Rathe zieht, so findet sich, daß unter Dörbön-Oirät oder vier Verbündete eben so viel Oerötsche Hauptstämme verstanden werden, welche ihre meiste geschriebne Urkunden und die allgemeinste Tradition der kündigsten Kalmücken: Oelöt, Chóit, Tümmüt und Barga-Burät nennen. Ein einiges (*) kalmückisches Geschichtbuch unterscheidet die alten Oelöt, von den heutigen vier Kalmückischen Stämmen, und sezt diesen beyden Haufen, ohne der Tümmüt Erwähnung zu thun, die Chóit-Bätut und Barga-Burät an die Seite, um die alten vier Bundgenossen heraus zu bringen. Ich will bey der gewöhnlichsten Bestimmung bleiben.

1. Oelöt. Die Oelöt sind demnach eigentlich derjenige Zweig, den man im westlichen Asien und Europa unter dem Nahmen Kalmücken kennt. Vor Jahrhunderten und lange vor Tschingis-Chan soll, nach alten Sagen dieses Volks, der größte und mächtigste Theil der Oelöt gegen Westen bis in Kleinasien einen Heerzug gethan und sich dort und um den Kaukasus verlohren haben. Vielleicht läßt sich diese Sage nicht ohne Wahrscheinlichkeit auf die ursprüngliche Hunnen deuten, deren vom Ammian Marcellin beschriebne Ungestaltheit und Unbärtigkeit, so wie auch ihre angegebne alte Sitze im Norden von China, auf keine andre Nation im östlichen Asien, als auf die Mongolen, ihre Brüder die Buräten und etwan die Tungusen passen können, da die ißigen Kalmücken schon bärtiger, als jene östlich wohnende Stämme, geworden sind. — Dem sey, wie ihm wolle, so sagen die Kalmücken, daß der Ueberrest der Oelöt, welcher in der großen Tatarey **oder Kalmücken.** sitzen geblieben, damals von seinen tatarischen Nachbarn den Nahmen Chalimak (Abtrünnige oder zurück gebliebne) erhalten habe, den sie ißt auch selbst nicht verwerfen und sich nicht ungern Chalmük nennen, obgleich Oelöt noch immer ihre eigenthümliche Benennung bleibt, unter welcher sie sich auch den Chinesern und Mongolen fürchter-

(*) Die Kalmücken haben, wie unten soll umständlicher erwähnt werden, mehrere Geschichtbücher, unter dem Nahmen Chondschin-Täktä, welche größtentheils in den hauptsächlichsten Umständen ihrer Geschichte einstimmig sind. Gemeiniglich beweisen sich selbige in den Begebenheiten des Stammes, in welchem sie geschrieben worden, am umständlichsten.

fürchterlich gemacht haben. Es zeigt aber der Nahme Oelöt, der Kalmücken=
mongolifchen Wortbedeutung nach, ebenfalls ein abgefondertes, un=
eins gewordnes, oder getrenntes Volk an, und hat vermuthlich in
der alten Trennung der nach Westen gezogenen Horde, von den ver=
brüderten Stämmen, ihren Grund gehabt.

Choït, als das zweyte Dirätifche Hauptgefchlecht, ift durch 2. Chöit.
Kriege und Heerzüge fo aufgerieben und zerftreut worden, daß izt,
auffer dem Ueberreft davon, welcher mit den Soongarifchen Kalmük=
ken vereint und vermifcht worden ift, und einem Theil, der fich nach
der Mongoley, den bucharifchen Städten und Tybet zerftreut haben
foll, nichts mehr davon übrig ift.

Wohin der dritte Dirätfche Stam, Tümmut oder Tummut 3. Tümut.
gerathen fey, wiffen die Kalmücken izt nicht zu fagen. Sie glauben
nur, daß er noch irgendwo im innern oder öftlichen Afien zahlreich
vorhanden fey und tragen fich mit der Fabel, er fey vormals durch
den Irrgeift Scharafchulma, welcher Reifende und ziehende Horden
oft verführen foll, von denen übrigen Oeröt getrennt und weit weg=
geführt worden. Da nun, nach fichern Nachrichten, ein volkreicher
mongolifcher Stam Tumut in der Gegend zwifchen dem Fluß Räun
und der Chinefifchen Mauer, alfo im öftlichften Theil der Mongoley
wohnhaft ift, deffen auch von vorigen Schriftftellern (*) und in
den Chinefifchen Karten Erwähnung gefchieht, fo wird man diefen
wohl mit der gröften Wahrfcheinlichkeit vor den verlornen Oerötfchen
Stam annehmen können.

Der vierte und lezte Theil der Dörbön=Dirät, die Barga= 4. Barga=
Burat, welcher, vermuthlich zur Zeit der von Tfchingis erregten Unruhen, Burat.
feine Wohnungen im Gebürge um den See Baikal genommen hat,
fteht, feit der Eroberung Sibiriens, nach den mit China gefchloß=
nen Gränzverträgen, famt allen feinen Unterabtheilungen unter dem
rußifchen Scepter und hat fich, wahrfcheinlicher Weife zugleich mit
Veränderung feiner Wohnplätze, von den heutigen Kalmücken ab=
gefondert.

Die

(*) Deguignes hiftoire générale des Huns Tom. III. p. 235. 239.
Allgemeine Hiftorie der Reifen zu Waffer und zu Lande, 7ter
Band S. 39. 41.

Von den Mongolen. Die eigentlich sogenannten Mongolen, unter welchen der ganze Rest der im vierzehnten Jahrhundert (i. J. 1368.) aus China vertriebnen mongolischen Macht begriffen ist, stehn izt gröstentheils unter China oder dem dieses Reich beherrschenden Mandschurischen Regentenstam und haben sich, seit Zerstöhrung der Soongarischen Macht und Herstellung des Friedens in der Mongoley, von der Gränze des Chinesischen Dauuriens und den Flüssen Naun und Scharamurin, bis in die Soongarische Wüste, und bis an Tangut ausgebreitet. Demnach ist izt zwischen den vorlängst unter chinesischem Schuz stehenden gelben Mongolen (Scharra-Monggol) und den sonst von unabhängigen Chanen aus des Tschingis Geschlecht beherrschten Kalkas-mongolen, kaum ein Unterschied mehr zu machen. Ein kleiner Theil der Mongolen ist durch die Gränztractaten, mit den nordlicher wohnenden Buräten, unter russische Herrschaft gekommen, und bevölkert im ostlichen Sibirien, unter der Irkuzkischen Statthalterschaft, den südlichen Theil des Selenginskischen Gebiets, um den Selenga selbst, vom Chilok südwärts, und um die Flüsse Temnik, Dshida und Tschikoi.

Die Nahmen und Stärke der unter Rußland izt stehenden mongolischen Stämme, sind, nach den neuesten Tributsverzeichnissen, die zu Kriegsdiensten ausgesezte Mannschaft mit eingerechnet, folgende:

Zóngol, 1484 männliche Köpfe.
Aschechabàt, 832 Köpfe.
Tabungut, in drey Abtheilungen 865 Köpfe.
Sartol, 813 Köpfe.
Attagàn, 1172 Köpfe.
Chatschagàn, 315 Köpfe;
Die um Seleginsk zunächst wohnende Mongolen (Podgorodnye) betragen 232 Köpfe, und alle, als ächte Mongolen im Selenginskischen bekannte Stämme zusammen 5713 Männer.

Von denen unter China stehenden Mongolen habe ich weder ein Verzeichniß erhalten, noch auch die Benennungen aller ihrer Stämme, deren Zahl in den kalmückischen Geschichtbüchern auf vierzig gesezt zu werden pflegt, erfahren können. Einen Theil derselben findet man in den Chinesischen Carten und in der Sammlung aller Reisebeschreibungen (VII. Band S. 38. bis 41.) angeführt; ich
will

will aber nur diejenigen nennen, welche mir aus Berichten vormah- Von den
liger, rußischer Karawanen bekannt geworden sind: Mongolen.

Die Dürbet, ein vielleicht mit den kalmückischen Derbeten ver-
  wandtes, geringes Geschlecht, am Fluß Kurkira, der zum Naun
  fällt;

Die Dsalat, welche, wie jene, verarmt sind, in geflochtnen Hütten
  wohnen, und sich meist von Ackerbau nähren müssen;

Chórui;

Chortschin, welche in die nordliche (Urdu-Chortschin) und südliche (Aru-Chortschin) eingetheilt werden und nebst denen

Dshárut am Schara-murin (gelben Fluß) ziehen;

Die Ognüt, jenseit dem Schara-murin, so wie auch

Die Naimat am Flusse Locho und

Der Stam Ochan weiter an diesem hinauf, ingleichen noch
  höher

Der starke Stam Tummut und endlich

Cháraüt und Cháratschin, welche sich bis nahe an die Kalganische
  Mauer lagern.

  Unter den westlicher wohnenden Stämmen sind mir noch
Abagai, Buligal und Sungut genannt worden. Die meisten dieser Nahmen findet man in der obangeführten Sammlung aller Reisebeschreibungen und beym Deguignes (S. 235. folg.) so ziemlich richtig und weniger als die Benennungen der Gegenden verderbt (*).

  Die Oelöt oder Kalmücken, welche ihre älteste Wohnsitze Von den
zwischen dem Koko-noor (blauen See) und Tybet gehabt zu ha- Kalmücken.
ben

(*) Da die Chineser in Verderbung fremder Nahmen noch geschickter,
  als die Franzosen sind, so kann man sich leicht vorstellen, wie
  richtig Benennungen aufgezeichnet worden, an deren Verfälschung
  zwey solche Nationen gemeinschaftlich gearbeitet haben Zu einem Beyspiel mag: Sira-mouran, Nonni-oula, Chaban-Sub-
  archan-botun, Kurban-Subarchan-botun dienen, welche Worte
  man eigentlich: Schara-murin, Naryn-goll, Jagan-Sábur-
  chan-Chotton, und Gurban-Suburchan-Chotton, zu lesen hat.

Erster Theil.   B

Von den Kalmücken. Ihre Eintheilung: in ben vorgeben, theilen sich, wenigstens seit Zerrüttung der mongolischen Monarchie, als ein zahlreiches Volk, in vier Hauptzweige, die sich Choschot, Derbet, Soongarr oder Söhngarr und Torgot nennen und seit ihrer Absonderung von den Mongolen stets unter verschiednen Fürsten gestanden haben.

1. Choschot; Der gröste Theil der Choschotischen Kalmücken hat sich in und um Tybet und am Koko=noor erhalten und soll, nach Zerstreuung der Soongarischen Macht beysammen unter Chinesischem Schuz verblieben seyn. Ich will nicht entscheiden, ob diese nicht dasjenige mongolische Volk zum Theil ausmachen, welches die Chineser Kalkas zu nennen pflegen oder zu diesem Nahmen Anlaß gegeben haben; gewiß ist es, daß die Choschotische Fürsten=linie den Zunahmen Galgas führet. Einige Haufen der Choschoten waren lange zuvor unter ihren Fürsten Zäzen und Ablai, an den Irtisch gezogen und durch Kriege des erstern dieser Fürsten mit dem Songarischen Beherrscher Buschtu=Chan, und des leztern mit den wolgischen Torgoten, unter die Soongarische Horde gerathen. Diese nahmen an den Kriegen der Kalmücken gegen China Theil, wurden auch mit den Soongaren zugleich zerstreuet. Die unter China noch vereinigte Choschotische Horde wird noch izt auf 50,000 Köpfe stark geschäzt. Den Nahmen Choschot, der so viel, als erste Krieger oder Helden bedeutet, sollen sie durch ehemals bewiesene Tapferkeit, in einem entweder unter Tschingis, oder nach andern Sagen später unter einem Toghon=Taidschi geführten Kriege erworben haben, und geben sich, sowohl wegen dieses Umstandes, als auch weil ihr Fürstenstam sich, wie gleich erwähnt werden soll, von des grossen Tschingis Bruder unmittelbar ableitet, den Rang über die andern Kalmückischen Horden.

2. Soongarr. Die Soongarr (*) und Derbet sind bey Zertrennung der mongolischen Macht nur ein Stam gewesen, der sich, wie ich unten sagen werde, unter zwey uneinigen Brüdern zertheilte. Die Soongarr erhielten ihren Nahmen davon, weil sie dem Tybet zur linken oder

in

(*) So sprechen die Kalmücken selbst diesen Nahmen aus; und voriger Schriftsteller Schreibarten (Dsungar, Dsongar, Sjungor, u. s. w.) sind hieraus zu verbessern.

in Westen, gegen das Altaïsche Gebürge und den Irtisch wohnten (*), 21 Soon bahingegen die Derbet anfänglich in der Gegend über dem Koko-garr noor verblieben. Die Soongaren sind es, deren Fürsten im vorigen und zu Anfang dieses Jahrhunderts sich einen grossen Theil der übrigen Kalmückischen Geschlechter, sonderlich der Choschot, Derbet und Chóit unterwürfig machten und mit den Mongolen sowohl, als dem Chinesischen Reich selbst blutige Kriege führten, die sich mit ihrer gänzlichen Unterjochung und Zerstreuung geendigt haben. Vor diesem unglücklichen Zeitpunkt konnten sie mit denen Derbet zusammen über 50,000 streitbare Köpfe gerechnet werden und galten in neuern Zeiten vor die streitbarste, mächtigste und an Vieh allerreichste Horde. Ihre Hauptsitze waren, seitdem sie berühmt zu werden angefangen, um den Balchasch-noor, der ihre Gränze gegen die Kirgisen machte, um die zum Theil darein fallende Flüsse Tschui, Ili und Emil, im Winkel zwischen dem Altaïschen und Alataïschen Gebürge (Allak-Oola und Altaïn-Oola), um den ganzen Ursprung des Irtisch und die von der südlichen Seite darein fallenden hauptsächlichsten Flüsse und Bäche: Urrungä, Kängär, Gurban Zarr, Charbagaï, Basar und andere. Da sie am mächtigsten waren, standen, als Eroberungen, die östlichen Bucharischen Städte bis an Chaschchar, ein Theil der Chara-kalpaken die gegen den Fluß Talas wohnen, die zwischen dem Talas und dem Ursprung des Syrdarja, südlich am alataïschen Gebürge wohnende Kirgisen, oder von ihnen sogenannte Burutten, und ein tatarisches, gegen den Lok-noor wohnendes Volk, ihrem Chuntaidschi zu Befehl und waren ihm zinsbar. Das hohe Gebürge Bogdo-Oola, welches den Altaï mit dem Alak-Oola zusammen hängt, rechneten sie, als ihre Gränze gegen die Mongolen. Ihr Beherrscher oder Chuntaidschi hatte sein Hoflager, in ruhigen Zeiten, auf den schönen Gebürgflächen, um die oberste Gegend des Ili-flußes; weßwegen die Soongaren auch izt noch von den Chinesern nur Ili genannt zu werden pflegen. Es waren auch am Ili für die Lamaïsche Geistlichkeit zwey wichtige Klöster, bey den Mündungen der Bäche Golso und Chainuk angelegt, welche nahmhafte Städtchen vorstellten. — Bey Zerstörung der Soongarischen Macht, soll sich ein großer Theil

B 2 dieses

(*) Der Nahme Soongarr komt von Soon oder Söön, die linke und Garr, Hand her. Soon heißt sonst auch Norden.

2. Soon- dieſes Volks im innern Aſien und bis in die Uſbekiſchen Städte zer-
garr.) ſtreut haben, mehrere tauſende flüchteten nach Sibirien und wurden
zu den Wolgiſchen Kalmücken geſchlagen. Die meiſten bequemten ſich
unter Chineſiſchen Schutz; und nach Schätzung alter Soongariſcher
Geiſtlichen ſollen von ihrem und dem Derbetiſchen Volk überhaupt
kaum 20,000 Familien mehr übrig ſeyn.

3. Die Der-   Die Derbet, welche anfänglich in der Gegend des Kokonoor
bet. ihre Weideplätze hatten, zogen von da, wegen der mongoliſchen Unruhen, gegen den Irtiſch, und theilten ſich unter des Dalay-taidſchi
Söhnen in zwey Haufen, deren ſich einer mit der Soongariſchen
Macht vereinigte, auch mit ſelbiger einerley Schickſale gehabt hat;
da indeſſen der andre mit den Torgoten immer weſtlicher gegen den
Jaik und endlich bis an die Wolga und den Don kam, wo die Derbet noch itzt (1776.), über 5000 Familien ſtark, unter ihren angeerbten Fürſten wohnen.

4. Die Tor-   Die Torgot ſcheinen ſich ſpäter, als die vorigen, zu einer
got. beſondern Horde gebildet und abgeſondert zu haben. Einige Kalmücken wollen ihre Benennung von Turuk oder Turugut, welches
ſo viel, als Uendür (Rieſen) oder groſſe Leute bedeuten ſoll, herleiten, und ſagen, eine Leibwache des Tſchingis-chan, welche ſie als
Stamväter der Torgotſchen Vornehmen angeſehen haben wollen, hätten dieſen Nahmen geführt. Weil ſie ſich nachmals, unter ihren
eignen Fürſten, zeitig von der Soongariſchen Macht entfernet und
immer weſtlicher, bis in die wolgiſche Steppen gezogen haben, wo
ſie faſt ein Jahrhundert, ohne ſehr verderbliche Kriege, in Ueberfluß
lebten, ſo hatte ſich dieſe Horde auf 50 bis 60,000 Männer vermehrt, wovon aber nur noch etwan ſechs bis ſieben tauſend an der
Wolga verblieben ſind. Die übrigen ſollen bey ihrem Rückzug eine
groſſe Menge ihrer Brüder, durch Elend und Gewalt, unter den
Kirgiſen verlohren haben.

❋   ❋   ❋

Von den   Von den Barga-Burat, oder ſogenannten Buräten und
Buräten. (wie ſie von den Ruſſen genannt zu werden pflegen) Bratſkye, als
der dritten heutiges Tages noch einigermaſſen zahlreichen Mongoliſchen
Nation, will ich zuletzt reden. Sie ſcheinen zur Zeit der Mongoliſchen

schen Monarchie, oder noch vorher ihre Zuflucht in die wilden, ge- **Von den** bürgigten Gegenden nördlich vom Baikal genommen zu haben, die **Buräten.** sie noch izt grossentheils bewohnen. Sollten sie ja den siegreichen Waffen des Tschingis nicht entgangen seyn, so scheinen sie sich doch nachmals, da die mongolische Monarchie in China ihren Hauptsitz bekam, und die in den entferntern Gegenden herumschweifende Stämme sich zu zerschlagen anfiengen, bald in Freyheit gesezt zu haben. Ja es kömmt mir wahrscheinlich vor, daß derjenige, mit regelmäßigen Schanzen besezte Erdwall (*) in der Argunischen Steppe, welchen man noch heutiges Tages sehr deutlich sieht, das Gebiet der im nordlichen China herrschenden Mongolen, gegen die sibirischen Wildnisse, begränzt haben kann, da die entfernteren Gegenden unruhiger zu werden anfiengen. Die Buräten stehn, nach der durch Tractaten festgesezten Gränze mit China, ganz unter Rußland und machen in der Irkuzkischen Statthalterschaft die zahlreichste heydnische Nation aus. Sie sind in viele kleine Stämme zertheilt, deren izige Nahmen, die jedoch nicht alle ursprünglich, sondern zum Theil erst unter rußischer Herrschaft entstanden zu seyn scheinen, ich, nebst der Stärke eines jeden, hier anführen, dabey aber erinnern will, daß darunter verschiedne von eigentlicher mongolischer Extraction sind, die man aber noch nicht alle genau zu bestimmen gesucht hat:

Im Gebiet der Stadt Irkuzk wohnen die Stämme: Busan, in **Burätische** zwey Abtheilungen, von 625: Abaganat, auch in zwey Abthei- **Geschlech-** lungen, von 667; Aschechabat von 596; Karakut, in zwey **ter.** Abtheilungen, von 800; Babai von 89; Tschenorut von 90; Kurkut von 191; Tschetscholo von 65; Tschitut von 116; Kurumtschin von 743; Algut von 56 Köpfen männlichen Geschlechts.

Im Wercholenskischen, vom Baikal nördlich und auf der Insul Olchon, wohnen: Abasai, in zwey Abtheilungen, 1639; noch zwey Geschlechter von Tschenorut 1098; Hingudur 681; Bajantabin 306; Burakolbonda 801; Olsanai 415; Tucar 193; Otschegul 347; Kulen 224 Köpfe stark.

Im

(*) S. des ältern Gmelins sibirische Reise, 2ter Theil S. 93. 97. ingleichen den dritten Theil der meinigen S. 431.

Im Balaganskischen District, nordwestlich vom Baikal befinden
sich: Walsäi 356; Kulmet 396; Scharait 79; Bikar 200;
Nojet 103; Soongar 135; Choltubai 289; Murui 370;
Jkinat 264; Ongoi 242; Ongotu 80; Boroldoi 90 zinnsbare Köpfe stark.

Im Ilimskischen District sind von verschiednen Stämmen 713
Köpfe wohnhaft.

Im Tunkinskischen Gebiet, um das westliche Ende des Baikals,
zählt man die Stämme Tirtei von 370; Chonut von 346;
Kirkult von 224; Chonchodor 2319; Scholot von 176; Ba-
darchan von 73; Jrkut von 122; Tschitschidar von 33; Scha-
ranut von 105; Zengenchin von 195 Mann.

Im Udinskischen und Selenginskischen Gebiet hat man, ausser
obangeführten reinen Mongolischen Geschlechtern, noch folgende:
Golot von 572; Nojet von 179; Barai von 208; Ongoi
von 558; Ongoto von 159; Choltubai von 258; Kingultu
von 161; Jrkidei von 168; Scharaldai von 280; Charangui,
in zwey Abtheilungen, von 987; Tschenorut von 249; Olson
von 193; Babai und Churumtschi zusammen von 185; Bomol
und Tutulur von 235 und Alagui von 172 Köpfen.

Endlich so ziehn noch am Uda herauf und im Nertschinskischen
Gebiet, oder rußischen Antheil von Dauurien die eilf sogenannten Chorinzischen Stämme, welche einen Erbfürsten unter sich
haben, sehr wohlhabend und zahlreich und unter folgenden Nahmen bekannt sind: Karakut von 2090; Galit von 1003; Ba-
tangul von 641; Kuldut von 1556; Chuazan von 1572; Ba-
tanai von 534; Scharait von 836; Chadai von 1108; Zagan
von 535; Kolbit von 506; Gutschit von 653 Köpfen.   So
daß diese Nation also in der Jrkuzkischen Statthalterschaft gegen 32,000
zinnsbare Köpfe zählt; ausser welchen noch einige kleine Stämme um
Udinskoi Ostrog, im Krasnojarskischen Gebiet der Tobolskischen Statthalterschaft, ihren Aufenthalt haben.

II.

Historische Begebenheiten der mongolischen Völker-schaften überhaupt.

Die Buräten, als eine noch rohe Nation, welche erst in diesem Jahrhundert, zugleich mit dem lamaïschen Götzendienst auch die Schreibekunst zu erlernen angefangen hat, besitzt keine schriftliche Urkunden über ihre vormalige Begebenheiten und hat davon kaum einige dunkle und unvollkomne Sagen. Bey den Mongolen fehlt es an Geschichtbüchern nicht, allein während meines nur kurzen Aufenthalts in der Selenginskischen Gegend habe ich deren keine auftreiben können. Man kann selbige auch, mit Hülfe der aus den Chinesischen Jahrbüchern genommenen Nachrichten, welche der Welt genugsam bekannt sind, füglich entbehren. Dahingegen habe ich unter den Kalmücken verschiedne, in mongo'isch = kalmückischer Sprache geschriebne, genealogische Geschichtbücher dieses Volks zu erhalten und übersetzen zu lassen Gelegenheit gehabt, selbige mit drey sehr vollständigen genealogisch = historischen Tabellen, welche ich der Gewogenheit des Herrn Etatsraths Müller zu verdanken habe, und mit andern aus dem Astrachanischen Archiv mir mitgetheilten Stambäumen verglichen, auch vieles zur kalmückischen Geschichte gehöriges aus andern Schriften ihrer Geistlichen und aus Traditionen, welche dieses Volk, aus Achtung gegen seine Fürsten, so wie deren Genealogie getreulich unter sich erhält und fertig herzubeten weiß, dazu gesamlet, wovon das wesentlichste dem Geschichtforscher vielleicht nicht unwillkommen seyn wird. Noch mehr aber verdienen die Nachrichten über die neuern Begebenheiten der wolgischen Kalmücken, welche ich größtentheils aus denen von unserm in seiner traurigen Gefangenschaft zu früh verstorbnen Herrn Prof. Samuel Gottlob Gmelin in Astrachan gesamleten Archivschriften gezogen habe, mitgetheilt zu werden. Ich kann aber, nach dem Zweck der gegenwärtigen Sammlungen, alles dasjenige, was über die kalmückische Geschichte schon aus des Jesuiten Gerbillon Geschichte der grossen Tatarey, beym Du Halde (welche

Quellen historischer Nachrichten über mongolische Völker. mit vielen lehrreichen Anmerkungen des Herrn Staatsraths Müller bereichert in denen Petersburgischen Calendern für die Jahre 1744. 45. und 46. deutsch geliefert worden , ingleichen aus des gedachten Herrn Staatsraths und des Herrn Prof. Fischers Sibirischer Historie, schon mit Umständen bekannt ist, ganz kurz berühren, und werde dagegen in einigen andern Erzählungen und sonderlich in der Genealogie der kalmückischen Fürstenstämme, desto umständlicher seyn dürfen. Es ist vielleicht zu bedauern, daß man sich nicht zeitiger bemüht hat, ehe noch die Torgotsche grosse Horde die wolgischen Gegenden verließ, mehrere ihrer geschriebnen Geschichte oder sogenannte Chondshin-Tätä zu erhalten, und sonderlich nach derjenigen Chronik zu forschen, welche nach dem einmüthigen Bericht izt noch an der Wolga zurück gebliebner alter Soongaren, auf Veranstaltung des Batur-Chuntaidshi mit vielem Fleiß soll zusammen getragen und, bis auf die Zerstreuung der Soongaren, unter jeder Regierung fortgesezt worden seyn. Die vollständigste Schrift dieser Art, welche ich bey den zurück gebliebnen Torgoten und Derbeten, nach vielfältig angewandter Mühe und nicht ohne Kosten erhalten habe, ist unter der Regierung und auf Befehl des Torgotschen Ajuka Chan, der doch selbst seinen Nahmen zu schreiben nicht verstand, um das Jahr 1677. durch den **Aemtschi-Gellong** (Arzt und Priester) **Gabung Scharrap** gesamlet und aufgesezt worden, und enthält ausser einer genauen Genealogie der Fürsten des Stammes Choschot und Torgot, eine Menge einzelner, nach den Materien, ohne Zeitordnung, erzählter kleiner Begebenheiten, guter und böser Handlungen und Reden der Fürsten, Fürstinnen und Vornehmen, nebst eignen Reflexionen über die schlechte politische Verfassung der Kalmücken, welche den Verfasser als ein unter Barbaren seltnes Genie zeigen. Der ganze Inhalt der Schrift aber bezieht sich auf die nach Zerrüttung der Mongolischen Monarchie folgende Begebenheiten.

Zeiten vor Tschingis-Chan.

Von denen Zeiten, welche über die Regierung des ersten Mongolischen Monarchen Tschingi hinauf sind, wissen die Kalmücken fast nichts als fabelhafte Mährchen; vermuthlich weil damals unter den rohen, mongolischen Völkerschaften, weder Schrift, noch Geschichte, ja auch vielleicht nicht viele Helden und wichtige Begebenheiten gewesen sind. Von einem mächtigen Beherrscher Ueggus-Chan, der lange vor Tschingis grosse Thaten verrichtete, wissen sie nur als von einem

einem Traum zu sagen. Ein weitläuftiges Geschichtbuch soll unter den Begeben-
Chanischen Torgoten gewesen seyn, welches die Genealogie der Beherrscher heiten vor
von Tschingis bis auf einen gewissen Adam=Öke hinaus leitete. Tschingis-
Vermuthlich aber waren es aus tatarischen oder andern orientalischen Chan.
Geschichtschreibern entlehnte Fragmente. — Eine geistliche Schrift, welche
sonderlich die Geschichte der Ausbreitung des heutigen Schigimunischen Aberglaubens enthält, liefert das Ahnenregister des aus königli-
chem Stam entsproßnen Schigimuni bis auf einen ersten Weltbe-
herrscher Ollondu=Oergödshitsun Chan zurück; allein man sieht
nicht nur leicht, daß dieser Chan, dessen Benennung, der mongolischen
Wortbedeutung nach "einen von vielen Völkern erwählten und hoch
"erhabnen Chan„ bedeutet, und der noch in dem Weltalter, da die
Menschen, nach der weiterhin zu erläuternden Schigimunischen Fa-
bellehre, bis auf 80,000 Jahre zu leben hatten, regiert haben soll,
daß sage ich dieser Chan eine bloße orientalische Erdichtung sey. Und
sind dessen angebliche Nachkommen etwas mehr, so kann man sie doch
höchstens nur vor Indianische Könige erkennen. — Nur allein in
dem Buche Bodimer, welches den Ursprung der Götter und Menschen beschreibt, ist eine Reihe würklich mongolischer Fürsten, als die
Genealogie des Tschingis angegeben, welche ich, weil sie von der beym
Abulgasi angeführten ganz verschieden ist, hier beyfügen und übrigens in ihrem Werth und Unwerth lassen will: Nach derselben wird
der allererste mongolische Chan in die Zeit, da Schigimuni sich von
der Erde jen Himmel erhoben, oder 3250 Jahre vor Tschingis-Chans
Geburt gesezt, und vor den Sohn eines himmlischen Geistes (Tänggri) ausgegeben. Sein angeblicher Nahme ist Burudarschi. Als
dessen Nachfolger in der Regierung werden folgende genannt:

Bértschen.
Témáná.
Rakza=Mergèn.
Aïza=Borogòl.
Eke=Dagun.
Saï=Suudshi.
Tebzù.
Derben=Zargàn.
Egemtù=Alan.
Ramalà.

Bauza=Munchàn.
Sabagai.
Sabagàr.
Machatódon.
Genedügèn.
Barschig=Tordong=Sching.
Gùdùm=Baingga.
Galbùnga=Chan.
Bardam=Baatur.
Jessùgà=Baatur.

Erster Theil. C Nach

Nach der allgemeinsten Tradition der kalmückischen Geschicht-
kundigen, mit welcher auch Abulgasi übereinstimt, war dieser Jeß-
sügä-Baatur des berühmten Tschingis-Chans Vater. Allein das
obgedachte Buch Bodimer läst auf selbigen einen Sohn Nahmens
Daizüng-Bengi, der Tschingis Vater gewesen seyn soll, folgen und
meldet, daß zu dessen Zeit China und Tybet unter eine Herrschaft
gekommen, die Mongolen aber keinen eigenthümlichen Chan gehabt
haben. Nach diesem Vater des Tschingis wird noch ein Oerröke-
Chan genannt. Dem Tschingis-Chan aber, dessen Regierung auf 23
Jahre angesezt ist, werden richtig vier Söhne, unter dem Nahmen
Soorschi-Chan, Zagadai-Chan, Ugedei-Chan und Tuhui-No-
jon beygelegt. Soorschi soll acht und Zagadai neun Söhne gehabt
haben, es werden aber nur die zwey Söhne des Ugedei, Güün-
Chan und Güdün-Chan genannt.

In der oben genannten Reihe der mongolischen Chane vor
Tschingis sind gleichwohl verschiedne Nahmen mit denen vom Abulgasi angeführten so ähnlich, daß man leicht sieht, wie selbige nur
durch den tatarischen Geschichtschreiber verderbt worden sind. So
stimmet Bertschen, mit des Abulgasi Bertezenä, Rakza-mergen
mit Kipzi-mergen, Aiza-Borogol mit Menkoasin Borell, Sai-
Sundshi, mit Simsauzi, Bauza-Munchan mit Budendsir Mogak,
Galbünga Chan mit Kabul Chan und Bardan-Baatur mit Bor-
tan Bagadur ziemlich überein. Bey einer mongolischen Regentenfolge aber, wird allerdings die Rechtschreibung der Nahmen am ersten
nach den mongolischen Geschichtschreibern für richtig zu halten seyn,
wenn sie zumahl mit heutigen mongolischen Nahmen und dem Genie
der Sprache übereinstimt, welches von denen beym Abulgasi befindlichen Nahmen selten gesagt werden kann.

In der bereits oben angeführten Schrift, von Ausbreitung des
Schigimunischen Glaubens bis unter die mongolischen Völker, folget
auf die Stamfolge des Schigimuni, welche mehrentheils allegorische
und dichterische Nahmen der Beherrscher enthält, eine Erzählung von
den mongolischen Monarchen die auf Tschingis-Chan gefolgt sind.
Diese stimmen mit dem, was uns aus chinesischen Geschichtbüchern
bekannt ist, nicht ganz vollkommen überein, daher ich, theils um deßwillen, theils wegen der Rechtschreibung der mongolischen Fürsten-
Nahmen, theils um auch eine Probe der mongolischen Geschichtschreiber

ber zu geben, diese Stelle hier wörtlich einrücken will. Sie lautet also:

„Nach der Zeit, da sich Schaktschamuni von der Erde „wieder jen Himmel erhoben, sind 3250 Jahre verflossen, bis durch „die Kraft und Macht und den Seegen seiner Herrlichkeit der grosse „Monarch Tschingis-Chan gebohren wurde. Derselbe hat, so wie „die Chane des Sarwaradischen Weltalters (*), vielerley Zungen „und Völker, besonders die 44 mongolischen Geschlechter (**) un- „ter sich gebracht und ist ein mächtiger Beherrscher gewesen. Des „Tschingis Sohn Oegötö hat das Reich sechs Jahr lang (*.*) be- „sessen und dasselbe geistlich und weltlich und in allen Sitten ver- „herrlicht. Dessen Sohn war Güiä-Chan (†) der nur sechs Mo- „nathe regiert hat. Des Tschingis Enkel von seinem Sohn Orchon- „Toloi, Nahmens Möntö-Chan hat das Reich darnach 9 Jahr „lang besessen (††). Dessen Nachfolger war Chubilä-Säzen Chan „(†††); der hatte eine sehr grosse, vierfältige Armee: die Elefanten- „armee, die Wagenarmee, die Reuterey und das Fußvolk. Dieser „grosse Chan ist im Aerrä-Modon-Bars Jahr (*) mit seiner „Armee jen Westen und Süden gezogen und hat die Jang über- „wältigt; darnach die Michatan. Ferner hat er im Aemmä-Jachai „Jahre die Chinesische sechs Geschlechter unterwürfig und sich von der „gewaltigen Chinesischen Mauer ganz Meister gemacht. Zu seiner „Zeit ist die Herrlichkeit der Götzen über alles prächtig und mächtig „gewesen und die lamaische Geistlichkeit stand in grosser Ehre und

C 2 „An-

(*) Von diesen wird im Capitel von den Götzen und sonderlich dem Schigimuni ein mehreres zu ersehen seyn.

(**) Hier sind die vier gebündete Stämme (Dörbön-Oirät) mit ge- zählt.

(*.*) Nach den chinesischen Geschichtbüchern Oktai, von 1229. bis 1241.

(†) Nach eben denselben Gajouk Chan, von 1244. bis 1248. so daß hier die kalmückische Zeitrechnung fehlerhaft zu seyn scheint.

(††) Mangu Chan von 1251. bis 1259.

(†††) Kublai Chan von 1260. bis 1294.

(*) Wörtlich bedeutet dieser Ausdruck das männliche Holz-Tiger Jahr. Die Auslegung dieser Art die Jahre zu zählen komt in dem Abschnitt von der Chronologie der mongolischen Völker vor.

„Anſehn. Dieſes Chans Gemahlin hieß Zamü, und war mit Recht „eine Wiedergebohrne (Chubylgan) (*) zu nennen, die das Anſehn „der drey Heiligthümer (Gurban Erdeni) lehren und ausbreiten „konnte (**).   Chubilä-Zäzen Chan hat im 46ſten Jahr ſeines „Alters des Reichs Regierung angetreten und nachdem er 36 Jahre „regieret, ſo iſt er im 82ſten Jahr geſtorben.‟

Bis hieher ſtimt der Kalmückiſche Geſchichtſchreiber ziemlich mit der Chineſiſchen Hiſtorie überein. Allein die folgenden Chane ſind gar nicht diejenige, welche nach dem Chubilä oder Kublai Chan über China geherrſcht haben und vielleicht für diejenige Chane oder Verweſer zu halten, welche nach deſſen Ableben in der Mongoley, entweder als Vaſallen, oder gar unabhängig regierten. Die Kalmückiſche Schrift fährt alſo fort:

„Des Chubilä-Zäzen Chan Sohn iſt Oelſöhtä Chan ge- „weſen, der das Reich 13 Jahr beſeſſen hat. Nach ihm hat Kuluk- „Chan vier Jahre regiert: ihm folgte Bujantu Chan und herrſchte „9 Jahre; darnach hat Gägän Chan drey Jahr geherrſcht; ferner „Jeſſun Tömmör Chan fünf Jahre, Araſabuk Chan 40 Tage, „Güſchilä Chan einen Monath, Sajata Chan funfzehn Jahr, „Radna Schira Chan einen Monath, Toghon-Tömmör Chan „(**) acht und zwanzig Jahre; und da iſt endlich das mächtige mon- „goliſche Reich unter dem Chineſiſchen Daibung Chan zu Grunde „gegangen.‟ So weit dieſe Schrift.

In einem andern Werk, Gerrelien-Zokzo, heiſt es von Tſchingis-Chan und ſeinen Nachfolgern: „Nach drey tauſend vier- „hundert

---

(*) Chubilgätä ſind, wie weiterhin umſtändlicher zu erſehn ſeyn wird, ſolche Seelen, die gleich nach dem Abſterben des Körpers, wegen vorzüglich guter Eigenſchaften wieder in menſchliche Körper zu vornehmen oder heiligen Perſonen wiedergebohren werden.

(**) Gurban Erdeni iſt nicht im Verſtand der chriſtlichen Dreyfaltigkeit zu nehmen, wie man nach der geraden Wortbedeutung urtheilen könnte, ſondern wird von der Lamaiſchen Geiſtlichkeit auf die drey Hauptgegenſtände der höchſten Verehrung ihrer Glaubensbekenner: Burchan Erdeni (die Götzen), Nom Erdeni (die heiligen Schriften) und Chubaragut Erdeni (die Cleriſey) gedeutet.

(**) Deſſen Nahmen erwähnt auch Deguigne p. 234.

„hundert Jahren seit den geendigten Wanderungen des allgemeinen
„Burchan Schaktschamuni, wohnte in einem grossen Gebürge Bur-
„gin-Gal-dut (*) aus welchem ein Fluß Onon entspringt, ein
„sonderbarer Chubylgan Damurtschin genannt. Derselbe war von
„grossem Verstand und Gaben und wuste durch deren geschickten Ge-
„brauch und grosse Behutsamkeit alle umliegende kleine Chane, und
„Fürsten unter seine Herrschaft zu bringen; so daß er doch einem je-
„den Recht und Gewalt über seine eigne Unterthanen ließ. Alle diese
„kleine Fürsten erhoben ihn darauf einstimmig zu ihrem Oberhaupt
„und Chan und gaben ihm den Nahmen Tschingis, den ein über
„dem Versammlungsplaß auf einem Baum sitzender kleiner Vogel ihnen
„während der Berathschlagung zurief. — Dessen dritter Sohn Oegöta
„erhielt, da er nach Ableben des Vaters zum Chan erkohren ward, den
„Zunahmen Gagan Chan. Obschon diese Chane die Burchanen-Lehre noch
„nicht angenommen, so sind doch ihre Thaten der Ausbreitung und Ver-
„herrlichung dieses (des lamaischen) Glaubens vorhergegangen, und
„günstig gewesen. Des Gagan zweyter Sohn hieß Chotron;
„derselbe hat das Reich Mangi regiert und den Lama Sadscha
„Wanrida angenommen, unter dessen Anleitung er die Lehre
„des Schaktschamuni fleißig geübt und lieb gewonnen. Dieses
„war die Gelegenheit, wodurch diese Lehre bis an das Weltmeer aus-
„gebreitet wurde, und geschickte Köpfe unter der Geistlichkeit haben
„sich ausserordentlich hervorgethan. Nach dem Ableben des gedachten
„Chottonchan hat sein jüngerer Bruder neun Monate lang regiert
„und ist darauf auch gestorben; dieses war Kubös-Chan. Des
„Tschingis jüngster Sohn war Toloi Nojon; dessen grösser Sohn
„war Moncho und ist nach Kubös Chan auf den Thron gesetzt wor-
„den. Unter ihm hat man die neue Lehre mit vielem Eifer fortge-
„pflanzt. Des Moncho jüngrer Bruder Chubila hat damals auch,
„mit seinen Hofleuten, selbige Lehre angenommen und ist, nach dem
„Tode des ersten, Chan worden, wobey er seinen Nahmen in Zazan-
„Chan veränderte. Unter ihm sind viele Tempel erbaut und die
„Schrift in seinem ganzen Reich eingeführt worden, wo sie mit vol-

C 3 „ler

_____

(*) Nach dieser mongolischen Rechtschreibung scheint wohl nicht, wie
Hr. Prof. Fischer in *Quaestion. Petrop.* p. 49. glaublich machen
will, daß der Uebersetzer des Abulgasi den Nahmen dieses Gebürges fehlerhafter, als die Persische und Sinesische Geschichtschreiber,
ausgedrückt habe.

„ler Pracht geleuchtet. Des Zäzän Chan gröſter Sohn war Tſchin=
„Gem (*) und deſſen Sohn Tömmör Chan (**). Der das Reich
„bekommen (*⁎*) hieß Oeljöh, mit dem Beynahmen Orrotä=Chan.
„Dieſer hat die Schigimuniſche Lehre noch feſter in ſeinem Reiche
„gegründet und bekam den Ehrentitul Schadſchin=Eſen (Herr der
„Burchanen=Herrlichkeit). — Des Tſchingem jüngſter Sohn hieß
„Dirma=Ralla (†), deſſen Sohn war Chaiſchin=Chan (††), der
„ein Held und vorzüglicher Eigenſchaften geweſen. Der damahlige
„Beherrſcher der Welt (†††) hieß Küllük=Chan, dem man nach ange=
„tretner Regierung den Nahmen Ogoota gab. Er bekannte ſich mit
„ſeinem ganzen Hauſe zur Schigimuniſchen Lehre und hat der Geiſt=
„lichkeit unter den Neugläubigen großes Anſehn gegeben; ja unter
„ihm hat ſich alles bis zu den geringſten Fürſten bekehrt. Die La=
„men wurden in allen Gegenden unter dem Volk vertheilt, die Schrift
„häufig in die mongoliſche Sprache überſetzt und von Többöt aus alle
„Hülfe geleiſtet." Nur ſo weit geht das Hiſtoriſche dieſer geiſtlichen
Schrift; und das ſind die zwey umſtändlichſten Urkunden über die
mongoliſche Regentenfolge, die ich bey den Kalmücken habe ausfor=
ſchen können.

Zerrüttung war unter einer ſo kriegeriſch gewordnen und
unruhigen Nation, als die Mongolen ſind, eine natürliche Folge ih=
rer Zerſtreuung und Lebensart in weiten Wüſteneyen, ſo vieler Anfüh=
rer aus fürſtlichem Geſchlecht und der durch glückliche Kriege unter
ſie gebrachten Reichthümer und Wohllebens. Sobald die Tſchingis=
chaniſche

(*) Hier ſtimt alſo die Folge mit denen von Chineſiſchen Geſchicht=
ſchreibern genannten Regenten der mongoliſchen Dynaſtie überein.
Tſchin=Gem iſt bey Deguignes Tſchenkin genannt S. 190.

(**) Timur=Chan beym Deguignes S. 190. u. folg.

(*⁎*) Hier ſcheint das abgeſonderte mongoliſche Reich gemeint zu ſeyn,
weil auch gleich darauf wieder ein chineſiſcher Beherrſcher von dem
Beherrſcher der Welt unterſchieden wird.

(†) Termepilai, bey Deguignes S. 195.

(††) Kaiſchan, Ebendaſelbſt u. folg.

(†††) Hier ſcheint abermahls ein unabhängiger mongoliſcher Beherrſcher
gemeynt zu ſeyn. Vielleicht wäre Kuſchilai darunter zu verſtehn,
der ſich aus Mißvergnügen in die Mongoley entfernte. Deguignes
S. 201.

chanische Hauptlinie den festen Sitz in China verlohr, woher sie die übrigen, schon unruhigen Horden noch hätte im Zaum halten können; so zerschlugen sich die unter selbiger vereint gewesene Nationen immer mehr und mehr, theils unter den von Nebenlinien entsprossenen, theils unter den Nachkommen ihrer eignen Erbfürsten, die Tschingis-Chan als Vasallen unter sich gebracht hatte, welche aber nun das Joch abzuschütteln und sich wieder unabhängig zu machen, freyere Hände bekamen. Damals sind denn auch die Oerötschen Völkerschaften, besonders die Kalmücken, zu deren fernern Geschichte ich mich nun wende, von der Mongolischen Alleinherrschaft wieder abgerissen worden; und aus denen Versuchen, welche die Mongolischen Chane, als eigentliche Erbfolger der von Tschingis behaupteten Oberherrschaft, seit dem Anfang dieser Trennung gemacht haben, um die Kalmückischen Stämme in Unterwürfigkeit zu erhalten, sind diejenige blutige Kriege entstanden, welche erst den Mongolen und endlich China selbst so gefährlich wurden, zuletzt aber mit der gänzlichen Zerstreuung der, durch die Zwietracht ihrer Fürsten mit sich selbst uneinigen Kalmücken geendigt haben.

(Marginalie: Begebenheiten nach Tschingis-Chan.)

III.

III.

Hiſtoriſche und genealogiſche Nachrichten von den Kalmücken.

1. Von der Choſchotiſchen Fürſtenlinie. Unter den Kalmücken ſind, ihrem eignen Geſtändniß nach, keine Fürſten, die ihre weiſſe Knochen von Tſchingis-Chan ſelbſt herleiten könnten (*). — Durch weiſſe Knochen drücken die Kalmükken und Mongolen die fürſtliche Herkunft von väterlicher Seite aus, und die mütterliche Abkunft wird Gleichnißweiſe das Fleiſch genannt. Leute von gemeiner Geburt pflegen ſchwarze Menſchen (Chara-Köön) oder von ſchwarzen Knochen abſtammende zu heiſſen. — Die Choſchotiſchen Fürſten allein ſind aus der Verwandſchaft des Tſchingis entſproſſen und geben, als ihren Stammvater, deſſen zweyten Bruder Chabutu-Chaſſar (**) an, bis zu welchem ſie ihre Genealogie in gerader Linie ununterbrochen fertführen. Tſchingis Chans Mutter, ſagen die Kalmücken, hieß Oedſhin-öle-Chattun (***); dieſelbe war noch als Jungfrau von dem Schutzgeiſt der Erde Churmuſtu geſchwängert worden, und gebahr dem Jeſſügä-Baatur, welchem ſie heyrathete, vor der Zeit einen Sohn, der nachmahls Tſchingis-Chan genannt ward. Darnach hatte ſie von Jeſſügä noch zwey Söhne Chabutu-Chaſſar und Böks-Belgetee, welcher der ältere war, aber ohne Kinder verſtorben ſeyn ſoll. Chabutu-Chaſſar, hatte vier Stämme unter ſich, welche Dörbön Charri gemeinſchaftlich genannt worden ſind.

Die

(*) Herr Prof. Fiſcher iſt dieſer Meynung geweſen Sibir. Geſchichte Einleitung S. 51. Ich bin aber des Gegentheils verſichert, wie die nachfolgenden Genealogien beweiſen werden.

(**) Aus Chineſiſchen Geſchichten wird er bey Deguignes III. S. 19. Joudſhicaſar genannt.

(***) Chattun iſt der Ehrennahme aller fürſtlichen und edlen Frauen in der mongoliſchen Sprache. Der Nahme iſt beym Abulgaſi unrecht Ulun-Ike geſchrieben.

Die Stamlinie der Choschotischen Fürsten geht von Chabutu- **Von den** Thassar folgender massen fort: Aenkä Sümmür Taidschi, dessen **Choschott-** Sohn Anda oder Adaschari Galsu Tsching Taidschi, dessen Sohn **schen Für-** Rä-Rämnaktu, dessen Sohn Burkan Schadschin oder Sandschi, **sten.** dessen Sohn Saba Schürna oder (nach einem andern Stambaum) Schabi Schiremun, dessen jüngerer Sohn Aksarguldi-Nojon, auch Aksugaldai genannt. Dieser hatte zwey Söhne Arrak Tömmür und Oerrök Tömmür welche ihr Volk gemeinschaftlich beherrscht und sich mit einem Toghon-Taischi vereinigt haben sollen, bey dessen Heer ihr Haufe, nach einigen Sagen, wegen bezeigter Tapferkeit in einer Schlacht gegen einen gewissen Bulgari Chan, den Ehren- nahmen Choschot erhalten hat (*).

Oerrök Tömmürs Sohn war Döröng-Dütschin; dieser ließ drey Söhne: Kun-Tögödai, Tschingsenn und Tömmör, von wel- chen der Zunahme Galgas auf die Familie gekommen. Des älte- sten Erbe war Ssam-mulchö oder Ssaï malachu; dessen Sohn war Attachái, dessen Sohn Nagüdi oder Nagabai, welcher acht Söhne hinterlassen. Darunter war der älteste Küssä und hatte zwey Söhne Ubak Tschingsänn und Bökö-mirsa. Ubak hatte zum Erben Jadai Tschingsänn, dessen Sohn war Noor-Oossang- Schüker, der jung stärb und von seiner Gemahlin Achö Chattun nur einen Sohn Erdeni oder Chutai Erdeni hinterließ. Und diese Linie endigt mit des Erdeni Sohn Gumba Scharrap.

Des Küssä zweyter Sohn Bökö Mirsa hatte einen Sohn der Chana-Nojón-Chongòr oder (wie es nur ausgesprochen wird) Chanai-Noïn-Chongor hieß. Dieser war noch sehr jung als sein Vater und sein Oheim Schüker starben und ihm die Herrschaft der Horde hinterliessen. Die Saissanen oder Edlen nöthigten des leztern Wittwe Achö Chattun den jungen Fürsten zu beyrathen. Lange war die Kindheit des Nojon-Chongor der muntern Wittwe unerträglich, so daß sie ihm auch nicht einmahl beywohnen wollte. Endlich träum- te sie, als ob sie fünf junge Tyger säugte, die ihr die Brust zer- fleischten, und ihre Weisen legten diesen fürchterlichen Traum also

Erster Theil.   D   aus,

(*) Nur eine besondre Neigung zum Etymologisiren könnte verleiten den Nahmen Choschot von der Stadt Cho-dschou herzuleiten.

1. Von den
Choſchoti-
ſchen Für-
ſten.

aus, daß ſie Mutter von fünf tapfern Söhnen werden würde, weßwegen ſie die Fürſtin ermahnten, ſich ihres jungen Gemahls beſtens
zu bedienen. Die fünf Söhne des Nojon-Chongor von dieſer Wittwe, welche die Nahmen Boibeghus-Baatur, Tümmedä-Künde-
hüng, Nomien Chan Güſchi, Saſſaktu-Tſching-Baatur und
Bujan-Otchun-Baatur erhielten, werden daher gemeiniglich Ta-
bun Bars (die fünf Tyger) zugenahmt. Auſſerdem führen die Kalmückiſchen Stambäume noch zwey Söhne des Noïn Chongor, von
einer andern gemeinen Beyſchläferinn, mit Nahmen Chammugai
Mintu und Chainuk Tuſchutu, an.

Baibegus oder Boibeguſch Baatur, als der älteſte von der
Chongorſchen Familie, lebte zu Ausgang des ſechzehnten Jahrhunderts zugleich mit dem Soongariſchen Charachulla, und hinterließ
zwey Söhne die unter den Nahmen Zäzän-Chan und Ablai in der
neuern kalmückiſchen Geſchichte eine unglückliche Rolle geſpielt haben.
Baibeghus wird in den kalmückiſchen Chroniken, als der erſte gerühmt, der die lamaïſche Götzenlehre unter den Oelöt einzuführen
eyfrigſt bemüht geweſen; bis dahin waren ſie noch, lange nach Bekehrung der Mongolen, völlig Schamaniſche Heyden geweſen. Die
Bekehrung geſchahe hauptſächlich durch den apoſtoliſchen Eifer eines
Tybetiſchen Lama, der, als Verfaſſer des geiſtlichen Gebets Zagan
nom (die weiſſe Schrift) nur Zagan-Nomien Chan zugenahmt
wird. Boibeghus vermochte alle übrige Oerötſche Fürſten dieſen Götzendienſt anzunehmen und ſogar junge Leute von ihrer eignen oder
fürſtlichen Nebenlinien zum Unterricht nach Tybet zu ſchicken, auch
den Dalai-Lama, als ihr geiſtliches Oberhaupt zu erkennen. Der
Derbetiſche Dalai Taiſcha, der Soongariſche Charachulla, und der
Torgotſche Oerlök ſollen damahls jeder einen Sohn dem geiſtlichen
Stande gewehyt haben. Zwar entſtand um ſelbige Zeit im Lande
Tangut eine Spaltung und blutiger Krieg (*) zwiſchen den Anhän-
gern

(*) Von dieſen Unruhen in Tybet, um das Jahr 1580. geſchieht in
der kurzen Geſchichte von Tybet beym P. Georgi in deſſen Alpha-
beto Tibetano (Rom. 1762. 4.) p. 327. Erwähnung. Unter dem
Könige von Kokonor wird daſelbſt Güüſchi Chan, der damals noch
mit dem gröſten Theil der Kalmücken in der Gegend dieſes Sees
wohnte, zu verſtehen ſeyn.

gern des Dalai-Lama, welche sich Scharra Machalatá (Gelbmützen) nennen, und der Parthey eines andern, im südlichen Tybet, näher gegen Indien wohnenden geistlichen Oberhaupts Bogdo-bantſchin, deſſen Hauſe durch den Nahmen Zagan-Machalatá (Weißmützen) unterſchieden wird, und die Dalai-lamaiſche Parthey ward durch ſechs zum Theil unglückliche Schlachten ſehr herunter gebracht. Allein des Boibeghus jüngerer Bruder Güüſchi-Chan verband ſich mit dem Batur-Chuntaidſhi der Soongaren, dem Torgotſchen Oerlök, ſeinem eignen Bruder Kündelüng Ubaſcha und ihren Neffen Zázän Chan und Ablai, unterſtüzte den Dalai-lama und ſtiftete Friede in Tybet, dergeſtalt, daß der Dalai-lama nicht nur für den einigen und rechtmäßigen Oberprieſter, ſondern zugleich auch als das weltliche Oberhaupt von Tybet von allen Oelötſchen Fürſten erkannt ward. — Dem ohngeachtet unterfing ſich nachmals ein gewiſſer Schüker oder Schokurtaiſcha vom Soongariſchen Stam, das Reich Tybet mit Raubpartheyen heimzuſuchen, und wäre Urſach geweſen, die Gemeinſchaft und Eintrachtigkeit zwiſchen Tybet und den Oelötſchen Fürſten wieder aufzuheben; allein Güüſchi Chan vermittelte es abermals, daß das Bündniß mit Tybet erneuert und ausgemacht ward, daß ſich die Oelötſchen Fürſten als geiſtliche Vaſallen des Tybetiſchen Pabſtes erkannten, und diejenige Fürſten oder Unterthanen, welche Tybet berauben würden, als gemeine Feinde zu verfolgen, verſprachen. Alle Fürſten ſchickten damals Geſandte und weyheten dem Dalai-lama eine Zahl ihrer Unterthanen, welche als ein Eigenthum deſſelben betrachtet werden, bey ihren Fürſten aber bleiben und unter deren Gerichtsbarkeit ſtehn ſolten. Güüſchi Chan ſoll ſeit der Zeit der weltliche Regent von Tybet und Verweſer des Dalay-lama geworden ſeyn.

Ich kehre wieder zur Folge der Choſchotiſchen Fürſten zurück. Unter Nojon Chongors Söhnen fingen die Choſchot an ſich zu zerſtreuen. Boibeghus behielt den größten Haufen; aber deſſen Söhne Zázän Chan und Ablai Taidſhi theilten denſelben. Jener ließ ſich um den Saiſſan Nur, und Ablai weiter unten am Irtiſch nieder, wo noch die Ueberbleiſel des von ihm angelegten Götzentempels (*), unter

D 2 dem

(*) S. Hrn. Statsrath Müller Abhandlung in den Nov. Com. Petrop. Vol. X. p. 441. ingleichen den 2ten Theil meiner Reiſe S. 544-552.

1. Von den Choschotischen Fürsten.

dem Nahmen Ablain-Kied zu sehn sind. Aus diesen Gegenden ist er nachmals durch Kriege, die er mit seinem Bruder Zäzän Chan, einem, so wie er selbst, sehr unruhigen Kopfe anfieng, verdrängt worden und hat sich näher gegen den Jaik gezogen. Man weiß von ihm, daß er die Torgot, welche sich schon in der Jaikischen Steppe gesezt hatten, nachmals bekrieget und des Ajuka Chan Vater Punzuk oder Buntschuk gefangen bekommen. Allein die Torgotschen Fürsten vereinigten sich, nebst denen schon zwischen dem Don und der Wolga herumziehenden Derbeten, unter Ajuka und giengen dem unruhigen Ablai dergestalt zu Leibe, daß er gefangen und seine ganze Ulus die sich größtentheils zu den Soongaren flüchtete, zerstreut ward. Ajuka that davon im Jahr 1672. nach Astrachan Anzeige und hielt den Ablai, welchen er an Rußland auszuliefern versprach, noch einige Jahre nachher gefangen bey sich. Ob er wirklich ausgeliefert worden, davon habe ich keine Nachricht finden können. Vielmehr geht die Sage unter den Kalmücken, daß er am Flüßchen Ssall, welches in den Don fällt, also in kalmückischer Gefangenschaft, gestorben sey. Die Kalmücken bezeichnen die lezten Wohnplätze des Ablai, vor seiner Gefangennehmung, durch einen Berg den sie Tschir-tümer-Oola nennen, und der vielleicht ein Theil des Moguldscharischen Gebürges ist.

Zäzän Chan der auch Utschirtu Zäzän genannt wird, hatte kein besseres Ende. Sein unruhiger Geist und das Verlangen sich mächtiger zu machen verleitete ihn, sich mit dem Soongarischen Buschtu Chan, dessen Glück er beneidete, in einen Krieg einzulassen, welcher für ihn zulezt unglücklich ausfiel und ihm, durch Verrätherey seines Volks, das ihn nicht liebte, sein Leben kostete. Dadurch ward derjenige Theil der Choschoten, welcher unter ihm stand und zahlreich war, dem Soongarischen Chan unterwürfig, ausser was sich davon zu des Zäzän Sohn Erdeni-Chuntaidschi der sich gegen den Kokonoor gezogen und zu Dalai Chuntaidschi, vom Choschotschen Stam, flüchten konnte. Die Kalmücken erzählen, daß Buschtu Chan, als er noch bey Lebzeiten des Batur Chuntaidschi im geistlichen Stand lebte und den Nahmen Galdan Chutuktu führte, zu Zäzän Chan gekommen sey, um die Seelmessen für dessen verstorbnen ältesten Sohn Galdama zu halten. Damahls soll ein Edelknabe Enkö, der Sohn eines gewissen Tscholon Saissan, welcher dem Galdan Chutuktu aufwarten muste, aus einer Art von Ahndung geweissagt haben, Galdan würde dereinst

ihret

ihrer Ulus den Untergang bringen, man solle ihm das Leben nehmen; 1. Von den
für welchen, Rath der Knabe damals gehörig gezüchtigt ward. — Choschoti-
Galdama soll doch nach einigen Berichten, einen Sohn Lopson schen Für-
hinterlassen haben, der vermuthlich mit in des Großvaters Untergang sten.
wird verwickelt worden seyn.

Nojon Chongors zweyter Sohn Kündelüng, dessen ganzer
Nahme in Schriften eigentlich Tümmedä Oosang Kündelüng Diuur-
gatschi Ubascha angegeben wird, hat von vier Söhnen eine zahlreiche
Nachkommenschaft gehabt, welche auf der hier beygefügten Genealogischen
Tabelle der Choschotischen Fürsten, von Chongor an, am besten übersehen werden kann. Weil das Erbtheil des Vaters nur sehr mäßig
war, so sind dessen Abstämlinge gar sehr herunter gekommen. Zwey
aus dieser Familie, Urenkel von Kündelüngs Sohn Källäkä Dalai
Ubascha, Nahmens Mängun und Chairtu kamen in den Soongarischen Unruhen minderjährig in Rußland. Auch soll ein Nachkommen, von Kündelüngs zweytem Sohn Ubascha Chuntaidschi, unter
den Stawropolischen, getauften Kalmücken gestorben seyn. Dordschi
Taischa der dritte Sohn kam 1675. als der erste Choschot, mit
seiner Familie und 1500 Familien Unterthanen unter rußischen Schutz
und zog am Ilek herum. Diejenigen seiner Nachkommen, welche
noch die meisten Unterthanen behalten hatten, nämlich Tüktschi mit
920 Familien, Gungä Baltschur mit 180, Gänden norbo, Gängä,
Dschandschiri, Dipsan und Bajarlacho, die kaum von 30 bis 60
Familien besaßen; ingleichen der Abstämling von Källäkä Dalai Ubascha Mängun mit 100 Familien, und Aerränpäl, ein Enkel von
Kündelüngs jüngstem Sohn Erkä-daidschin, mit 220 Familien, sind
in der neulichen Flucht der Wolgischen Kalmücken mit begriffen gewesen. — Ein einiger ächter Abstämling aus dem Choschotischen
Fürstenstam, welcher den Nahmen Täckä führt, ist noch an der
Wolga zurück geblieben und, statt der ihm von den Torgoten entführten, geringen Anzahl Unterthanen, aus Kayserl.-Huld, mit britthalb
hundert Familien zurück gebliebner Torgoten begnadigt worden.

Chongors dritter Sohn Güüschi Chan, der sonst kein mächtiger Fürst war und nur 5000 Kälmückische Unterthanen von seinem
Vater ererbte, hat sich obgedachter maßen, durch seinen Eifer für
den Dalai Lama, zum Regenten von Tybet empor geschwungen. So
lange er bloß seine Uluß regierte, soll er den Nahmen Dai-Güüschi
D 3 geführt

geführt haben; nachmals wurde ihm, bey ſeiner Weyhung zum geiſtlichen Stande, vom Dalai-Lama der Ehrennahme Terbajatſchi
Schadſhini Batintſcht Güſchi Nomien Chan beygelegt. Er übergab nämlich, noch vor ſeinem Ende, aus Frömmigkeit, ſeinem Sohn
Dajan-Chan, welcher den tybetiſchen Nahmen Oſhik oſhirko erhielt,
die Würde eines Beherrſchers von Tybet; wogegen er dem andern
Sohn Dallai Chuntaidſhi alle ihm zuſtändige Choſchotiſche Unterthanen zuerkannte. Die Kalmückiſche Chroniken rühmen von ihm,
daß er, in Ermanglung hinlänglicher Nahrungsplätze für das arme
Tybetiſche Volk, bey den Derötſchen Fürſten zu deren Verpflanzung eine
Gegend am altaïſchen Gebürge ausgewürkt habe, wo eine gewiſſe
nahrhafte und wohlſchmeckende Wurzel Zuuna häufig wächſt. —
Dallai Chuntaidſhi theilte die erhaltne Ulus, aus eigner Bewegung,
mit ſeinem Bruder recht brüderlich; Sein Häuflein aber ſoll, bey
den Soongariſchen Händeln viel gelitten haben und zeitig unter
China gekommen ſeyn: Von ſeiner Nachkommenſchaft ſoll es noch izt
kleine Fürſten, in der Gegend des Kokonoor geben. Güſchi Chan
hatte aber auch, auſſer vorgenannten beyden Söhnen, noch dreyzehn
andre, deren Nahmen unbekannt ſind, und die, weil ſie nur ein geringes Erbtheil erhielten, ſich als verarmte Nebenlinien verlohren
haben.

Von Nojon-Chongors übrigen Kindern iſt mir die Nachkommenſchaft nicht bekannt und man weiß überhaupt von den neuern
Begebenheiten der Choſchoten ſehr wenig, weil ſich ſelbige gröſtentheils um Tybet und den Kokonoor geſezt, und mit dieſen Gegenden,
ſeit Zerſtreuung der Soongariſchen Macht, China gänzlich unterworfen haben.

Mit den Soongariſchen Flüchtlingen kam im Jahr 1759. noch
ein angeblicher Choſchotiſcher Fürſt Samjang, nebſt ſeiner Gemahlin,
die aus dem Choïtſchen Fürſtenſtam und zuvor einem Soongariſchen
Fürſten vermählt war, unter rußiſchen Schutz und brachte ohngefähr
260 Familien Unterthanen, welche er in den lezten Unruhen zuſammen geraft hatte, mit ſich. Ohngeachtet deſſen fürſtliche Herkunft von
andern Kalmückiſchen Fürſten in Zweifel gezogen wird, ſo behauptete
er doch von einem Bruder des Nojon Chongor, folgender maſſen ab-
zuſtammen: Chongors Vater Böke oder Boboi mirsa hatte von einer
jüngern Gemahlin einen (vielleicht unächten) Sohn Chara Sabar;
deſſen Sohn hieß Jüldirſchi, deſſen Sohn Soriktu Choſchotſchi,
wel-

I. Genealogie

der Choschotischen Fürsten von Chana = Nojon = Chongor.

Chana = Nojon = Chongor.

(Genealogische Tafel / genealogical chart in Fraktur; names as read below)

Boibegutsch.

Bschuchan — Utslai. — Galdama, — Güschi Chan — Caffaktu - Tsching Bujan - otschun Batur.

Erbeni Chun-taidschi. — Galben Darbschi. Loyson Umbo.

Küüfü Dalai Ubascha. — Ubascha Chun-taidschi. — Dorbschi Araptan Taidschi. — Tümmekä. — Dajan Chan. Dalai Chuntaischi.

Danbschin Chun-taischi. — Dajan Chan. Dalai Chan. — Lufsan Chan.

Zärän Dorbschi.

Jof. — Uchchai. — Lätschi. Datschi. Araptan. — Gaban.

Leofang. — Tschurn.

Mängun.

Erki-baidschin von der jüngern Gemahlin — Sagiung. — Latka. — Sandschi-arafcha. Danbschin. — Kerränpäl. Galban norbo. Nallachu.

Doorrschka. — Galban Dschamtschu. Galban Dorbscha. Colombschal. — Sandorbschbap.

Dtögän.

Zärän. — Nila. Soribamba. — Günja-arafchan. Tugul.

Larbagärän. — Mangut. — Tschenbödschip. — Niema.

Libafcha. — Dipan. Dantschifai. — Bajatfachse.

Margasch. — Urabofbur. Jung. — Dschanüdschirí. Saratschirí.

Lätschegä. — Tütífchi. Tätká. — Gandän norbo. Gängä.

Dunduf. — Kirtschif. Gungá Baldschur.

Von diesen und zwey andern unächten Söhnen des Nojon Chongor Charnuchai Mintu und Chanätu Tuschen keine Nachkommen.

Sährn.

Särbát, der 1742. zu Kafan getauft und ben Nahmen Semen Tschorschau-tof erhalten.

welcher drey Söhne, Ueson=mergen Taidschi, Ebegen=Türgenn Tai= r. Von den
dschi und Emegen=Zok=Taidschi hinterließ. Von lezterm führte Choschoti=
Samjang seinen Stam durch seinen Großvater Nojon Chaskcha und schen Für=
seinen Vater Nasar Böke Taidschi angeblich her. Weil er seine Un= sten.
terthanen sehr drückte und durch seine Freundschaft mit den rußischen
Befehlshabern allen andern Fürsten verhaßt war, so fiel es seinem
Sohn Bokbon, der sich, wie es die Kalmückischen Gesetze erlauben,
vom Vater getrennet hatte und beym Torgotischen Vicechan aufhielt,
leicht, den größten Theil der kleinen väterlichen Ulus an sich zu ziehn, mit
welcher derselbe, unter dem Torgotschen Haufen nach der Soongarey
entflohen ist. Samjang starb im Jahr 1772. und hinterließ den
kleinen Rest seiner Unterthanen, nebst dem, was ihm von zurückge=
bliebnen Torgoten zugelegt ward, seinem Stiefsohn Tümmen von Soon=
garischem Geblüt.

Ich komme nun auf die andern Oelötschen Fürstengeschlechter, 2. Von den
welche ihre Genealogie nicht von Tschingischan herleiten. Hier solte Fürstenstam
freylich die fürstliche Linie der Choït, welche unter allen Kalmückischen Choït
Horden, sonderlich den Soongaren, vorlängst zerstreut ist, als die
alleräteste voran stehn. Allein ich bin, aller angewandten Mühe
ungeachtet, nicht im Stande gewesen mir einen Stambaum der Choit=
schen Fürsten zu verschaffen. Ich muß mich also begnügen, nur das=
jenige hier anzuführen, was die algemeine Kalmückische Tradition von
dem tapfern und mächtigen Stifter dieser Linie, Joboghön Mergenn,
erzählet. Dieser soll drey Glieder vor Tschingis Chan gelebt haben und
einer der vornehmsten Oerötschen Fürsten damaliger Zeit gewesen seyn
der durch seine Tapferkeit und vorzügliche Eigenschaften ein grosses
Volk unter seine Herrschaft versamlete. Der Nahme Jaboghon
Mergenn, bezeichnet: einen Tapfern der zu Fusse ist. Davon wird
die Veranlassung folgender massen erzählt: Es konnte nehmlich, we=
gen seiner ausserordentlichen Grösse und Stärke, kein Pferd ausfün=
dig gemacht werden, welches ihn zu tragen vermochte. Er ließ sich
daher, so unangenehm auch dieser Gebrauch seiner Nation sonst ist,
einen starken Wagen bauen; dieser aber gieng bald zu Grunde
und er sahe sich also genöthigt seine Feldzüge zu Fuß zu thun.

Seine

2. Von dem
Fürſten-
ſtam Choit.

Seine anwachſende Macht fieng an bey den benachbarten Völ-
chen Aufſehn zu machen. Nun ſoll eben damals China (oder, wie
andre wollen, Tybet) von innerlichen Unruhen und Empö-
rungen äuſſerſt zerrüttet worden ſeyn. Der rechtmäßige Regent rief
demnach in der äuſſerſten Noth den Joboghon Mergen zu Hülfe, deſſen Horden auch die unruhigen Gegenden bald zum Gehorſam brachten. Die liſtigen Chineſer aber ſahen in dieſem Alliirten zugleich einen fürchterlichen Nachbar, und brachten ihm, auf dem Rückzuge,
nachdem ſie ihn und ſeine Helden mit Geſchenken überhäuft hatten,
Gift bey. — Nach ſeinem Tode, zogen die Oeröt wieder in ihr
Land, und fünf (man weiß nicht ob Söhne oder) vornehme Heerführer des Joboghon Mergenn theilten ſein zahlreiches Volk in fünf
Stämme oder Horden, deren eine nachmals die Soongaren und Derbeten ausgemacht hat. — Bey Rückkunft der Armee ſoll man bemerkt haben, daß einer von den höchſten Gipfeln des Gebürgs Bogdo ⹀ Oola niedergeſtürzt war; welches man denn als ein, auf den
Todt des Helden ſich beziehendes Wunder aufgenommen hat. Man
fieng ſeit dem an dem Bogdo Oola zu opfern, und des Jaboghon
eigne getreue Uluß ſoll zu ſeinem Andenken, auf einer der Spitzen
des Bogdo Oola ſeine Coloſſäliſche Bildſäule, gleichſam liegend, mit
dem Haupt auf einen Arm geſtützt, aus Felſen zuſammen geſtapelt
haben; wovon, dem Vorgeben der alten Soongaren nach, noch izt
Spuren ſind, die von den Kalmücken oft beſucht wurden. Nach vielen Jahren ſoll ein Ur ⹀ Urenkel des Joboghon Mergen, Oerlök
Choſchootſchi, bey Gelegenheit eines feierlichen Gedächtnißopfers,
welches er bey dem Bogdo ⹀ Oola verrichtet, einen ungeheuren eiſernen
Dreyfuß, mit einem übergüldeten Rand haben ſchmieden und auf einem andern ſpitzigen Hügel des Gebürgs, nicht weit von dem Stein-
bild ſeines Ahnherrn, aufſtellen laſſen; Und dieſem Feſt wird, weil es
im Sommer um die Zeit des Uerrüß Sara gehalten worden, die
erſte Gelegenheit dieſes, noch izt unter den Kalmücken gewöhnlichen
Freudenfeſtes zugeſchrieben. So lange die Soongariſche Macht noch
blühte, geſchahen jährliche groſſe Wallfarthen zu gedachtem Gebürge
und die Vornehmen pflegten bey ſolchen Gelegenheiten Vieh von allerley Art dem Berge zu opfern; welches nach der gewöhnlichen Art
von der Geiſtlichkeit geweyht und in die Wildniß frey gelaſſen wurde.
Man ſahe ganze Heerden von ſolchem, den Göttern verbanneten
Vieh in der Gegend weyden, an welche ſich niemand, auſſer der

Geiſt-

Geiſtlichkeit, vergreifen mochte, die während ſolcher Feſte und ihres 2. Von dem
Aufenthalts in gedachter Gegend von dieſem Vieh ſchieſſen zu laſſen Fürſtenſtam
das Recht hatten. — Die Choït behielten indeſſen, ſeit dem tap- -Choït.
fern Stifter dieſes Stams, den ihnen von den Chineſern beygelegten
Ehrennahmen Baatut (die tapfern), welcher auch noch den wenigen daraus übergebliebnen gegeben wird.

❈ ❈ ❈

Der älteſte Urſprung des verbrüderten Soongariſchen und Der- 3. Von der
betiſchen Fürſtenſtammes, reicht den einſtimmigen Ueberlieferungen Soongari-
und Chroniken der Kalmücken zufolge, bis an die Zeit eben dieſes ſchen Für-
Choïtſchen Beherrſchers Joboghon-Mergenn. Unter dieſem nämlich ſtenlinie.
erhob ſich bey denen Oelöt, die auf der linken oder weſtlichen Seite
von Tybet wohnten und unter vielen kleinen Häuptern oder Nojons
zertheilt waren, ein geringer Fürſt, der viel Klugheit beſaß, und die
Zauberkunſt (Böh) gut verſtanden haben ſoll; welche ihm zu einer
Zeit, da die Oelöt noch nicht den Dalai-lamaiſchen Götzendienſt angenommen hatten, nothwendig ein groſſes Anſehn erwerben muſte.
Dieſer ſchlaue Mann, deſſen eigentlichen Nahmen niemand anzugeben
weiß, der aber, unter dem Nahmen Böh-Nojon oder Louſſin-
Chan (Zauber- oder Drachen-Fürſt), bey den Kalmücken bekannt
genug iſt, wuſte ſich durch ſeine Künſte und Blendwerke einen Anhang von vielen ander kleinen Beherrſchern zu erwerben, die ihn endlich zu ihrem gemeinſchaftlichen Oberhaupt und Chan erwählten und
in diejenige Horde verbanden, woraus nachmals die Soongarr und
Derbet entſtanden ſind.

Böh Chan hatte keine rechtmäßige Kinder und es war ein
Meiſterſtück ſeiner Klugheit, daß er einen vermuthlich natürlichen
Sohn, unter dem Vorwand eines übernatürlichen und geheimnißvol-
len Urſprungs in dem Beſitz ſeiner angefangenen Herrſchaft, als Erben, beſtätigte. Dieſes geſchahe aber, nach den Kalmückiſchen Erzählungen, alſo. — Der Choïtſche Held Joboghon Mergen fand auf
der Jagd ein ſchönes Mädgen, welche vor einen, wegen kleiner Lie-
besſchwachheiten, aus dem Himmel auf die Erde verbannten Engel
(Tänggrin) ausgegeben wird (*). Dieſe nahm er zur Gattinn;
Erſter Theil.   E   weil

(*) Datur haec venia antiquitati, vt, miſcendo humana diuinis, pri-
mordia auguſtiora faciat. LIV.

weil ſie ſich aber auch auf Erden nicht mit einem Mann begnügen
konnte, ſo hegte ſie, da Joboghon einſtmals lange abweſend und vermuthlich auf einem Kriegszug war, mit Böhchan eine unerlaubte Vertraulich-
keit. Noch ehe Joboghon zurück kam, gebahr ſie einen Sohn, welchen ſie
bey vernommener Ankunft ihres Gatten unter einem Baum ausſetzte.
Böh Chan ward, wie die Kalmücken glauben, durch ſeine Zauber-
künſte, oder beſſer durch eine Bothſchaft der Mutter von des Knaben Schickſal unterrichtet, ſuchte ihn auf und nahm ihn zu ſich. Weil
das Kind im Nebelwetter (Budun) war gefunden worden, und
man eine kleine Ohreule (Ooli Schabuun) um daſſelbe flattern geſehn,
ſo nannte er es Oolinda=budun und ſetzte es zu ſeinem Nachfolger
ein. — Oolinda=budun Taidſhi hatte als Kind, unter dem Baum,
wo er von der Mutter ausgeſezt worden, einen abgeſtuzten krummen Aſt über ſich gehabt, aus welchem der Saft des Baums ihm
in den Mund triefen und ihn alſo nothdürftig nähren konnte. Dieſer
Aſt glich einer krummen Röhre, dergleichen ſich die Kalmücken bey
Abziehung ihres Milchbrantweins bedienen und Zorros nennen; daher
werden alle Fürſten von ſeiner Nachkommenſchaft und ihre Uluſſen
auch noch zuweilen Zorros (*) zugenahmt. Einige ſetzen hinzu:
Böh=Chan habe den Oolinda für ein von den Tängtrien oder himli-
ſchen Geiſtern auf die Erde gebrachtes Kind ausgegeben.

Unvollkommene Kalmückiſche Sagen ſetzen mit Unrecht dieſen
Oolinda=Budun Taiſchi nicht viel über den Anfang des ſechzehnten
Jahrhunderts hinaus und geben ihm unmittelbar die beyden Stamväter,
der Soongarſchen und Derbetſchen Fürſtenhäuſer, Ongozo und Ongorchoi zu Söhnen. Andre geſchriebne Nachrichten zählen mehrere
Glieder von ihm auf einen gewiſſen Toghon Taiſchi, von welchem
folgende Geſchlechtsordnung fortgeht:

Jäſſun, des Toghon Sohn.

Oeſchtömöi Darchan Nojon.

Borin

***

(*) In der Sibiriſchen Geſchichte wird irgendwo einer Kalmückiſchen Uluß Tſchuraſch Erwähnung gethan, welche hieraus zu erklären. Es ſind daſelbſt Derbeten zu verſtehen. Die hier angeführte
Geſchichte findet man auch in Rytſchkofs Orenb. Topographie,
jedoch ſehr unrichtig und unvolkommen erzählt. Etwas ähnliches
hat Abulgaſi vom Urſprung des Nahmens Kiptſchak S. 45. ingleichen von der Veranlaſſung des Nahmens Sukut S. 137.

Borin Ajolgaan.
Gellökönd Taidshi.
Darchan Nojon.
Kischik Oerrök.
Chammuk Taidshi.

Dieser hatte drey Söhne Uschchani Taischi, Archan Tschingsenn und Otchoni Ongoi. Des Uschchani Sohn war Akschi Taischi, dessen Sohn Mongoi Zäzän, dessen Sohn Dagal, und dessen Sohn Ollodoi aldarka, mit welchem sich diese Linie endigt. — Des Otchoni Sohn wird Nojolgo Tschingsän, dessen Sohn Amidu Tschingsän, dessen Erbe Chollodi Choschootschi, dessen Sohn Sakil Nojon Chaschcha und der lezte dieser jüngsten Linie Kökön Baatur genannt. — Die mittelste Linie wird, nach dieser Stamtafel, durch die beyden Söhne des Archani Tschingsän, Ongozo und Ongorchoi, auf die Derbetische und Soongarische Fürsten fortgesezt.

Noch eine andre von dieser ganz verschiedne Stamtafel ist mir von einem alten Soongarischen Geistlichen und Schriftgelehrten folgendermaßen angegeben worden:

Böö-Chan,
Olinda-Bodun Taidshi.
Chalman Taidshi.
Chullun Böckö.
Böckö Tschilledu.
Goochai Dajoo.
Archan Tschingsenn.
Batulan Tschingsenn.
Oerlök Nojon.
Aessämä.
Aschrämä Darchan Nojon.
Ongozo und Ongorchoi u. s. w.

Dem sey, wie ihm wolle, so ist doch so viel gewiß, daß Ongozo und Ongorchoi zwey Brüder und die Ahnherrn der Soongarischen und der Derbetischen Fürsten gewesen sind, weil sie aus Unverträglichkeit und Zwietracht die zuvor vereinigt gewesene Horde getheilet; so daß dem grössern Haufen der Nahme Soongarr verblieben, dem Antheil des jüngern Brubers aber, der sich ostwärts, gegen den

Koko-

3. Vom
Soongari-
schen Für-
stenstam.

Kokonoor zurückzog, ein neuer Nahme (Derbet) beygelegt worden. Die Folge der fürstlichen Hauptlinie bey den Soongaren und Derbeten ist seit dem folgende gewesen:

Soongarische Fürsten.	Derbetische Fürsten.
Ongozo.	Ongorchoi.
Bulai oder Abuda-ablai Taidschi.	Manghan Taidshi.
Chutugaitu Charachulla Taidshi.	Toghon taidshi, auch Milmölsochò.
Batur Chuktaidshi.	Jannis Taidshi.
Söngà Taidshi.	Dalai Taidshi.
Buschtu Chan.	Solom-Zären-Batur Taidshi.
Zagan-araptan oder Soriktu Chuntaidshi.	Menko tümmer Taidshi.
	Ischeter Taidshi.
Galdan-Zärenn Chuntaidshi.	Lawa Donduk Taidshi.
Bajan-Zagann Chan.	Galdan Zerenn Taidshi.
	Zebek Ubuscha Taidshi.

Chutugaitu mit dem Zunahmen Charachulla (den er von Erlegung eines Thieres dieser Art (*) erhalten), war einer von den Fürsten, welche die Kalmücken von der vorherigen Unterwürfigkeit und Zinsbarkeit gegen die Mongolischen Chane völlig befreyten und sich unabhängig machten. Ich will diese Begebenheit, aus mehrern schriftlichen Urkunden verglichen, umständlich erzählen, weil sie in der Kalmückischen Geschichte Epoke macht und noch nirgend aufgezeichnet ist. In den Kindheitsjahren des Charachulla und also ohngefähr zu Anfang des 17ten Jahrhunderts, waren die vereinigten Derötschen Völker, deren angeerbte Fürsten alle minderjährig waren, und über welche die Mongolen noch immer ihre alte Oberherrschaft zu behaupten suchten, in verschiednen Kriegen wieder den mongolischen Laicher Chan (wie ihn die Kalmücken nennen) so unglücklich, daß sie dessen Oberherrschaft erkennen und sich ihm zum Theil zinsbar verbinden musten. Man weiß aus der sibirischen Geschichte, daß sich Charachulla

---

(*) Das Thier Charachulla soll in den altaischen Gebürgen zu Hause seyn; die Kalmücken kennen es nur nach Beschreibungen, und stellen es sich sehr grausam, dem Löwen fast ähnlich vor. Von Kopf und Hals soll es dick und langhaarig, anbey dunkelbraun von Farbe seyn.

chulla vor 1619. nach Sibirien flüchten muſte, auch bey Rußland 3. Vom
Schuz ſuchte. Er that zwar 1620. einen Zug gegen den mongoliſchen Soongari-
Chan, überfiel mit 4000 Mann deſſen Hoflager und machte viel ſchen Für-
Beute und Gefangne. Allein die Mongolen kamen ihm ſo geſchwind ſtenſtam.
wieder auf den Hals, daß er nicht nur alles gewonnene, ſondern
auch ſeine Gemahlin und Kinder im Stich laſſen muſte und mit einem einigen Sohn entflohe. Er kam damals 1621. flüchtig bis an
den Ob und wollte ſich ſogar, aus Furcht vor den Mongolen, an der
Mündung des Tſchumyſch verſchanzen. Im Jahr 1623. ward er
nochmals von den Mongolen in die Flucht geſchlagen. — Entweder Tapfre
damahls oder noch früher ſtand Kaa, ein Held aus dem Stamme That des
Choit auf, und ward zum Befreyer der überwältigten Derötſchen Kaa.
Stämme. Er wurde, entweder nach ſeines Vaters Nahmen, oder
aus einer andern Urſach: Eßilbän Sain (*) Ka (des Eßilbän treflicher Ka) zugenahmt und ſoll ein ganz geringer Fürſt, vorhin den
Buräten zinsbar, damals aber unter den beſiegten geweſen ſeyn. Dieſer ſamlete in der Stille eine Anzahl entſchloßner Kriegsleute, gab
einigen Derötſchen Fürſten von ſeinem Vorhaben Nachricht, und ver-
anſtaltete, daß dieſe ſich ſtellen muſten, als wollten ſie nach alter
Weiſe dem mongoliſchen Beherrſcher ihre Huldigungspflicht, mit einem
Zug aufgeſchmückter, mit Geſchenken beladner und mit zierlichen Teppichen behängter Kameele leiſten. In die groſſen Tragförbe, welche
zu beyden Seiten der Kameele angehängt wurden, verbarg ſich Kaa
mit den tapferſten Streitern, ſo daß auf jedes Kameel zwey Mann,
jeder mit einem guten Säbel bewafnet, geladen waren; ohne die
Führer der Kameele und andre die den Zug begleiteten. Sobald die
Abgeordnete der Derötſchen Fürſten mit dieſem Zuge in das ſichre
mongoliſche Hoflager, wo ſich alle Groſſen verſammelt hatten, anlangte,
geſchahen die gewöhnliche, vorläufige Ceremonien und endlich wurden

E 3 die

(*) Hr. Prof. Fiſcher iſt geneigt den Titul Sain Chan, den verſchie-
dene mongoliſche Beherrſcher, unter andern Batu geführt haben, durch
Chan' der Schachs oder Fürſt der Fürſten zu erklären (Sibir.
Geſch. II. Theil S. 711.). Aber Sain bedeutet in der mongoliſchen
Sprache: treflich, und giebt alſo eine unbezweifelte und ungezwungne
Bedeutung. Eben ſo bedeutet Amugulang-Chan, welcher Titel
dem Chineſiſchen Beherrſcher von den Mongolen beygelegt wird,
nichts anders als: der Beglückte Chan.

die Kameele auf einmal entladen, die verborgne Krieger fielen über die Mongolen her und richteten ein allgemeines Blutbad an. Ein grosser Haufen örötscher Völker griff in der ersten Bestürzung die mongolischen Jäger an, und zwang diese, nach den wichtigsten erhaltnen Vortheilen, ihre Gegend zu verlassen und den Oerötschen Fürsten die Freyheit und ein billiges Bündniß zuzugestehn.

Kaa blieb hierauf, als Sieger, gewissermassen das Oberhaupt der Oeröt, einige wenige ausgenommen, die, um sich ihm nicht zu unterwerfen, gegen die Bucharey flüchteten. Weil aber ein jeder der Oerötschen Fürsten damals gern für sich allein herrschen wollte, Ka auch sehr hitzig und dem Trunk ergeben war, so entspannen sich bald Feindseeligkeiten und ein gewisser Torgotischer Nojonn Abuda boodschi (Abuda der Schütze genannt, weil er sich zuerst des Feuergewehrs bedient haben soll) gieng in seinem Haß so weit, daß er Ka überfiel, gefangen nahm, und mit Zuziehung andrer Kalmückischer Fürsten (worunter auch Schüker, ein Sohn des Charachulla, dem Ka doch ehemals das Leben gerettet hatte, war), unter vielen Vorwürfen durch einen gemeinen Kalmücken Ulan tödten ließ. — Ka soll, vor seiner Hinrichtung, den Ulan zum Beweiß seiner Unschuld und guten Absichten zu einem gewaltsamen Tode verwünscht haben, und die Kalmückischen Chroniken melden, daß Ulan gleich nach verrichtetem Mord zerborsten und umgekommen seyn soll.

Noch erzählen die Kalmückischen Chroniken daß, in den damaligen Kriegen mit den Mongolen, unter andern der mongolische Uschi-Chuntaidschi mit einem ganzen Heer von den Kalmücken nächtlich überfallen und erschlagen worden. Sein Pferd Urruk Schorchal soll dem zurückgelassenen Weibsvolk allein die Nachricht, von der Niederlage der Männer, zurück gebracht haben. Darauf sey des Uschi damals schwangre Gemahlin Deere-Zäzen Chattun mit einem Heer größtentheils bewafneter Weiber gegen die Kalmücken ausgezogen; sie ward aber durch Abuda boodschi mit einer Kugel im Unterleibe verwundet. Das Kind, welches diese Amazone nachmals gebahr, solle an der rechten Hand ohne Daumen zur Welt gekommen seyn und daher Zeitlebens den Nahmen Muchor-Lousang (der verstümmelte Lousang) geführt haben.

Endlich

Endlich kam, durch Vermittelung der Lamen und sonderlich 3. Vom
des Mongolischen Chutukta ein Vergleich und Bündniß zwischen den Soongari-
Mongolischen und Oerötschen Fürsten zu Stande, welches künftighin schen Für-
zugleich als Gesetz gelten sollte, und noch heutiges Tages bey Kalmü- stenstam.
ckischen Gerichten zur Hauptrichtschnur dient; wie an seinem Ort soll
gesagt werden. Dieser Vertrag den ich unten ganz mittheilen werde,
wurde von allen Fürsten der 44 Oeretisch-mongolischen Stämme be-
schworen, und verschafte auf einige Zeit Ruhe.

Des Charachulla ältester Sohn Baatur Taidschi hatte sich
schon 1616. von seinem Vater abgesondert und wohnte am Irtisch,
wo er sich nach und nach verstärkte und viele der kleinern Fürsten,
deren es damahls eine Menge unter den Kalmücken gab, von sich
abhängig machte. Er bereicherte sich, nachdem der Vergleich mit
dem Mongolen geschlossen war, durch glückliche Kriege mit den Bucharen, die er im Jahr 1634. zum zweyten mahl überzog: Nach dem
Tode seines Vaters Charachulla, welcher 1635. erfolgte, erhielt er
vom Dalai-Lama das Patent als Chuntaidschi (*) und den Nahmen
Erdeni-Baatur. Im Jahr 1637. schlug er sich mit den Mongolen und zog hier zwar den kürzern; war aber gegen die Kirgisen
und in seinen Unternehmungen gegen die bucharischen Städte desto
glücklicher. Im Jahr 1640. fieng er an gegen die Mongoley hin
einen Tempel und Häuser, nach Art einer kleinen Stadt, zu einem
Hauptsitz für sich zu bauen, und schien überhaupt an die Verbesserung und Anbauung seines Landes ernstlicher, als man es von einem
Hirten-Beherrscher vermuthet hätte, zu denken. Er starb um 1665.
und hinterließ von neun Gemahlinnen, worunter eine Tochter des
Torgotschen Oerlük Taischa, Nahmens Dara Uba Saltscha gewesen, zwölf Söhne und zwey Töchter, welche mit den Choschotischen
Fürsten Zäzän Chan und Ablai vermählt gewesen sind.

Unter seinen Söhnen ward sein Nachfolger in der obersten
Herrschaft über die Soongaren, nicht, wie Du Halde berichtet Ot-
schorbu

(*) Der Titul Chuntaidschi, welcher den mächtigen Fürsten, aus einer Geistlichen Politik, als ein Rang vom Dalai Lama ertheilt
wird, und gewisse Autorität über die geringern Fürsten mit sich
bringt, bedeutet dem Wortverstande nach: Schwanenfürst.

3. Vom
Soongari-
schen Für-
stenstam.

schorbu=Batur, sondern, nach einmüthiger Versicherung aller Kalmückischen Nachrichten, Sángga=Taidshi, der um 1630. gebohren war.
Dieser zog um 1667. am Jenisei gegen den Mongolischen Loosang
Chan zu Felde und belagerte im selbigen Jahr auch die Stadt Kra-
snojarsk. Allein im Januar 1671. ward er von seinen jüngern Brüdern Tschetschen und Batur ermordet. Diese gedachten die Erbfolge auf sich zu bringen; sie erhielten aber diesen Zweck nicht, sondern wurden, auf Anstiften der Geistlichkeit, durch die Vornehmen
unterdrückt und getödtet. Durch eben diese wurde des Sángga nächster Bruder, welcher in den geistlichen Stand getreten war, und den
Nahmen Galdan Chutukta führte, zum Soongarischen Beherrscher gewählt, wozu er auch vom Dalai Lama die Dispensation erhielt.
    Schon als Chutukta hatte dieser mehr Lust an Waffen und
Kriegsübungen, als am Beten gehabt und nachmals war diese Neigung bis an sein Ende stets seine herrschende. Er war ohngefähr
1645. gebohren. Gleich nach Antritt der Regierung heyrathete er seines Bruders Wittwe Ana dara, eine Tochter des Choschotischen Zá-
zánchan. — Sein erster Krieg war gegen seinen Oheim Su-ukur
Taidshi, der zuvor schon mit dem Derbetischen Dalai und Oerlök
von dem Torgoten mancherley Händel gehabt, und sich der Nach-
lassenschaft seines jüngsten Bruders Tsching Taidshi schon 1625. bemäch-
tigt hatte. In den ersten Unternehmungen gegen Schüker (1673.) war
Galdan so unglücklich, daß er bey seinen Schwiegervater Zázán Chan
Schutz suchen muste. Aber 1676. überfiel er diesen und Schükür
Taidshi fast zu gleicher Zeit, erschlug des leztern Sohn Bogamandshi
und bekam ihn selbst gefangen. Dessen Enkel Chaidu Taidshi aber,
der nur 13 Jahr alt war, flüchtete nach Tybet und begab sich im
Jahr 1684. unter Chinesischen Schutz. Galdan wurde durch dieses
Glück, da auch Zázán Chan umkam, und er beyder zahlreiche Unter-
thanen unter seine Herrschaft brachte, einer der mächtigsten Oerötschen
Fürsten, nahm in eben dem Jahr den Titul Chuntaidshi und im
Jahr 1679. nachdem er noch den Torgotschen Fürsten Nasa-mamut
überwunden und erschlagen und die Bucharischen Städte Turfan und
Chamyl erobert hatte, den Nahmen Buschtu Chan an. — Während
seines lezten Zuges gegen seinen Schwiegervater und Oheim hatte der
mongolische Loosang Chan dessen hinterlassenes Hoflager überfallen, und
nicht nur eine grosse Beute gemacht, sondern auch Buschtu Chans jüngste
Brüder Dandshin und Achai erschlagen. Diese und andre Beleidigungen

zu rächen zog Buschtuchan im J. 1680. nachdem er noch Jerken, Chaschchar und andre Städte der kleinen Bucharey unter seine Both- mäßigkeit gebracht, gegen die damals unter vier Oberhäuptern Zäzen- Chan, Tuschetu = Chan, Otschiroi = Sain Chan, und Zerenn = Uäng vertheilte Kalcha = Mongolen zu Felde und that seitdem fast jährliche Züge, theils wieder diese, theils wieder die Kirgisen. Er trieb die (*) Mongolen dergestalt in die Enge, daß einige ihrer Fürsten sich ihm unterwerfen, andre bey China Hülfe suchen musten, nahm es auch, anfänglich (1689.) mit vielem Glück, gegen die vereinigte chinesische und mongolische Macht auf, wurde aber endlich, da er sich den Chinesern schon fürchterlich zu machen anfieng, von dem besten Haufen seiner Kriegsleute, die theils durch die anhaltende Kriege und erlitne Noth ermüdet, theils durch die Geistlichen, welche Buschtuchan nicht folgsam genug gefunden hatten, von ihm abwendig gemacht, sich zu seinem Neffen Zagan = araptan schlugen, verlassen und genöthigt 1697. vor den Mongolen zu fliehen, auf welcher Flucht er sich in der Burutten Land selbst das Leben genommen haben soll. Mit Buschtu Chan hat, nach den Kalmückischen Geschlechtsbüchern, die Vielweiberey der Oelötschen Fürsten aufgehört. Von seiner Gemahlin hatte er nur einen Sohn Septen Bailsur, der während des Vaters Kriegen mit China durch Ewedeli Darchan Beg, Herrn der Stadt

_____

(*) S. Allgemeine Reise = Beschreibung 7ter Theil S. 60. u. folg. Nach einer mir durch die Güte des Herrn Statsraths Müller so eben mitgetheilten, etwas spätern Nachricht von 1727. wurden die Unterthanen des im Oftlichsten Theil der Mongoley herrschenden Zözen=Chan auf 100000; die Horde des Tuschetu = chan, welche gegen die Selenginskische Gränze lag, auf 30,000, die Herrschaft des Sain=Chan der sich um den Kossogol lagerte auf 25000, und des nahe am Altaischen Gebürge wohnenden Zeren=Uang Ulus auf 5000 Mann geschözt; außer welchen man noch im Sajanischen Gebürge gegen 5000 Urunchai = Tataren zählte, die unter einem Nachfolger des Altyn=Chan und seines Sohns Loosang standen und für die besten Krieger gehalten wurden. Nachdem die Mon- golen China unterwürfig und den gelben Mongolen gleich in Fah- nen (Kie) vertheilt worden, standen unter Tuschetu=Chan 26, un- ter Saffaktu=Chan 11, und unter Zäzän=Chan 17 Fahnen, deren keine unter anderthalb hundert Reuter stellte.

3. Vom Soongarischen Fürstenstam.

Stadt Chamyl, mit List gefangen und an die Chineser ausgeliefert ward.

Buschtuchan hatte sich durch Mißtrauen verleiten lassen seines Bruders und Vorfahren Söngga Söhne aus dem Wege zu räumen. Allein Zagan-araptan, der sein Nachfolger ward, wurde nach Ermordung seiner Brüder Solom Araptan und Dandsbin Ombo von der Geistlichkeit zeitig gewarnt, und entflohe an den Balchasch-noor, wo er anfänglich nur sieben Mann bey sich gehabt haben soll. Hier zog er nach und nach die Unterthanen seines gegen die Mongolen zu Felde liegenden Oheims, die ihn sehr liebten, an sich und wurde noch vor Buschtuchans Ende so mächtig, daß er sich die Soongarische Oberherrschaft anmaßen und den ihm vom Dalai-Lama beygelegten Ehrenmahmen Erdeni-Sooriktu Baatur Chuntaidschi annehmen konnte. Er war 1665. gebohren, gelangte 1697. zur völligen Oberherrschaft über die Soongaren, und ist der beliebteste Beherrscher dieser Horde gewesen. Wie er denn auch der Liebe seiner Unterthanen, welche er wie ein Vater regierte und unterstüzte, einen grossen Theil seines Kriegsglücks soll zu verdanken gehabt haben. Unter seiner Regierung, welche bis 1727. gedauert hat, ist die Soongarische Macht bis auf ihren höchsten Gipfel gestiegen, denn er soll zwischen 40 und 60,000 Mann wohlbewafneter Kriegsleute aufzubringen im Stande gewesen seyn. Er breitete seine Herrschaft über die Burutten oder die grosse, und über einen Theil der mittlern Kirgisen-Horde aus, eroberte noch verschiedne Bucharische Städte, und vermehrte seine Kalmückische Macht theils durch Unterjochung fast aller Choschoten und zurückgebliebnen Derbeten, theils durch das Heer Torgoten, welches ihm, durch die Unvorsichtigkeit Sandships, eines Sohns von Ajuka Chan, in die Hände geliefert ward. Von 1712. an that er gegen China und die unter dessen Schuz vereinigte Mongolen fast jährliche und mehrentheils glückliche Feldzüge. Von 1714. bis 1717. mischte er sich in die geistlichen Unruhen, welche Tybet (*) zerrütteten und nahm im leztgemeldeten Jahr die Hauptstadt des Landes Lassa und den Siz des Tibetanischen Pabstes Bu-dala, durch ein abgeschicktes Heer ein; wobey den seinigen eine ansehnliche Beute zu Theil ward. Allein eben dieser Feldzug

(*) GEORGI Alphab. Tibetan. p. 333. seq. Saml. Russischer Gesch. I. Bandes 2. St. S. 134.

zug machte ihn der lamaischen Geistlichkeit verhaßt, deren geheimen
Anstiftungen es auch zuzuschreiben ist, daß Zagan-Araptan 1727. in
seinem Hoflager, vermuthlich mit Vorwissen seines Sohnes Galdan-
Zerenn umgebracht ward. Er hinterließ, von zwey Gemahlinnen fünf
Söhne und eben so viele Töchter. Seine erste Gemahlin, Tzungu
Araptan, war eines am Kokonoor wohnenden Derbetischen Taischa
Kutscha Tochter und starb 1721. Von ihr war Galdan-Zerenn und
Lousang Schunu, welcher im Jahr 1723 auf des Vaters Befehl
gegen die Kirgisen einen glücklichen Feldzug that und sich dadurch den
Neid seines Bruders erwarb, weßwegen er 1727. vor ihm flüchten
muste, und unter den Wolgischen Kalmücken, wo er sich mit einer Toch-
ter des nachmaligen Chans Donduk-ombo, Nahmens Zerin Balsana
vermählt hatte, im J. 1732 starb. Eine Tochter Zagan-Araptans von
eben dieser Gemahlin, Nahmens Daschi Septenn, war an einen
Chontaidschinischen Vasallen loosang Tscherin verheyrathet. — Mit
der andern Gemahlin Sederdschap, einer Tochter des Torgotschen
Ajuka Chan, hatte Zagan-Araptan drey Söhne, Schunu Kaschka,
Jerke Baarang und Chorchoda Baarang, ingleichen vier Töchter
Tschisang, Tscherin, Dsambo, und Tschutschu, wovon die älteste
an den Torgotschen Chan Tscheren Donduk versprochen war.

Sobald Galdan-Zerenn die Regierung übernommen hatte,
ließ er seine Stiefmutter, welcher er den Mord des Vaters Schuld
gab, mit allen ihren Kindern aus dem Wege räumen. Der Krieg
gegen China und die Mongolen ward unter ihm noch ferner glücklich
fortgesezt, bis es 1734. durch Vermittelung des tybetischen Dalai-
lama, zwischen beyden Partheyen zum Frieden kam. Im Jahr 1742.
überzog er die Kirgisen der mittlern und kleinen Horde mit Krieg,
und trieb sie dergestalt in die Enge, daß sie an den rußischen Gränzen Schuz suchen musten. Galdan-Zeren starb im Jahr 1745. und
mit ihm nahm das Glück der Soongarischen Herrschaft ein Ende.
Er hatte zuerst eines Tangutischen Zäzen Chans Tochter Babulik
zur Ehe, und mit derselben zwey Töchter; Allein 1731. verstieß er
dieselbe und heirathete eine gemeine Kalmückinn, mit welcher er zwey
Söhne gezeugt hat. Davon war der älteste Bajan oder Bizigan
Zagann 1733. gebohren und ist ihm in der Regierung gefolgt, der andre
aber Zebek-Dordschi war nur fünf Jahr alt, als der Vater starb.

Der minderjährige Bajan Zagann übernahm die Regierung
unter dem Nahmen Adschan Chan, und soll nach kalmückischer Art

ein

3. Vom Soongariſchen Fürſtenſtam.

ein hofnungs-voller Jüngling geweſen ſeyn. Allein weil er mit den jungen Edelleuten, die er um ſich litt, einigen Muthwillen trieb, Hunde und andre zahme Thiere zur Luſt zu ſchieſſen pflegte, noch mehr aber weil er die alten Räthe, welche die Sarga (den Chaniſchen Rath) ausmachten, wenig achtete und ſonderlich der Geiſtlichkeit nicht gefiel; ſo wuſte man ihn (im J. 1750) zu einem Feldzug gegen ſeinen natürlichen Bruder Lama-Dardſha, dem Galdan-Zerenn ein beſondres Erbtheil an der Bucharifchen und Kirgifiſchen Gränze ertheilt hatte, aufzuwiegeln, in welchem er durch Untreue der Vornehmen gefangen, an den Augen geblendet und nach einer Bucharifchen Stadt ins Elend geſchickt ward (*). Der gröſte Haufe der Soongaren aber, und ſonderlich die Geiſtlichkeit und Saiſſanen, erkannten den unächten Lama-Dardſha für ihr Oberhaupt, in welcher Würde dieſer auch vom Dalai-Lama, unter dem Nahmen Erdeni-Lama-Baatur Chuntaidſhi (edler Seelenvater tapfrer Schwanenfürſt) befeſtiget ward.

Galdan-Zerenn ſoll denſelben, als er 1727 gegen den General Licharew (**) am Irtiſch zu Felde lag, mit einem gemeinen Mädchen erzeugt haben. Dieſe unächte Geburt war Urſach, daß ſich andre Fürſten, welche bis dahin als Vaſallen die Oberherrſchaft des Soongariſchen Chans erkannt hatten, nicht unter den neuen Regenten bequemen wollten. Sonderlich glaubte ein gewiſſer Dawadſhi, der Enkel eines vermeyntlichen Bruders oder Halbbruders von Zagan-Araptan, der ſich unter dem Nahmen Tſcheren Donduk in den vorherigen Kriegen, ſonderlich durch die Expedition nach Tybet und eine 1732 in die Mongoley bis an den Orchon unternomne Streiferey, berühmt gemacht hatte, als älterer Fürſt mehr Recht zur Chaniſchen Würde zu haben, verband ſich mit einigen andern Soongariſchen Beherrſchern und überfiel, mit Hülfe der Kirgiſen, den neuen Chan in ſeinem Hoflager; worauf er ſich zum Oberhaupt der Soongaren aufwarf und dieſe Würde zwey Jahre lang in ziemlicher Ruhe genoß.

Doch Dawadſhi hielt denen Fürſten, die ihm hülflich geweſen waren, ſeine Verſprechungen nicht. Vorzüglich machte ein gewiſſer

(*) S. aus den St. Petersburgiſchen Nachrichten in Rytſchkofs Orenburg. Topographie S. 31. u. folg. und beym *Abbé Chappe d'Auteroche* Voyage de Siberie Tom. I. p. 292. bis 296.

(**) S. Saml. Ruſſiſcher Geſchichte. 4. Bandes 2 Stück S. 264 folg.

ser Amursanán, aus der Familie Chor̈t, dem er einen Theil der Soongarischen Herrschaft abzutreten zugesagt hatte, Parthey gegen ihn, trat mit den Mongolen und Chinesern, welche schon längst die Soongarische Macht zu zertheilen trachteten, in Bündniß und gieng mit deren Beystand dem Dawatschi zu Leibe; welcher denn in einem Treffen 1754. geschlagen und im folgenden Jahre gar gefangen genommen und nach Pekin geführt ward. In dieser Verwirrung machten die Choschot, welche bey der Soongarischen Horde waren, einen Versuch die Chänische Würde auf ihre Fürsten zu bringen und die Zerrüttung ward nun allgemein. Amursanan hofte sich von den Chinesern in der Alleinherrschaft über die Soongaren bestätigt zu sehen. Als aber diese Hofnung fehlschlug, fiel er von ihnen ab, flüchtete an den Ili-fluß, wo stets das Hoflager der Kalmückischen Beherrscher gewesen war, und samlete daselbst die Trümmer der Soongarischen Horde, womit er, bis zur völligen Zerstreuung derselben, den Chinesern die Spitze bot. Diese lezten Händel hätten für China sehr ernsthaft werden können, wenn die Einigkeit unter den Kalmückischen Fürsten wieder herzustellen gewesen wäre. Denn auch zwey Mongolische Fürsten Choschoi Tschin-Uany und Schadir-Uang suchten auf ihrer Seite, zum Vortheil des tapfern Amursanan und der Freyheit, eine Empörung gegen China zu erwecken. Allein diese Unruhen, welche die Mongolen bereits so aufrührisch gemacht hatten, daß sie sich mit drohenden Haufen, um den Chinesischen Handelsort bey Kjachta sehn ließen und den dasigen Surgutschei oder Aufseher der Kaufmannschaft nöthigten bey den rußischen Gränz-Befehlshabern um Schuz zu flehen; diese Unruhen, sage ich, wurden durch die Chinesische Klugheit noch zeitig unterdrückt. — Amursanan ward von den wieder ihn ausgeschickten Truppen, zu welchen sich schon viele wiedriggesinnte Soongaren geschlagen hatten, überwunden, vor seinen eignen Leuten, wegen der Meuterey eines gewissen Nemke Dshirgal flüchtig, und muste sich zu den Kirgisen, und als er sich bey diesen nicht sicher sahe, nach Sibirien retten, wo er nach zuverläßigen Nachrichten, die der Abbée Chappe zweifelhaft zu machen gesucht hat, bald nach seiner Ankunft an den Blattern verstarb.

So zerfiel das unter einigen klugen und tapfern Fürsten im Asien so mächtig geword'ne Soongarische Reich, durch die Uneinigkeit und Herrschsucht seiner eignen Fürsten und Grossen, eben so geschwind, als es unter Batur Chuntaidschi entstanden war. Die klügern Kalmücken

3. Vom Soongari= ſchen Für= ſtenſtam.

ſelbſt geſtehn, daß ihrem und dem mongoliſchen Volk von jeher nichts ſo ſehr, als innere Zwietracht und die eingeführte Zertheilung der Uluſſen unter fürſtlichen Erben, die nachmals mit einander zerfallen und ſich aufreiben, geſchadet habe (*). Und gewiß ſollte jemals ein zweyter Iſchingis in der Mongoley erſcheinen, der unter dem Druck der Chineſiſchen Politik einige mächtige Stämme zu vereinigen die Gaben und Gelegenheit hätte, ſo könnte es in dieſen wüſten Gegen= den immer noch einmahl Auftritte geben, die zwar nicht den weſtlichen Reichen, deren Verfaſſung izt zu gut iſt, aber doch China fürchter= lich werden müſten. Gegenwärtig ſind die unter Chineſiſcher Herr= ſchaft verbliebne Soongaren, ſo viel möglich, unter die Buchariſchen Städte und anderwärts angeſtellte Befehlshaber vertheilt, und ihren Fürſten, ſo wie denen Mongoliſchen, auf eine gute Weiſe alle Frey= heit und Gelegenheit zu Schaden möglichſt beſchnitten. In der Soon= garey ſind bis an den Irtiſch und Balchaſch=noor Gränzpoſten ein= gerichtet und am Fluſſe Hobdo, wo ſonſt oft der blutigſte Schau= plaz mit den Kalmücken geweſen, eine Feſtung mit einem Oberbefehls= haber (Amban) angelegt, bey welchem ſich die Oerötſchen Häupter unter dem Prätext von Ehrenämtern aufhalten müſſen. Die Horde wird, auſſer den Poſtirungen und Gränzmiliz, welche daraus unter= halten wird, mit allen Abgaben verſchont. Die buchariſchen Städte ſind bis an Chaſchchar, und ſelbſt das nordoſtliche Tybet, nebſt dem Hauptſiz des Dalai=Lama, in die Chineſiſche Gränze mit eingeſchloſſen und mit dergleichen mandſhuriſchen Befehlshabern und Beſazungen verſehn. Und weil der Chineſiſche Hof wohl weiß, wie viel Herr= ſchaft die lamaiſche Geiſtlichkeit über das abergläubiſche Mongoliſche Volk hat, und wie viel Unheil durch die Intriguen der Lamen und ihres Oberhaupts geſtiftet worden; ſo könnten vielleicht mit dieſem Oberhaupt der Schigimuniſchen Abgötterey bald Maaßregeln genom= men werden, ihn näher gegen China zu verſetzen, um nicht durch die Entfernung der Geiſtlichkeit zu trüben Unternehmungen Gelegen= heit zu geben. Ja es gieng ſchon 1774 bey den Wolgiſchen Kal= mücken der Ruf unter den Geiſtlichen, als wenn, nach Abſterben des

lezten

(*) Inteſtina arma, quae fuerunt eruntque pluribus populis magis exi= tio, quam bella externa, quam fames, morbiue, quaeque alia in Deum iras velut vltima publicorum malorum vertunt LIV. hiſt. IV.

Gegen S. 46.

II. Stamtafel

der Soongarischen Fürsten von Charachulla bis auf die Zerstreuung der Soongaren.

Chutugaitu
Charachulla Taidschi.

Baatur Chuntaidschi.

Dschenghu Baatur, nach Du Halde. — Schngga Taidschi. — Sebtan, nachmals Bujakru Chan. — Tschetschen. — Baatur. — Dorotschu Tschap. — Zagan. — Bunotschul. — Gunbtsan Omba. — Dandschin Bachai. — Sebtan Taidschi. — Schuber Taidschi.

Erster Daidschur.

Katerin Lama der vornehmste Geistliche unter Galdan Zeren.

und zwei Töchter.

Baikoguish, von Schubern erschlagen 1625. — Tschin Taidschi gestorben 1625. — Zwey Töchter vermählt an Jodung und Latschim.

Haga Nantschi — Tschuwum? Tschaiku Taidschi

Zagan Arapten Chuntaidschi.

Galdan Arapten. — Dandschin Ombo. — Dugar Arapten (*).— Tschoeren Dondof.

Dagba.
Damatschun.

Galdan Zeren Chan. — Lonsang Tschunu. — Dalai Septenn, eine Tochter. — Schunu Tscholdscho. — Tschidscho. — Tschakung. — Tschakin. — Damba. — Tschatschun. — Eke Boorang. — Tscheratoba Boorang.

Vier Töchter welche mit ihrer Mutter Seetschup das Leben entflohen.

Sesen Zagan eb. Doschun Chan. — Laua Darotscha eb. Seeteni Baatur Chuntaidschi.

(*) Dugar Arapten flüchtete vor seinem Ohaim Galdan zu den Chineseru, erhielt eine Würde Latteren am eltern Inuiski und ward im J. 1689. von den mongol. Looshing Chan erschlagen.

lezten Dalai Lama, deſſen Geiſt nicht im Tybet, ſondern in der Mongoley wiedergebohren ſey.

Ein Theil der Soongaren ſoll ſich indeſſen doch in die wildeſten Gebürge gezogen haben und von China noch unabhängig ſeyn. Nach Sibirien flüchteten und kamen unter rußiſchen Schuz im Jahr 1758. acht hundert theils Kalmücken, theils den Soongaren unterwürfig geweſene Burutten, nur unter Anführung einiger Saiſſanen, weßhalb die Kalmücken von dem Torgotſchen Chan unter ſeine Uluſſen vertheilt, die Burutten aber zu den Truchmenern, die ſich unter der Wolgiſchen Horde befanden, geſchlagen wurden, und auch izt in deren Nachbarſchaft die Steppe ſüdweſtwärts von Aſtrachan bewohnen. Das Jahr drauf folgte jenen ein Haufen von wenigſtens zwanzig tauſend Mann, unter Anführung der Soongariſchen Fürſten Scheereng, Schara Köksn, Urunchai, Louſang Dſhap, Dſhanama und Deldeſch, denen Choitſchen Ereng und Norbudſhàn, dem Torgotſchen Prinzenn Dabá und einigen andern, welchen man aber nur ihre eignen Unterthanen ließ, und den übrigen Haufen, theils im Orenburgiſchen und unter die Stawropoliſche getaufte Kalmücken, theils unter andre Beherrſcher vertheilte. Und dieſer Haufe iſt gröſtentheils, nebſt allen damals in Schuz genommenen Beherrſchern, bis auf den obén, unter den Choſchoten genannten Samjang und deſſen Stieſſohn Tümmen, mit der groſſen Torgotſchen Horde nach der Soongarey zurückgeflüchtet.

Die Derbet, deren beſondre Begebenheiten izt folgen, waren vorhin, bis auf den (S. 36) in der Stamfolge ihrer Fürſten genannten Dalai Taidſhi, nur ein Haufe und wohnten jenſeit des altaïſchen Gebürgs, in der oſtlichſten Gegend des landes der Soongaren, mit dieſen in gutem Verſtändniß. In den Kriegen der Mongolen mit dem Soongariſchen Charachulla, litten die Derbeten viel und Dalai verlor einen groſſen Theil ſeiner Unterthanen. Bis 1621. theilte er das unglückliche Schickſal dieſes Krieges und zog ſich, mit dem Reſt ſeines Volks, in die Gegend um den Iſchim und Tobol, wo er 1628. mit Schüker, des Charachulla Sohn in Uneinigkeit gerieth und mit den damaligen Kutſchumiſchen Prinzen 1631. und 1634. die von

4. Von Der beetischen Fürsten-stam.

von Rußland neubesezte Sibirische Gegenden berauben half, dafür aber auf frischer That, durch ausgeschickte Partheyen gezüchtigt wurde. Dallai starb 1637. und hatte zwey Gemahlinnen: eine Aachai, die andre, eine Tochter des Torgotschen Choo = örlük gehabt. Von neun Söhnen, die er aus diesen Ehen zeugte, soll der älteste vom Vater selbst getödtet worden seyn. Denen übrigen theilte er noch bey Lebzeiten einen Theil seiner Unterthanen aus, wobey die ältesten am schlechtesten, Daitsching Choschootschi aber, und Solom = Zeren, der jüngste von der zweyten Gemahlin, am reichlichsten versorgt wurden. Nach des Vaters Tode nahm Daitsching, der schon eine Gemahlin Dara = Ake hatte, seine Stiefmutter daneben zum Weibe, und suchte gemeinschaftlich mit seinem Bruder Gumba, dem ältern Toïn Ombo das väterliche Erbtheil streitig zu machen. Er wohnte, mit seinen Brüdern nachmals am Ischim und ward 1644. entweder von Schüker Taidshi oder von Choo = Oerlük dem Torgoten, erschlagen.

Nach des Daitsching Tode begab sich die Stiefmutter, welche ihm geheyrathet hatte, mit ihrem jüngsten Sohn Solom Zeren, der nur sieben Jahr alt war, zu ihrem Vater Choo = Oerlök, und hielt dadurch das Erbtheil dieses Sohnes, welches die itzigen Wolgischen Derbeten sind, beysammen. Des Daitsching Brüder und Kinder musten sich nach und nach unter das Joch der Soongarischen Beherrscher bequemen. — Eschkep, des Daitsching Brudersohn; lebte schon 1643. am Irtisch abgesondert, hielt nachher mit seinem Oheim Gumba zusammen und blieb bis 1651. da einige seiner Unterthanen von Sibirischen Kasaken waren getödtet worden, an den rußischen Gränzen friedlich. Sein Sohn Dshal erbaute auf der linken Seite des Irtisch, in der Gegend von Podspuskoi Staniz, denjenigen steinernen Götzentempel, wovon die Ueberbleibsel noch izt, unter dem Nahmen Kalbassunskaja Baschna (*), vorhanden sind. Er muste aber 1702. wegen der Verfolgung der Baschkiren, mit welchen die Kalmücken in beständigem Unfrieden lebten, seine väterliche Wohnsitze verlassen und sich unter den Schuz des Soongarischen Chuntaidshi begeben, der ihm die Gegend am Bach Tschui, gegen die Kirgisische Gränze hin, eingab, wo er 1729. in einem Alter von 90 Jahren gestorben seyn soll

---

(*) Nov. Comment. Petr. Vol. X. p. 430. seq. Pallas Reise II. Theil S. 487.

soll. — Eschkeps Bruder Ajuscha Taidshi ward 1655. als er mit einer Raubparthey abwesend war, durch einen Ueberfall der Baschkiren seiner Familie und eines Theils seiner Unterthanen beraubt. — Ein Enkel endlich von Eschkeps jüngstem Bruder Toa, (dessen Kinder mit Dshal Taidshi in beständiger Zwietracht gelebt und sich zu den Kirgisen gehalten hatten) Nahmens Zaatun, kam mit seinem Neffen Solom Dardsha und ohngefähr 300 Unterthanen unter rußischen Schuz an die Wolga, wo auch noch izt ein Sohn des Solom Dardsha, Nahmens Zendenn und zwey Enkel, Oedergö und Bajarlachö, so wie auch ein andrer von des Daitsching Nachkommenschaft, dessen Genealogie ich nicht habe genau erfahren können, Nahmens Chabtshik Nojon, unter den Wolgischen Derbeten, als verarmte Fürsten die kaum hundert Unterthanen haben, vorhanden sind. Von allen übrigen in der Soongarey verbliebnen Zweigen des Derbetischen Fürstenstammes, ist keine Nachricht vorhanden; ausser daß von Galdandshi und Aldar, des Dalai Söhnen, Nachkommen unter Chinesische Herrschaft gekommen, und ein Abstämling von Zären Monzok, einem andern Sohn des Dalai, unter den Stawropolischen getauften Kalmücken gewesen seyn soll.

Der Stamvater, von der am Wolgastrohm noch izt wohnenden Derbetischen Haupt=Regentenlinie ist des Dalai jüngster Sohn Solom Zären Baatur Taidshi, wie ihn die Kalmücken zu nennen pflegen, gewesen. Dieser kam um das Jahr 1673. oder 74. mit seinem Sohn Menkötümmer, und vier bis 5,000 Familien Unterthanen zu der Horde des Torgotschen Ajuka Taidshi, der nachmals von Kayser Peter dem Grossen zum Chan erklärt ward und damals schon um die Wolga seine Wohnsitze genommen hatte. Solom Zären lebte mit Ajuka in gutem Verständniß und legte, zugleich mit ihm, theils in Person, theils durch seinen Nachfolger Menkötümmer, vor Astrachan den Eyd der Treue an Rußland ab, war auch 1682. selbst in Astrachan, um einige Unterhandlungen zum Vortheil des Ajuka zu endigen. Als Ajuka Chan im J. 1701. mit seinem Sohn Tschakdordshap zerfiel, war Solom Zären nicht mehr am Leben. Sein Sohn Menkötümmer schlug sich weder zu der einen, noch andern Parthey, sondern entwich mit seinen Derbeten an den Don. Nach wiederhergestellter Einigkeit aber nöthigte ihn Ajuka sich wieder mit ihm zu vereinigen und gab, zu mehrerer Verpflichtung, seine Tochter Buntar dem

Margin notes:
4. Vom Derbetischen Fürstenstam.

Wolgische Derbeten.

Erster Theil.   G   dem

4. Wolgische dem Sohn des Menkötümmers, Tschüttür oder Tscheter genannt, zur
Derbeten. Gemahlinn.

Als diese starb, heyrathete Tscheter Taidshi (der seinem Vater
in der Regierung gefolgt war) eine andre Tochter des Ajuka, Dascht
Tscheren. Allein im J. 1717. verstieß er dieselbe und verband sich mit
Tschakdordshaps Tochter Dordshi Tscheren, die schon mit einem Choschotischen Fürsten zwey Söhne gezeugt hatte. Tscheter hatte sie mit Gewalt aus der Choschotischen Ulus entführt, deßwegen berief ihn Ajuka
zu seinem Hoflager und behielt ihn, unter allerley Vorwand, in Verwahrung, suchte aber insgeheim die Choschoten aufzuwiegeln, daß sie,
um den ihrem Fürsten wiederfahrnen Schimpf zu rächen, die Derbetische Ulus, welche sich wieder an den Don geflüchtet hatte, überfallen
und unter sich theilen sollten. Doch Tschakdordshap schlug sich ins
Mittel und verglich die Sache so, daß Tscheter dessen entführte Tochter für sich behielt, die verstoßne Gemahlin aber dem Sohn des
Tscheters, Lawan Dunduk beygelegt wurde.

Als 1723. nach Ajuka Chans Tode die Unruhen wegen dessen
Erbfolge unter den Torgoten entstanden, flohe Tscheter mit seinem
Sohn Lawa Donduk bis über den Don westlich; sein jüngerer Sohn
Gunga Dordshi aber blieb, mit einem Theil der Derbeten, bey seinem Schwiegervater Donduk Ombo, und war bey allen Unternehmungen desselben, sonderlich als Tschakdordshaps Sohn Dassang überfallen wurde, sehr thätig.

Da 1725. die Schlägereyen unter den Torgotschen Fürsten noch
immer fortdauerten, erlaubte man einigen Beherschern, die neutral
seyn wollten, sich zu den Derbeten über den Don zu begeben, so daß
damals westlich vom Don über 14,000, bey der Wolga aber bis
30,000 Kalmücken geschäzt wurden. Allein sowohl der Vice-Chan
Tscherendonduk, als Donduk Ombo, welcher jenem die Oberherrschaft
streitig machte, liessen die über den Don wohnende Ulussen, durch ausgeschickte Kriegspartheyen, so scharf heimsuchen, daß sich selbige wieder an die Wolga zurück zu begeben und zu einer von beyden Partheyen zu schlagen bequemen musten.

Im Jahr 1731. lieferte Donduk Ombo seinem Oheim ein blu-
tiges Treffen und zog sich darauf mit seiner ganzen Parthey und den
bemeisterten Ulussen, worunter auch Tscheter Taidshi, mit seinem
Sohn Gunga folgen muste, nach Kuban. Lawadonduk samlete den
Ueberrest der Derbeten und sezte sich damit westlich vom Don in die
Gegend

Gegend von Tscherkask, von wannen er durch den General, Fürsten 4. Wolgische Borätinskoi innerhalb der Linie von Zarizyn zu wohnen angewiesen Derbeten. ward, auch daselbst bis zur Zurückberufung der nach Kuban geflüchteten Fürsten verblieb. Sein Vater versuchte, durch Vorstellungen, rußischer Seits Erlaubniß zur Wiederkehr zu erhalten. Allein zu eben der Zeit (Ausgang des 1731. Jahres) überfiel dessen Sohn Gunga mit 2000 Kalmücken einen Vorposten der Donischen Kasaken, streifte über den Don, und entführte einen Theil der in den Steppen um den Donez winternden Kalmücken, nebst andern Gefangenen; wodurch dieses Ansuchen damahls fruchtloß gemacht ward.

Als 1741. nach dem Absterben des tapfern Donduk Ombo, sich neue Unruhen unter den Wolgischen Kalmücken erhoben, ward dem Fürsten Lawa Donduk, welcher damahls nach dem Tode seines Vaters den Derbeten vorstund, auf sein Anhalten innerhalb der Zarizynsche Linie zu ziehen erlaubt, bis Dondukdaschi zum Chan ernannt worden, da er sich wieder an den Don begab. — Der neue Chan verlangte damals, daß die Derbeten wieder unter seine Oberherrschaft vereinigt werden sollten und man suchte auch, um neue innerliche Unruhen unter dem Kalmückischen Volke zu verhüten, den Derbetischen Fürsten, unter Zugestehung gewisser Vorzüge über die jüngern Fürsten der Chanischen Horde, dazu zu vermögen. Im October 1743. wurde deßfalls zwischen Lawan Donduk und dem Chan ein persönlicher Vertrag zu Stande gebracht und von beyden Theilen eidlich bekräftigt. Dem ohngeachtet traute Lawa=Donduk noch nicht zur Wolga überzuziehen, sondern that vielmehr durch seinen nach Moskau abgefertigten ältesten Sohn Schamgil Norbo dringende Gegenvorstellungen. Weil man aber bald darauf (1744.) Verdacht bekam, als wenn die Derbeten nach Kuban zu entfliehen willens seyen; so wurden die würksamsten Maaßregeln genommen, ihre Vereinigung mit der Chanischen Horde zu beschleunigen, welches denn so viel fruchtete, daß Lawa Donduk würklich zur Wolga hinüberzog. Aber sich völlig mit den Torgoten zu vereinigen ließ er sich nicht bewegen, sondern blieb auf seiner Hut; und weil man im Früling 1745. erfuhr, daß vielmehr der Torgotsche Chan, dessen in Astrachan als Geissel gehaltner Sohn Assarai damahls gestorben war, damit umgieng sich über die Gränze zu machen und unter persischen oder türkischen Schuz zu begeben; so wurde den Derbeten, die sich in aller

Eyl

4 Wolgische
Eyl der
Derbeten.

über den Don geflüchtet hatten, daselbst zu verbleiben bey ge-
höriger Vorsicht, erlaubt. Im Sommer vereinigten sich die derbetischen Kriegsvölker mit einem starken Corps donischer Kasaken, welches,
unter dem Ataman Jefremof die Kumanische-Steppe rein halten und
auf die Bewegungen der Torgoten ein wachsames Auge haben sollte;
wodurch denn diese völlig in Ruhe erhalten, der Haß des Torgotschen Chans gegen die Derbetischen Beherrscher aber nur vermehrt wurde.

Im Jahr 1748. hielt Lawa-Donduk freywillig um seine
Vereinigung mit der Torgotschen Horde an, welches Ansuchen man
damahls als verdächtig ansehn muste. Er entzweyete sich auch damahls mit seinem Sohn Schantgil-Norbo und ließ ihm im
folgenden Jahr, durch seine Saissanen nachstellen, so daß sich derselbe nach Ischerkask flüchten muste.

Doch um eben diese Zeit starben Vater und Sohn innerhalb
zweyer Monathe und Galdan Zerenn, der jüngste, noch minderjährige
Sohn, übernahm mit seiner Mutter Abu die Herrschaft über das
Derbetische Volk, welches in seinen Wohnplätzen am Don bis 1756.
gelassen ward. Damahls sahe man sich, wegen des Schadens und
Unfugs den sie, sonderlich an den donischen Kasaken, verübten und
der wegen Minderjährigkeit des Fürsten durch die Saissanen noch mehr
begünstigt wurde, genöthigt, die Wiedervereinigung der Derbeten mit
der Chanischen Horde zu verordnen und sie in die Wolgische Steppe
zurückzuweisen.

Und nun fieng der Torgotsche Chan die schon längst gehegte
Absicht, sich der Derbetischen Ulus zu bemächtigen, immer mehr zu
äussern an. Nichts war dazu günstiger, als die Jugend und Gemüths-
schwäche des derbetischen Fürsten. Um noch mehr Einfluß auf denselben zu haben, vermählte ihm Dondukdaschi in J. 1755. seine Tochter, und suchte nach und nach das gemeine Volk von ihm abzuziehen,
allerley Händel, wegen der Ueberläufer, Entscheidung der Rechtshändel des Volks und unter anderm Vorwand zu erregen, und wartete
nur auf Gelegenheit sein Vorhaben auszuführen. Endlich brachen
1760. beyde Theile in Klagen und Thätlichkeiten aus. Die Gemahlin des Galdan Zerenn gab dazu noch mehr Gelegenheit, mit welcher derselbe damahls einen Sohn Zebek Ubuscha, der nachmals
sein Nachfolger ward, hatte. Diese Fürstin liebte ihren Gemahl

wenig

wenig und hatte unter den Geistlichen und Saissanen viele Lieblinge, 4. Wolgische die den Gemahl nicht ohne Eifersucht liessen und den Grund zu vie-Derbeten. ler Zwietracht gaben, welche die Fürstin ihrem Vater zu hinterbrin- gen und die Aufhebung ihres Gemahls zu betreiben nicht unterließ. Es war im Winter zu Ausgang des 1760sten Jahres, da aus Oren- burg nach Astrachan von Zurüstungen Nachricht gegeben ward, welche die Kirgisen machten, um selbigen Winter die Kalmücken, von welchem sie seit mehrern Jahren, sonderlich durch die glücklichen Räubereyen des Torgotschen Fürsten Bambar, viel gelitten hatten, mit einer ansehnlichen Macht zu überfallen. Dieses gab dem Torgo- tischen Chan die vortheilhafteste Gelegenheit ein beträchtliches Heer seiner Kriegsvölker zusammen zu ziehn, unter dem Vorwand selbige, wenn er über die Wolga zum überwintern nach der Kumanischen Steppe ziehen würde, zu Beobachtung der Kirgisen an diesem Fluß zu hinterlassen. — Die Truppen standen unter dem Befehl des Fürsten Zebek Dordshi von der Chanischen Familie und des Choscho- ten Aerränpäl. Galdan-Zerem ward zugleich beordert tausend Mann seiner Derbeten zusammen zu bringen und damit zu den Torgoten zu stossen, seine Horde aber an der Sarpa hinauf in die Nachbarschaft der Chanischen abzulassen. Die Derbeten behaupten, Dondukdashi habe diese Veranstaltungen bloß deßwegen gemacht, um sich der Person des derbetischen Beherrschers zu versichern und darnach die Derbeten seiner Horde einzuverleiben.

Dem sey wie ihm wolle, so versamlete Galdanzerenn würklich tausend Mann seiner Völker, in der Gegend der hohen Landecke Moo-Chammur, unterhalb Zarizyn und war damit die Wolga hin- unter im Anzuge, um sich zu den Chanischen Truppen in die Gegend des gegen Tschernojarsk gelegnen Berges Bogdo zu verfügen, als er auf erhaltne Nachricht von einem getreuen Saissan auf einmahl sei- nen Marsch abbrach, gegen Zarizyn flüchtete und sich mit seinen Leu- ten unter der Linie an den Jelshanka-Bächen setzte. Aerränpäl ließ ihm zwar nachsetzen, schickte auch zwey Abgeordnete, Charamursa und Gángasatu an ihn, um ihn zu sich zu locken. Weil aber die List auf den furchtsamen Galdanzeren nicht würken wollte; so befahl der Torgotsche Chan dem Fürsten Zebekdordshi in Gesellschaft eines gewis- sen Salo-Lama mit allem Kriegsvolk nach der Derbetischen Ulus zu marschiren und selbige mit Gewalt die Sarpa hinauf zur Chanischen

Horde

4.Wolgische Derbeten. Horde zu treiben. Die Mutter des Galdanzerenn ward gefänglich gehalten und die Gemahlin flüchtete, nebst ihrem Sohn und den Lieblingen, die sie unter den Saissanen hatte, zu einem Torgotschen Geistlichen Schamgüll Gellong, mit dem sie es gleichfalls gehalten haben soll.

Galdanzeren war mit seiner geringen Macht nicht im Stande gewesen sich diesem allen zu wiedersetzen. Allein zu seinem Glück starb der Chan Dondukdaschi am 21ten Jenner 1761. in der Kumanischen Steppe. Die treuen Derbeten gaben davon ihrem Erbfürsten die schleunigste Nachrichten, sonderten sich, so bald sie von dessen Anzug Nachricht bekamen, mit Gewalt von den Torgoten ab und zogen an den Don. Galdanzerenns Gemahlin allein blieb mit ihrem Sohn und den Saissanen ihrer Parthey, in allem etwan 200 Gezelte, bey den Torgoten. — Diese wollte Galdanzeren mit Gewalt zurük holen und fertigte deßhalb seinen Vetter Tundut und den Saissan Tastir mit 600 Mann ab, welche aus dem Lager der Derbeten Verstärkung an sich zu ziehn befehligt waren. Allein die Derbetischen Fürsten Dschall und Menghön, die mit einer Parthey ausgeschickt waren um dieses Comando aufzusuchen, fielen bey einem Nebelwetter in die Hände der Torgoten und wurden nach der Chanischen Horde gebracht; wodurch die Unternehmung diesmahl vereitelt ward.

Indessen ließ es sich auch unter den Torgoten zu neuen Uneinigkeiten, wegen der Nachfolge in der Chanischen Würde an; und um bey entstehenden Unruhen sich zu rächen und im trüben zu fischen, rüsteten sich die Derbeten zum Krieg. Jung und alt ward aufgeboten und der Fürst soll damahls in der Steppe am Ssalfluß, wo auch die bey Kriegserklärungen unter den Kalmücken gewöhnliche, abergläubische Ceremonien veranstaltet wurden, bey 6000 Mann gemustert haben. Jedoch durch die Vermittelung der rußischen Befehlshaber, ward nicht nur die Ruhe unter den Torgoten erhalten und Ubuscha, ein Sohn des verstorbnen Chans, als Verweser dieser Würde bestätigt, sondern auch Galdanzeren dahin vermocht, sich mit seiner verstoßnen Gemahlin wieder zu vereinigen. Es verzog sich jedoch damit bis im December 1762. da er sich nach der Festung Jenataëfka begab und daselbst mit der Gemahlin, auch nachmals mit deren Bruder dem neuen Vice Chan, scheinbarlich ganz ausgesöhnt ward. Kaum aber war Galdanzeren mit denen ihm zurükgegebnen Ueberläufern in seiner Uluß angelangt, als er die Lieblinge der Fürstin gefangen und alle ihre Haabe wegnehmen, sie selbst aber mit Peit-
schen

schen und Schilfbränden halb zu Tode martern ließ, so daß einige davon auch in Ischerkask, wohin er sie als Gefangene abfertigte,
ihren Geist aufgaben. Die Gemahlin aber ward von neuem verstoßen und mit wenigen Leuten in der Steppe verlassen, auch auf
ihrem Wege nach des Bruders Horde sogar noch von den gemeinen Derbeten beraubt. **4.Wolgische Derbeten.**

Galdanzeren heyrathete darauf eine Tochter des Torgotschen
Bußurman Taidshi, Nahmens Bokschirgo und lebte in beständiger
Zwietracht mit dem Torgotischen Chane; obgleich er auf Befehl von
der rußischen Regierung sich 1763. wieder an die Wolga zu ziehn bequemen mußte. Weil man auch dazumal erfuhr, daß er beym Kry-
mischen Chan Schuz gesucht hatte, und selbst zugleich darum anhielt,
daß man, um seinen Klagen Gehör zu geben, ihn nach St. Petersburg zu kommen erlauben möchte, so ward ihm dieses endlich zu
Anfang des 1764sten Jahres zugestanden. Allein er starb wenige
Monathe nach seiner Ankunft in Petersburg, wo seine Leiche verbrannt
und mit einem Grabmal von Ziegelsteinen beehrt worden ist.

Die nachgebliebne Mutter Abu verglich sich darauf wieder
mit ihrer ersten Schwiegertochter, welche 1765. auch verstarb, und weil
der Erbfolger Zebek Ubuscha noch minderjährig war, so ward die Regierung der Derbeten dem ältesten der noch lebenden Vettern Zendenni,
als Vormund, übertragen. — Beym Abzug der Torgoten, im Winter
zu Ausgang des 1770sten Jahres, suchte der Vicechan Ubuscha
auch die Derbeten über die Wolga zu locken und den alten Plan,
selbige unter seine Horde zu vertheilen, auf der Flucht zu bewerkstell-
gen. Allein ein derbetischer Saißan Tarba, welcher als Beysitzer
des Chanischen Raths (Sarga) von den Derbeten bestellt war,
gab zeitig seinem Fürsten davon Warnung, welcher denn klüglich,
bis zum Abzug der Chanischen Horde, in der Gegend zwischen dem
Don und der Wolga verblieb.

Gleichwohl hatte man zwey Jahre nachher im Sommer ge-
gründeten Verdacht, als wenn die Derbet für sich, dem Beyspiel der
Torgoten zu folgen gedächten. Ja sie hatten sich schon unter dem
Vorwand eines Ueberfalls von den Kirgisen, in die jenseitige Wolgische Niedrigung stark versamlet, als man sich ihrer Fürsten auf eine
gute Weise zu versichern den heilsamen Entschluß faßte. Selbige kamen

4. Wolgische Derbeten.

men zwar wieder frey, man hat aber seitdem den Kalmücken nicht mehr über der Wolga zu wohnen erlaubt. Der junge Fürst Zebek Ubuscha war schon zuvor mit den übrigen nachgebliebnen Beherrschern nach S. Petersburg genommen worden, wo er im Frühling 1774. kurz nach seiner, an der Wolga hinterlaßnen Großmutter Abu, ohne Erben verstorben ist. Demnach fiel die Herrschaft über die Wolgischen Derbeten, nach den Kalmückischen Erbfolgsgesetzen, an den ältesten der von Solomdardsha abstammenden Nebenlinie, nähmlich den Fürsten Zendenn, welcher auch, wenn ich recht unterrichtet bin, darinn bestätiget worden ist.

✻ ❀ ✻

5. Torgotsche Fürsten.

Auf die Choschot, Soongarr und Derbet laße ich nun den vierten mächtigen Stam des Oelörschen oder Kalmückischen Volks, nähmlich die Torgot, folgen. Ihre Fürsten können sich keiner sehr alten und hohen Herkunft rühmen. Die oben erwähnte, unter den Torgöten selbst, von einem Abkömling einer Nebenlinie dieses Hauses, Gabung Scharrap, aufgesezte Chronik nennt erst einen gewißen tapfern Kasbang, der sich von Wang oder Uang-Chan (vermuthlich eben demjenigen, deßen in der Geschichte des großen Tschingis so oft Erwähnung geschiehet) mit dem Torgotischen Haufen getrennt haben soll. Dieser Kasbang, oder, wie er in einer andern Abschrift genennt wird, Ki-Wang hatte einen Sohn Soßai auch Bujani Tetkükschi zugenahmt, der einen Sohn Nahmens Bajar und zum Enkel denjenigen Machatschi Menggö, mit dem Zunahmen Kärät gehabt haben soll, welcher unter den Ahnherrn des Torgotischen Hauses am berühmtesten ist und den Zunahmen Kärät auf seinen ganzen Stam fortgepflanzt hat. Machatschi bedeutet einen Mörder; und dieser Ehrennahmen soll dem Menghö deßwegen beygelegt worden seyn, weil er seine sehr schöne Tochter nacheinander an sieben Fürsten vermählt, die Schwiegersöhne aber heimlich umgebracht haben soll, um sich ihre Unterthanen zuzueignen. Auf diese Art legte er zur Torgotischen Horde den ersten Grund, da er zuvor kaum über 40 Familien Herr gewesen war. Sein Sohn ist Jäßun und deßen Sohn Boëgho- oder Boibego-Uerlük gewesen, auf welchen in gerader Linie Sulsega-Uerlük und darauf Choo-Uerlük, als Stamhalter der Torgotschen Familie, gefolgt sind; worunter der lezte noch drey Brüder:

Beley

III. Genealogie

der Derbetischen Fürsten von Jannis Taidschi biß auf den heutigen Tag.

Jannis Taidschi.

Dalai Taidschi.

Tschoi Taidschi, oder nach andern Kotai.	Daitschin Tschokdoor schi (*).	Albar.	Gumba.	Galdandschi.	Jären Mongol.

Tschoto.

Loa Taidschi.

Dalai Ubuscha.

Malai Taidschi.	Boboi	Baatun Taidschi starb ohne Erben.	Donduk Taidschi.

Erste Taidschi.

Solom Darotscha.

Dschall.	Soiratschi, st. ohne Erben.	Lundut.	Jendon, lebte 1774.
Deberges, lebte noch 1774		Bojarlacho lebt 1774	Ein Sohn.

Solom Jeren Baatur Taidschi.

Gertesch von einem Eschi getödtet, dessen Frau weggenommen.

Mentschümmer Taidschi.

Tschütütte Taidschi.

Lama Donduk Taidschi,

Gunga Dorotschi, ohne Erben.

Galdan Jerenn Taidschi.

Dalschi starb ohne Erben.

Tschemet Dorotschi flan St. Petersburg sollte getauft werde

Schoro oder Schamgil Morbo st. ohne Nachkommen in Tscherkask.

Jeldeng Ubascha Taidschi.

Jebet Ubuscha Taidschi, st. ohne Erben in Petersburg im Frühling 1774.

Tschabdschit Nojon, lebte noch 1774.

(*) Von Daitschins Tschokdootschi seiner Nachkommenschaft Dorotschi Nojon.

Belei=Erdeni, Jeldeng und Jurukai hatte, und zuerst mit dem Torgotschen Haufen an den Jaik und bis in die Wolgische Steppe gekommen ist.

Boëgho Oerlük hatte von zwey Weibern sechs Söhne die Sulsega, Buura, Goori, Mangchai, Uellü=Zänsenn und Bolli= chun genannt werden. Des Sulsega=Oerlük, der das Haupt der Familie war, sehr zahlreiche Nachkommenschaft und die verarmte Neben= linien, welche von seinen Brüdern fortgepflanzt worden, können auf den beygefügten genealogischen Tafeln der Torgotischen Fürsten an der Wolga übersehen werden.

Buura, der zweyte Bruder, ließ vier Söhne, worunter der äl= teste Zäzen Nojon mit dreyzehn Weibern eine unglaubliche Menge Kinder erzeugt haben soll. Die Chronifen nennen nur den ältesten Sohn von jedem Weibe. Nach des Vaters Tode theilten sich die vielen Kinder in dessen Ulus, welches so kleine Theile gab, daß diese arme und kraftlose Fürsten sich dem Choo=Oerlük und dessen Erben gutwillig unterwerfen musten. Dieser machte sie, aus Fürsten, zu seinen Saiss= sanen, doch mit gewissen Vorrechten; und daraus ist unter der Tor= gotschen Horde der Haufe (Ottuk) Jike=Erketen (*) entstanden, unter welchem alle Saissanen, ja auch viele Gemeine von fürstlichem Geblüt entsprossen sind. Die Saissanen dieses Ottuk besassen ihre Würde erblich und theilten ihre Aimaks oder Gauen unter ihre Kin= der, wie Fürsten mit ihren Unterthanen zu thun pflegen.

Böke Taidschi, der von Böëgho Oerlüks drittem Sohn Goori abstamte, kam mit den seinigen nachmals zur Wolgischen Horde, wo die verarmten Fürsten dieser Linie ebenfalls von den mächtigen Torgotschen Stamhaltern zu Saissanen, unter eben den Be= dingungen gemacht wurden, woraus der andre Haufe Baga=Erketen (die kleinen Freywilligen) entstand.

Boëgho Oerlük hatte auch zwey Brüder, Ungchan=Tschab= tschadschi und Ollonki, deren Linie entweder ausgegangen oder nicht bekannt ist. Man weiß nur von Ungchan daß er einen Sohn ge= habt Aesänä Taidschi, dem vier Söhne Manus=Jeldeng, Tenüs=

Erster Theil.   H   Mergen=

(*) Jike, groß; Erketen bezeichnet freye Leute.

5. Vom Torgotiſchen Fürſtenſtam. Mergen-Támáná, Dural-Daitſchin und Sôgôdá gegeben werden; auch nennen die Chroniken noch einen Sohn von Tenûs-Mergen, Nahmens Mergen Dſhunung, und einen Enkel Aerkâ Dſhunung und melden von Tenûs-Mergen ſelbſt, daß er ſich, bey Einführung des lamaiſchen Aberglaubens unter den Kalmücken, gar ſehr verdient gemacht, und einen bequemen Weg nach Tybet zu reiſen, den man vorher nicht gekannt, erfunden habe.

So viel von den Neben-linien; ich will izt die Begebenheiten des Hauptſtams der Torgotſchen Fürſten umſtändlicher verfolgen. Choo-Oerlûk zog ſich mit dem gröſten Haufen der Torgoten aus der öſtlichen Kalmückey, wo ſeine Vorfahren um den Kokonoor gewohnt hatten, weil es dort wegen der Kriege mit den Mongolen ziemlich heiß hergieng, immer mehr gegen Weſten. Nachmals ward ihm die Uebermacht der Soongaren noch gefährlicher, weßwegen er zu Anfang des 17ten Jahrhunderts an den Jemba und Jaik, folglich an die Gränzen des ruſſiſchen Reichs kam. Nach der ſibiriſchen Geſchichte ſoll er im Jahr 1616. den Eyd der Treue an Rußland geleiſtet haben. Daß es ihm aber damit kein Ernſt geweſen, hat ſeine ganze nachmalige Auffführung und ſein Ende bewieſen. Er machte ſich die am Jemba damahls wohnende Jimbulatiſche Tataren unterwürfig, ließ ſich in Unterhandlungen mit den unruhigen Murſen der Aſtrachaniſchen Nogajer ein, welche er auf gute oder böſe Weiſe ſich unterwürfig zu machen trachtete, 1633. bekriegte, dann wieder in ſeinen Schuz nahm und es endlich hiedurch und mit ſeinen auf ruſſiſchem Gebiet verübten Räubereyen, ſo arg machte, daß 1644. Ruſſiſche Kriegsvölker gegen ihn ausgeſchickt wurden, die ſein Hoflager überraſchten und ihn mit einigen ſeiner Söhne und Enkel im Gefecht tödteten. Die Begebenheiten des unter den Kalmücken gefangnen Teutſchen Opiz, welche ich izt zum Nachſehn nicht bey der Hand habe, ſcheinen in dieſe Zeit zu gehören.

Choo-Oerlûk ſoll auf 50,000 Gezelte Unterthanen gezählt haben. Er war ſo vorſichtig, ſeinen Söhnen, ſo lange er lebte, nur geringe Erbtheile anzuweiſen. Allein nach ſeinem Tode theilte ſich die Horde dennoch unter ſeine drey Söhne Daitſching, Jeldenz und Looſang. — Daitſching, als das Haupt der Familie, ließ ſich am meiſten angelegen ſeyn des Vaters Todt zu rächen, und hatte ſich zuvor ſchon in verſchiednen Händeln gegen Rußland feindſeelig bezeigt. Allein die Vortheile, in der Wolgiſchen Steppe ruhige und erwünſchte

Wohnſize

IV. Stamtafel

der Torgotschen Fürsten von Bozgo Derlöt bis auf unsre Zeit

Bozgo Derlöt.

Saltu.

Dobo-Ong. Ongsor. Ongoi.

Bettei.

Dschoni Thorschoetschi.

Gabung Scharrap, Verfasser einer Kalmückischen Chronik 1697.

Bossuchun.

Ueld Insen.

Tschagortschi. Toboto. Dälägäe. Echtimal. Lobji.

Mangdui.

Düürtschi. Gärril. Dujan. Galtu. Darbagda Dngbo.

Goeri.

Dobang Tschaitscha. Schoobang. Gaidscha.

Afsagar. Bachi.

Schäpidr. Dordschi. Bössö Taibschi. Chulduchaitschi. Jabulchta.

Buura.

Rojon Ubascha. Dallai Zordschi. Deböktö Taibschi.

Zdzän Rojon.

Achätu.

Aracholi. Abbak. Afmana. Manfuschari.

Tsching. Kökön Ubascha. Aebel Dalai Ubascha. Aezäkfän Kölgen. Dönökä. Bökö Chairtu.

Döbön. Chai-Chulduchu.

Dtschiro.

Nofon Batur.

Jaman.

Sulega Derlöt.

Choo Derlöt. Belei. Erdeni. Jeldeng. Jurukai.

Sünatö. Kirosan.

Dugar. Hof. Gairelsep. Batur.

Idenn.

Jschömet, Dandschin, 1711. am B. Afai von Tataren erschlagen.

Echereng. Churamüchi. Abaschu. Churamüchi. Nima. Arabdschur.

Abamin.

Momut Ubaschi.

Sandschi. Gabung. Nima. Arabdschur.

Zugai. Dngoi, ohne K.

Urau bfchamba, im geistl. Stanb.

Ramelfa.

Araptan.

Dandschin. Malai. Dajoo. Darma. Dabnagara.

Urdschan.

Sandschin. Labegan. Dschap. Zugai. Batu bulat.

Feng. Araptan. Uamifchuk. Derdschi. Tschebuk. Dschimba-Dardschi.

Loufang.

Dordschi = Donduk = Tscheter.

Tscherendonduk = Damba.

Galdambo. Narma. Balbu. Sandufchereng. Sandukrafchi. Gais-chulantu = Damyrin.

Jeldeng. S. unten *)

Buntschuk. Norbofchfamfu = Zaagung. Samfu. Aiuka Chan. Melüfch = Nafarmut.

*) Choo Derlöts Sohn Jescheng.

Mergen. Achu. Dünbip Ubaschi.

Tschembu. Rojon Dngbo.

Erdeni. Menkfämmer. Uefün.

Dtschodo. Dömboi, Luebfa, ohne K.

Efchogan. Zugai.

Ramelfa.

Tschodaitschäfär Datfiching. Jeldeng, S. unten *)

Güri, ohne Nachkommen.

Tschären Derltschi. Dajoo. Df halfun. Dübschur. Ifchi. Sandschi. Loufang. Samfang = Sandschi.

Samfu. S. deffen Familie in Beylage C. Siehe die Nachkommenfchaft diefer beyden in den Beylagen A. und B.

Zu Seite 58.

Zur IV Tabelle

des Torgotſchen Fürſtenſtammes Beylagen A. B. C.

Namſereun.

A. Naſarmamut.
B. Meluſch.
C. Njuta Chan.

B. Meluſch.

- Awual / Kitſchik / Arbai { Ohne Kind. / Zoiraſchi. / Tſchidan.
- Gapzu. / Louſang Daſchi / Manida-ula. { Ohne Nachkommen.
- Baarong ſt. 1721. / Galdan Dandſhin geb. 1711. { Galban Bum, / Zwey Galdan Tſchetet. / Zwey Töchter.
- Vice-Chan Tſcheren, / Donduk 1724. geb. 1701.
- Gündelek == Damirin Bambar. / Ziodſhamſa, eine Tochter ſt. unverehl.
- Tſcheren Dordſhi. { Gambo, Lamjon.
- Bambula. Scharapſbal. { Amrab, nach andern Zoiraſchi.
- Zolung. { Dſhal. / Dſhal. { Gergei, get. Lawer.
- Bürdei. / Dondut Tſcheren, getauft Flor.
- Ubuſchi. { Golnte. / Jadui.
- Kitſchik.
- Gündſhap. { Louſang Dſhap, eine Tochter. / Galbandſhap, eine Tochter.
- Boſchirgo. { Affarachu. / Nima Daba. / Daba Dordſhi. Baarang.

A. Naſarmamut.

- Dordſhi.
- Ludwſha.
- Dambo. / Dambſhin Ubuſchi. / Deliſtd.
- hat 3 Söhne. / Bei / Wigmar.
- Logi, unächt.
- Tſchoobun == Ongbon.
- Jemtſchin == Kapitan.
- Gambat. { Bojon Dami. / Loosang Dakba im geiſtl. Stande Dſhaltſchan. / Zeren Delek Ubaſcha.
- Aradoſbur. / Baarong.
- Abuſchi, in der Laufe 1744. Paul.
- Tondut, in der Laufe Peter † 1753.
- Ein Sohn geb. 1747.

C. Njuta Chan.

- Tſchakdordſhap.
- Aroptan, ohne Kinder.
- Daſſang.
- Batu, ein unächter Sohn oder Chargai.
- Tengur, Ramtſchif. / Emegen Ubaſcha.
- Tſchibang. / Aoamtſching, getauft Knäs Petr.
- Sandſhap, ohne Kinder.
- Dambſhin Dordſhi.
- Chan Donduk Daſchi. 1743.
- Bachadai Dordſhi, == Alexei. get. Kn. Peter Taiſchin.
- Aſſarai, ſtarb in Aſtrachan als Geiſſel.
- Vice-Chan Ubuſchi, welcher mit der Torgotſchen Horde entflohe im Winter 1770-71.
- Bök Chaſchcha. / Labun.
- Eberſhap, eine Tochter.
- Baſſurmann. { Iwan. / Manida. / Guintu. / Scharap. / Ratka.
- Jandan Zoofhang, im geiſtl. Stande.
- Dordſhi Raſchi. { Sebſhit. / Boro Noſon. / Biru Chaſchcha.
- Solom Doptſchin, ſtarb an Pocken in Zarizyn.
- Bodong == Jabulan, ſtarb in Archangel.
- Gundſhupſhap, ſtum u. taub.
- Nitor Dordſhi 1725. von ſeinem Bruder Daſſang getödtet.
- Buntar, eine Tochter.
- Chan Donduk Ongbo 1737.
- Galdan Norbo. { Affakal. / Kirep. / Zebek Dordſhi.
- Dſhobukſar: Kn. Philip Dondukof †. / Affarai: Kn. Jonas Dondukof. / Dobbin: Kn. Alexei Dondukof. / Randal: Ku. Peter Dondukof. †

Wohnsitze zu finden, scheinen ihn bald auf andre Gedanken gebracht zu haben. Bald nach des Vaters Tode ward ihm von dem tibetischen Bogdo-Lama das Chanenpatent angetragen. Er schlug es aber aus (*).

5. Vom Torgotischen Fürstenstam.

Jeldeng und Loosang kamen zuerst über den Jaik und breiteten sich in der Wolgischen Steppe aus. Sie machten sich die daselbst herum ziehende nogajische Tataren der Stämme Kitai-Kaptschak, Mailebasch und Etissan, so wie auch die südlich vom Jemba wohnende Truchmener vom rothen Kameel (Ulan temäne), welche nachmals unter der Torgotischen Horde gewohnt haben, unterwürfig. In demselben Jahr folgte ihnen der Bruder Daitsching und hatte, sowohl als sie, bald mit den gebürgischen Völkern, bald mit den Baschkiren zu thun. Nach 1650. wurden die Brüder untereinander uneins und Loosang gieng zurück über den Jaik, um sich wieder gegen Sibirien zu ziehn. Allein er ward durch ein in der Stille unter dem Saissan Choschootschi abgeschicktes Heer am Orfluß eingeholt und des grösten Theils seiner Unterthanen beraubt, worauf er sich an den Tobol geflüchtet zu haben scheint.

Jeldeng muß bald darauf gestorben seyn, wenigstens geschieht seiner in den Astrachanischen Archivnachrichten um das Jahr 1656. da sich Daitsching Taidschi, nebst seinem Sohn Punzuk oder Bantschuk dem Zaren Alexei Michailowitsch zuerst förmlich unterworfen, keine Erwähnung. Im Jahr 1662. legte Daitsching zum zweyten mahle am Bach Bereket, 60 Werste von Astrachan in Gegenwart des Bojaren und Woewoden Knäsen Grigorei Suntschalewitsch Tscherkaskoi den Eyd der Treue und Bundespflicht gegen Rußland ab; und seitdem ward dieser Eyd von den Torgotschen Beherrschern bis auf das Jahr 1672. nicht wiederhohlt.

H 2 Jel-

(*) Die beyden Päbste der Fooïschen Secte, Dalai-Lama und Bogdo-Lama maaßen sich eben die Obrigkeit über ihre Glaubensverwandte weltliche Fürsten an, welche sonst die römischen Päbste über Kayser und Könige geltend zu machen wusten. Sie schmeicheln mächtigern Fürsten durch Ertheilung der Titel Chuntaidschi und Chan, oder durch kleine geistliche Geschenke, u. dergl. und wissen sie, durch die Ränke ihrer Clerisey, für Nachläßigkeit in der verlangten Hochachtung zu bestrafen. Der Aberglauben ist das grosse Werkzeug auch dieser Geistlichen Oberherrschaft.

5. Wölgi-
ſche Törgo-
ten.

Jeldengs Sohn Mergen entzweyte ſich mit ſeinen Brüdern, deren Uneinigkeit ſich Daitſchings Sohn Punzuk zu nuße machte, ſeinen Vetter Mergen gefangen bekam, tödtete, und ſich deſſen Volk zueignete. Er gerieth aber über der Theilung mit einem andern Vettern Dugar, der ihm beygeſtanden hatte, in Zwiſt und zwang auch dieſen ſein meiſtes Volk im Stich zu laſſen und zu den Crimmiſchen Tataren zu flüchten. Dieſes geſchah um das Jahr 1670. Punzuk, der ſich ſolchergeſtalt von dem gröſten Haufen der torgotiſchen Horde Meiſter ſahe, ward bald darauf von dem Choſchotiſchen Ablai Taidſhi überfallen und gefangen genommen, ſtarb auch gleich darauf in deſſen Händen und ließ die Herrſchaft über die Torgoten ſeinem älteſten Sohn Ajuka Taidſhi.

Namoſerän hätte unter Daitſchings übrigen Söhnen das ſtärkſte Erbtheil erhalten, weil er aber in Vermehrung ſeiner Unterthanen nicht ſo glücklich als Punzuk war, ſo blieben ſeine Nachkommen immer nur Fürſten vom zweyten Range unter den Torgoten, ſind aber doch, bis auf die Entweiſchung der Horde, nächſt den Chanen, ihre mächtigſten Beherrſcher und bey derſelben ungetrennt mit ihrem Eigenthum verblieben.

Unterhand-
lungen mit
Ajuka T.

Ajuka Taidſhi trat im Herbſt 1672. als er ſich in der Steppe zwiſchen dem Don und der Wolga am Sarpaflüßchen aufhielt, mit dem damaligen, Aſtrachaniſchen Befehlshaber, Knäs Jakob Nikitiſch Odojeſſkoi von neuen in Unterhandlungen. Aus den damaligen Kanzleyacten erhellet, daß man ſeit der erſten Vereidigung ſeines Großvaters Daitſching von Zeit zu Zeit dem Oberhaupt der Torgoten unter, dem Titul eines Soldes, von Aſtrachan aus, kleine Geſchenke an Geld, Waaren und Victualien zukommen laſſen, wofür man ſich ihrer zu Demüthigung und Züchtigung der Nagajiſchen, Krymiſchen und Bergtataren nüzlich bediente. Ajuka meldete damahls, daß er die Oberherrſchaft der Torgoten übernommen und, dem Beyſpiel ſeines Vaters und Großvaters zu folge, mit Rußland in Verbindung und Freundſchaft zu leben bereit ſey; daß er mit Hülfe ruſſiſcher Truppen den unruhigen Ablai nebſt ſeinem Enkel gefangen bekommen und ſeines Vaters Unglück gerochen habe. Zugleich rühmte er die von ihm gegen die Tataren bis dahin geleiſtete Dienſte: wie er mit ſeinem Kriegsvolk die Berg-Tſcherkeſſen und die kleine Nagajiſche Horde ſich von dem Krymiſchen Chan zu trennen genöthiget, auch leztere, ſonder-

sonderlich die Kaseffkische und Edissanische Mursen gezwungen ihm 5. Torgo-
Geissel zu geben und sich zu seiner Horde zu halten. — Der am ten. Unter-
Terek wohnende für Rußland treugesinnte Fürst Kaspulat Tscherkaskoi handlungen
in dessen Nachbarschaft Ajuka selbiges Jahr überwinterte, vermochte mit Ajuka
ihn damahls, ohngeachtet er wegen der seit drey Jahren vorenthaltnen Taidshi
Gnadengelder nicht die besten Gesinnungen verrieth, dennoch dahin,
daß er sich vor dieß mahl mit dem Gehalt auf das nächstverfloßne
Jahr, welches nach dem Vertrag mit Daitsching 580 Rubel ausmachte,
begnügen ließ, und zu Erneuerung des Eides im Hornung 1673.
nach Astrachan zu kommen versprach. Seine Ankunft erfolgte auch
würklich den 25ten des gedachten Monaths unfern Astrachan, man
könnte ihn aber nicht ohne viele Mühe überreden, bis dicht vor die
Stadt zu kommen, wo der Statthalter ein grosses Zelt hatte aufschlagen, mit spanischen Reutern umgeben und mit Truppen besetzen lassen. —
Man muste den 26sten die Zeltwacht noch vermindern, ehe Ajuka in das
Zelt treten und sich in Unterredung mit dem Stätthalter einlaßen wollte.
Der feierliche Eyd ward auf den folgenden Tag verschoben, und von
Ajuka sowohl, als seinen Vettern Melüsch, Nasarmamut, Tugul und
Dordsha Taidshi, auch allen gegenwärtigen Saissanen, für sich und
in Nahmen der übrigen Fürsten und Vornehmen, worunter der Der-
betische Solomzeren naßmentlich angeführt ist, auch für die Nagaischen,
Edissanischen, Jimbuluzkischen, Mallebaschischen und Kelerschinischen
Mursen, die des Ajuka Oberherrschaft erkannt hätten, nach Kalmückischem
Gebrauch, mit Auflegung des Säbels auf den Kopf und Berührung
eines Götzen, Rosenkranzes und geistlichen Buchs, bekräftigt. — Die be-
schwornen Puncte waren: „ dem Zaaren und Großfürsten Alexei
„ Michailowitsch und seinen Prinzen Iwan und Peter Alexeiwitsch,
„ als treue Vasallen, wieder ihre Feinde, besonders Tataren und Tür-
„ ken, zu dienen, ihren Städten und Unterthanen keinen Schaden
„ zuzufügen, auch die unter Astrachan wohnende Nagajische, Edissani-
„ sche, Jimbuluzkische und andre Tataren nicht zu beunruhigen; im
„ Kriege die Zaarischen Truppen nie verrätherischer Weise zu verlassen,
„ mit dem Türkischen Sultan, Kysil-Baschen-Schach, Krimmischen
„ Chan, Asowischen Bey, denen von Temruk, Taban, Weßenez,
„ den Kumyken und andern Feinden Rußlands keine Unterhandlungen
„ zu pflegen; die Tatarischen Mursen von allen Räubereyen aufs
„ strengste abzuhalten, auch keine Astrachanische Ueberläufer mehr anzu-
„ nehmen, ja selbst diejenigen Mursen, welche sich wieder nach Astra-

H 3 „chan

„chan zu begeben Luſt hätten, nicht hinderlich oder feindlich zu be-
„handeln; keine der ihnen entlaufne Chriſtliche Sklaven zurück zu
„verlangen, ſondern dafür eine gewiſſe Bezahlung anzunehmen, auch
„alle Ruſſen, die aus fremder Sklaverey zu ihnen flüchten möchten
„nach den nächſten Städten auszuliefern; denen in Geſchäften rei-
„ſenden Zariſchen Boten behülflich zu ſeyn; ferner nach wie vor
„ihre Pferde auf die Stanizen, wo Märkte (Orda-Baſar) ange-
„ſezt waren, ingleichen über Tambof, Kaſimof und Wolodimer nach
„Moſkau ſelbſt zum Verkauf zu ſenden; die ihnen zugeſchickte Zariſche
„Geſchenke und Jahrgelder, ohne Einwendung anzunehmen, und
„jährlich wenigſtens einen Feldzug gegen die Kumyken und Krym-
„miſche Tataren zu unternehmen; auch endlich den Choſchotiſchen
„Ablai, ingleichen den Oheim des Ajuka, Dugar, welchen jener
„izt gleichfalls gefänglich hielt, an Rußland auszuliefern. — Dagegen verſprach man ihnen alle heydniſche und mahometaniſche Sklaven welche entflüchten würden, wieder auszuliefern und den Jaikiſchen Kaſaken ſowohl, als Baſchkiren alle Feindſeligkeiten zu unter-
ſagen, zahlte auch dem Fürſten noch für eins der rückſtändigen Jahre,
bis auf weitere Verfügung des Hofes, den gewöhnlichen Gehalt aus.
Nach Ablegung und Unterzeichnung des Eides, welche der vornehmſte
Geiſtliche ir: Nahmen des Ajuka verrichtete, wurden alle anweſende
Kalmückiſche Vornehme bewirthet, und der Statthalter ließ, auf des
Ajuka Verlangen und zu deſſen Bewunderung, die zur Bedeckung
poſtirten Strelizen in den Waffen üben, feuern und Granaten werfen; worauf dieſe Zuſammenkunft zu beyderſeitiger Zufriedenheit geendigt ward.

Vermuthlich war es die Schuld der beym Kalmückiſchen Heer
wohnenden Tatariſchen Murſen, und auf der andern Seite die feind-
ſelige Begegnung der Jaikiſchen Kaſaken und Baſchkiren, daß,
jener Verträge ungeachtet, von 1674. an auf der Wolga ſowohl, als
am Don und in der Ukraine häufige Gewaltthätigkeiten und öffentliche
Räubereien von Seiten der Kalmücken verübt wurden. Deßwegen
ergieng im December 1676. von neuem der Zariſche Befehl, daß
man die Kalmückiſchen Fürſten nochmals nach Aſtrachan fordern und
auf friedfertigere Gedanken bringen ſollte. Ajuka ſtand damahls in der
Jaikiſchen Steppe, um, wie er vorgab, einen aus der öſtlichen Kalmücken
annähernden Dordſhi Taidſhi der Choſchoten (welche in meinen Nachrichten bey dieſer Gelegenheit Schwarze Kalmücken genannt werden) zu

beobach-

beobachten. Der oben angeführte Fürst Raspulat bewog ihn bennoch, sich wieder gegen Astrachan zu ziehen und im Jenner 1677. kam er mit dem Derbetischen Solomzeren und vielen Verwandten und Neffen würklich vor Astrachan. Die Klagen waren bey der Zusammenkunft, welche am 15 Jenner erfolgte, von beyden Seiten nicht gering und die Kalmücken führten viele von den Baschkiren und donischen Kasaken gegen ihre Ulussen verübte Gewaltthätigkeiten zu ihrer Entschuldigung an. Darüber verstrich der Tag, und der damalige Woewode Knäs Konstantin Stscherbatow muste sich gefallen lassen am folgenden Tage seinen Djak mit verschiednen Kanzleybedienten in das Lager des Ajuka zu senden, um ihn von neuen schwören und die Eidesformul, welche der vorigen ganz gleich war, unterzeichnen zu lassen; worauf Solomzeren als Bevollmächtigter nach Astrachan kam um die für Ajuka bestimten Geschenke, welche derselbe mit den übrigen Fürsten nicht gern theilen wollte, heimlich zu empfangen. Dieses geschahe in der Astrachanischen Kanzleystube, in welche man den Bevollmächtigten, wieder den Gebrauch seines Volks, durchaus mit entblöstem Haupt einzutreten nöthigte, gleichwohl aber nicht verhinderte, daß er seine Mütze nach dem Eintritt nicht sogleich wieder aufgesezt hätte. Die Kalmücken musten damals es für eine grosse Herzhaftigkeit eines ihrer Fürsten halten, sich in eine rußische Stadt zu wagen; denn Solom-Zeren hat sich sonst mit keiner That den Zunahmen Baatur (des tapfern) verdient.

5. Törgöten Unterhandlungen mit Ajuka Taidshi.

Die Feindseeligkeiten zwischen den Kasaken, Baschkiren und Kalmücken dauerten dem ohngeachtet nicht nur fort, sondern nahmen in den folgenden Jahren so gar überhand. Ja im Jenner 1687. erfuhr man, daß sich Ajuka mit dem Krymmischen Chan in Unterhandlungen eingelassen und seine Abgeordneten, die sogar nach Constantinopel gelassen worden, Krymmische Unterhändler, nebst Geschenken und einem Sendschreiben des dortigen Chans mit zurück gebracht hätten. Deßwegen ward sogleich ein Expresser aus Astrachan, mit einem Schreiben, an Ajuka Taidshi abgefertigt, worinnen man ihm zu erkennen gab, daß man von seiner Wankelmüthigkeit unterrichtet sey und ihn anmahnte sich durch die Versprechungen der Türken und Tataren nicht verleiten zu lassen. Ajuka erwiederte: daß ohngeachtet es ihm, wegen der Kasakischen und Baschkirischen Beunruhigungen fast unthunlich schiene fernerhin unter rußischem Schutz zu bleiben, so habe

5. Torgo-
ten. Unter-
handlungen
mit Ajuka
Taidshi
habe er sich doch mit dem Tatar-Chan und Pascha von Asof, die seine Freundschaft durch Geschenke suchten, nicht völlig eingelassen, sondern wolle noch erwarten, ob man ihm rußischer Seits Lust machen würde Er sey ohnehin von den Tataren bedrohet, daß sie, auf den Fall, wenn er sie zu beunruhigen fortführe, mit Rußland auf die Bedingung Frieden schliessen wollten, daß der Zaar gemeinschaftlich mit ihnen die Kalmücken aus ihren Wohnsitzen vertriebe. Zugleich schickte er das Schreiben des Krymmischen Chans Nart Girei nach Astrachan, und erbot sich nicht nur, auf erfolgende Genugthuung, sobald es verlangt würde gegen die Tataren zu Felde zu ziehen, sondern dem Zaaren auch, auf den Fall, wenn er mit den Polen und Türken brechen sollte, Hülfs-Völker nach Kiew zu senden.

Obgleich nun unterdessen die Kalmücken ihre Streifereien noch immer fortsetzten, so wurde doch von Hofe denen astrachanischen Woewoden Matwee Stepan. Puschkin und Kirilo Pankrat. Puschkin Befehl ertheilt, die Kalmückischen Fürsten von neuem zu berufen und durch Eide zu verpflichten; wobey die ihnen an Zobel und Marderpelzen, Mützen, Laken, Ottern und Juften zu ertheilende Geschenke, bis auf den Werth von 1480 Rubel, bestimt waren. Weil der zu den neuen Unterhandlungen abermahls ernannte Fürst Kaspulat eben damahls starb, so gebrauchte man dazu den Edissanischen Fürsten Mamademin Urussof und den Mursen Kanmamber, welche den Ajuka Taidshi in der Kumanischen Steppe, an einem Ort Kara Tübe, den 21ten Februar antrafen. — Ehe diese noch zurück kamen erfuhr man in Astrachan, daß eine Parthey von 300 donischen Kasaken die Wolga mit Schlitten herunter zöge, um etwas gegen die Kalmücken auszuführen; wovon man sogleich in die Horde Nachricht ertheilte. — Ajuka war dieses mahl lange nicht zu bewegen an den vorigen Sammelplaz vor Astrachan zu kommen; er brachte viele Tage mit Vorschlägen wegen der Wahl eines Ortes zu, und seine Forderungen waren in Absicht der Geschenke so hoch, als möglich, gespannt. Als er sich endlich in dem vor Astrachan aufgeschlagnen Zelt einzufinden versprach, musten die Woewoden die Wände des Zeltes niederlassen und eine Wacht von Kalmücken gegen die ihrige zu postiren erlauben, ehe Ajuka vom Pferde steigen und sich zu ihnen wagen wollte. Diesmahl begleitete ihn der junge derbetische Fürst Menkotemir und ein Bruder des Schamchals von Tarchu, der sich

unter

unter rußischen Schuz begeben hatte, nahmens Alibek — Die Ver-
gleichspunkte waren auch dieses mahl fast die vorigen, außer daß
Ajuka versprach die Zarischen Befehle stehend, mit entblößtem Haupt
anzunehmen und die geraubten Russen ohne Entgeld auszuliefern. Er
drückte auch zu mehrerer Bekräftigung sein Signet (Tamga) unter
die Eidesformul und begnügte sich mit denen für ihn bestimmten
Geschenken, welche die Kanzley noch um 400 Rubel wohlfeiler, als
vom Hofe befohlen war, einzurichten gewußt hatte.

Ajuka schien den Eyd, um der Geschenke willen, recht oft
erneuern zu wollen, und hielt deßwegen seine Kalmücken nicht mehr
als zuvor in Zaum; die Klagen der Gränzbewohner wurden immer
dringender und man sahe sich genöthigt einmahl wieder Drohungen zu
gebrauchen. Deswegen ward 1682. aus dem Kasanischen Dworez
Gurje Priklonskoi mit einem Zarischen Schreiben an Ajuka abge-
ordnet, ihm sein eydbrüchiges Verfahren nochmals zu Gemüth zu führen, völlige Erstattung und Genugthuung für das vergangne zu fordern, und zukünftiger Sicherheit halber drey seiner nächsten Verwandten, als Geißel, nach Astrachan zu verlangen; zugleich aber mit
der Bedrohung, daß, falls er in seinem bisherigen Verfahren behar-
ren sollte, Kriegsvölker gegen ihn ausgeschickt und ihm nach Verdienst begegnet werden würde.

In der ersten Hitze hatten diese Drohungen die üble Würkung,
daß Ajuka noch mehr erbittert ward, und den Abgeordneten mit einer
völligen Weigerung alles dessen, was man von ihm verlangt hatte,
von sich ließ. Ja bald nachher (im August desselben Jahres) unter-
ternahm er, auf Einladung der uralischen Baschkiren aus der Jaikischen
Steppe einen Kriegszug in das Ufische Gebiet und streifte mit einem
großen Schwarm Kalmücken und Nagajer, zu welchen sich die rebellischen
Baschkiren geschlagen hatten, bis ins Kasanische, verheerte und ver-
brannte viele Dörfer und Klöster und schlepte alles lebendige mit sich
fort, konnte aber Ufa selbst, worauf ein hitziger Angriff geschahe, nicht
erobern. Eine Menge Russen, Tschuwaschen und Tscheremissen geriethen
dabey in die Kalmückische Gefangenschaft und ein Theil der Baschkiren schlug sich zu des Ajuka Horde. Im April 1682. that eine Parthey Kalmücken und Baschkiren auch auf Samara einen Anfall,
trieb die dortigen Heerden weg und behandelte einen Trup Kasacken,
die aus der Stadt nachsetzen wollten, sehr übel.

Erster Theil. J Im

Im December deſſelben Jahres erfuhr mann in Aſtrachan,
daß Ajuka Taidſhi, der ſich einer baldigen Züchtigung von ruſſiſcher
Seite verſahe, ſeinen Troß in der Gegend des Sees Samar und
der Uſeen⸗flüſſe in Sicherheit gebracht habe und mit einem ſtarken
Haufen Kriegsvolk über die Wolga gegangen ſey. Er hatte ſich zwi⸗
ſchen Tſchernojarſk und Aſtrachan gelagert und in der Steppe hin
und wieder groſſe Vorpoſten, die man auf tauſend Pferde ſchäzte, zu
ſeiner Sicherheit ausgeſtellt, allein die ſtrengſte Mannszucht zu beo⸗
bachten befolen. Am 14ten kam ein Abgeordneter von ihm nach Aſtra⸗
chan, durch welchen er ſeine leztere Vergehungen auf die von dem Both⸗
ſchafter Priklonſkoi geſchehene Bedrohungen und Forderungen, auch
ſogar zugemuthete Hinrichtung einiger von ſeinen Vornehmſten ſchob,
ſich aber von neuen willig bezeugte unter Zaariſchem Schuz zu leben
und Rußland zu dienen; ſollte man aber würklich Krieg gegen ihn
beſchloſſen haben, ſo erklärte er, daß er ſich nicht zu wiederſetzen, ſon⸗
dern die ruſſiſche Gränze zu verlaſſen und ſich über den Jemba zurück zu
ziehn gedächte. Indeſſen habe er verboten, die im Uſiſchen gemach⸗
te Gefangnen weiter als Sklaven zu verkaufen.

Im Februar lagerte ſich Ajuka auf der linken Seite der
Wolga am Bach Bereket, ein Heer von 5000 Kalmücken aber ſtand
auf dem rechten Ufer. Mann ließ ihm von Aſtrachan wiſſen, daß
er fortan auf Geſchenke und Gnadengelder nicht mehr Rechnung
machen, ſondern, wenn er auf ruſſiſchem Boden zu verbleiben wün⸗
ſche, Geiſſel zu ſtellen und einen jährlichen Tribut von 500 Pferden
an den Zaaren zu liefern, ſich entſchlieſſen müſſe. Auf ſolche Bedin⸗
gungen wolle man ſeine Bitte nach Moſkau gelangen laſſen. — Da⸗
durch wurden die Unterhandlungen diesmal abgebrochen.

Den ganzen März hindurch ſtand das Kalmückiſche Heer noch
immer auf dem weſtlichen Wolga⸗Ufer und ſamlete die in der Steppe
zerſtreute Nagaiſche und Ediſſaniſche Tataren, um ſie über die Wol⸗
ga nach der Jaikiſchen Steppe zu führen und zu verhindern, daß
ſich niemand davon unter Aſtrachan flüchtete. Zu Ausgang des Mo⸗
naths, da auch Ajuka ſelbſt von der Wolga gegen die Sandwüſte
Naryn gezogen war, überfiel eine Partey Baſchkiren die gegen das
Jaikiſche Kaſakenſtädtchen ausgeſtellte Kalmückiſche Vorpoſten; wo⸗
rauf ſich Ajuka rüſtete, aufs neue mit einem mächtigen Heer ins Uſiſche
einzufallen und ſich an den Baſchkiren zu rächen. Allein er bedachte
ſich und gieng im Sommer, um Ruhe zu haben, über den Jaik.

Im

Indessen kamen neue Verhaltungsbefehle nach Astrachan, 5. Torgo-
kraft welcher man den Kalmückischen Taischen wissen ließ, daß ihnen ten. Unter-
der Hof alle vorige Vergehungen nachsehen und sie auf den alten Fuß wie- handl. mit
der aufnehmen wolle, wenn sie alle Gefangne frey geben, die zu ihnen Ajuka T.
geflüchtete Baschkiren ausliefern und drey gute Geisseln stellen wollten.
Ajuka war auf diese Nachricht im September eben im Begriff sich
Astrachan wieder zu nähern, als eine Parthey von tausend Jaikischen
Kasaken die Ulus des Masan=Batur von dessen Horde überfallen,
ihn selbst getödtet und alles Vieh und Volk weggetrieben hatte. Auch
war eine Parthey Donischer Kasaken, welche von der Wolga in Fahrzeugen ausgelaufen, in die Jaikische Mündung gekommen und hatte
die nächsten Kalmückischen Ulussen zu plündern angefangen; war aber
durch Samsa taidshi bey Saratschik in die Enge getrieben worden.
Demohngeachtet ließ sich Ajuka, bis auf die verlangte Geissel, zu allem willig finden; lieferte auch einige Gefangne aus, die er von der
Wolga hatte rauben lassen, um sich nach den rußischen Zurüstungen
zu erkundigen. Ja obgleich eben auch Abgeordnete aus Asof zu ihm
gekommen, ihm den türkischen Schuz anzubieten, wolte er sich doch
lieber mit Rußland vergleichen. Der halbe Winter, welchen Ajuka
zwischen dem Kuma und Terek zubrachte, gieng zwar mit fruchtlosen
Unterhandlungen hin; und Ajuka war oft in seinen Antworten ziemlich stolz; sogar, daß er auch erklärte: „Er habe nie im Sinn ge-
„habt, des Zaaren Unterthan zu seyn, sondern nur in Bündniß und
„Freundschaft zu leben; die Steppe sey groß und ihm überall offen,
„zudem würden ihm von den Türken und Tataren Versprechungen
„genug gethan, er aber lehne sie ab, bloß aus Neigung dem Zaa-
„ren zu bienen.” — Allein den 24ten Januar 1683. kam er endlich Astrachan näher, und nur die Furcht, auf eine hinterlistige Weise für seine Vergehungen empfangen zu werden, machte ihn diesmahl vorsichtiger als je zuvor. Er erneuerte, zugleich mit Solomzeren,
seinen Eyd und hinterließ leztern, um wegen der Geschenke zu dingen, welche dieses mahl an Gelde und so genau eingerichtet wurden,
daß die Fürsten ziemlich mißvergnügt Abschied nahmen.

Von den nachfolgenden Jahren bis 1692. sind mir keine umständliche Nachrichten über die Begebenheiten der Torgoten zu Händen gekommen. Vermuthlich sind neue Gewaltthätigkeiten von Seiten der Baschkiren und Kasaken Ursach gewesen, daß Ajuka Taidshi

§. Torgoten unter Ajuka Chan. im Jahr 1693. wieder einen Zug gegen erſtere zu unternehmen drohte. Ich habe davon, ſo wie von denen 1696. durch den Stolnik Kirilo Pankrat. Puſchkin in der Horde ſelbſt, am Jaik, mit Ajuka gepflognen Unterhandlungen bloß aus den Samlungen rußiſcher Geſchichte (5 Bandes 4 Stück S. 287.) Kenntniß. Ich finde aber Urſach zu glauben, daß vom groſſen Kayſer damals dem Ajuka der Chaniſche Titul, nebſt andern Vortheilen beygelegt und er völlig zufrieden geſtellt worden iſt. Denn in Kanzleyſchriften vom Jahr 1700. wird er nicht mehr Taiſcha, ſondern Chan genannt, auch von ihm gerühmt, daß er die genaueſte Vaſallität beobachtet und durch Hülfsvölker, ſowohl gegen die aufrühriſchen Baſchkiren, als gegen auswärtige Feinde, willige Dienſte geleiſtet. Er hat auch nachmals mit ſeiner Horde den Jaik nie mehr überſchritten.

Ajuka hatte von drey Gemahlinnen, deren die erſte Erinzentu hieß, die jüngſte aber Darmabala, eines mit dem Chuntaidſhi Zagan Araptan verwandten Fürſten Bunzi Raſchi Tochter war, acht Söhne und fünf Töchter, welche gröſtentheils merkwürdige Lebensumſtände gehabt haben. Um erſt kürzlich der Töchter zu erwähnen, ſo ward die älteſte Sederdſhap, wie ſchon oben unter den Soongariſchen Beherrſchern geſagt worden, dem Chuntaidſhi-Zagan Araptan vermählt und wurde, nach deſſen Tode, von ihrem Stiefſohn ermordet. Eben dieſes wiederfuhr einer andern Loosangoſhap, die mit Araptan einem Sohn des Soongariſchen Fürſten Zagan-Achai lebte. Eben dieſer Zagan Achai ſelbſt hatte Galdandſhap eine andre Tochter des Ajuka zur Gemahlin. Noch eine, Buntar ward, oben ſchon erwähnter maſſen, mit dem derbetiſchen Fürſten Menkötümmer verheyrathet und nachmals von ihm verſtoſſen. Die jüngſte ſtarb unverehlicht.

Mit ſeinen Söhnen hatte Ajuka viele Händel. Die erſte Urſach dazu ſoll geweſen ſeyn, daß der alte Chan mit ſeinen Schwiegertöchtern Unzucht treiben wollen. Der älteſte Sohn Boſhak- oder Tſchakdurdſhap, deſſen Gemahlin Zagan Samu, eine Tochter des Choſchotiſchen Zäzän Chans, dieſes hauptſächlich betraf, empörte ſich darüber gegen ſeinen Vater, i. J. 1701. und weil er beym Volk ſehr beliebt war, ihm folglich alles zufiel, ſo ſahe ſich Ajuka gezwungen nach dem Jaikiſchen Kaſakenſtädtchen zu flüchten. Tſchakdurdſhap gieng darauf mit der ganzen Horde über den Jaik, und fertigte an den Soongariſchen Beherrſcher Unterhändler ab. Während dieſer Unruhen

ſchickte

schickte des Ajuka vierter Sohn Gundshep, welchen derselbe, mit 5 Torgoten Appanagirung der ältern Brüder, zu seinem Erbfolger erklärt hatte, unter Ajuka einen Mörder nach Tschakdurdshaps Hütte, welcher in der Nacht auf Chan, dessen Lager von aussen mit zwey Kugeln schoß und ihn in die Brust, jedoch nicht tödtlich, verwundete. Der Mörder ward gegriffen und Gundshep muste aus der Horde nach Saratof flüchten.

Indessen war der Knäs Boris Alex. Golizin diese Uneinigkeiten beyzulegen nach Samata gekommen, welcher den Chan mit seinem Sohn vollkommen aussöhnte und alles auf den vorigen Fuß herstellte. — Allein eben, da Tschakdurdshap die Horde über den Jaik nach der Wolgischen Steppe zurück führte, entwich der dritte Bruder Sanship mit 15,000 Gezelten nach der Soongarey, in der eitlen Einbildung sich mit dem Chuntaidshi zu messen und vielleicht die Oberherrschaft der dasigen Horde durch List und Gelegenheit zu erhalten. Mit ihm entwich Choo-Oerlüks Enkel von Süngkä, Nahmens Dandshin, nebst seinen drey Söhnen und ein Urenkel Cho-Oerlüks, Nahmens Dadnagara. Der Versuch aber gelang so unglücklich, daß der Soongarische Beherrscher Zagan-Araptan am 11ten Februar 1704. den guten Sandship, durch List, ohne einen Schwerdtstreich gefangen bekam, sich seinen ganzen Haufen zueignete, und den Führer mit funfzehn, oder nach andern Nachrichten nur sieben Mann dem Vater Ajuka zurück schickte. Sandship soll nachmals sein Leben durch aufgeflognes Pulver verloren haben, ohne Erben zu hinterlassen.

Nicht lange nach der obigen Begebenheit starb von des Ajuka Söhnen Günshep, dem er anfangs zu seinem Haupterben bestimt hatte, und wenige Jahre darauf Gundelek; wie denn auch schon zuvor Araptan mit Tode abgegangen war.

Im J. 1711. hatte der damahlige Kasanische Statthalter Graf Peter Matw. Apraxin mit Ajuka-Chan in Gegenwart vieler Fürsten seines Hauses, an dem mit der Achtuba sich vereinenden Arm Danilofka, 200 Werste oberhalb Astrachan eine feierliche und merkwürdige Unterredung. Aus den Acten derselben erhellet, daß Ajuka, als Chan, ein Gehalt von tausend Rubeln, nebst 2,000 Sacken Meel und einer gewissen Quantität Bley und Pulver für seine Truppen, jährlich genoß. Er that dem Grafen, mit welchem er eine genaue und wie es scheint aufrichtige Freundschaft schloß, das Versprechen

dem

§. Torgoten dem Kayser bis an seinen Tod getreu zu dienen. Er ließ auch we-
unter Ajuka gen der damals am Don entstandnen Meutereyen der Nekrassoffschen
Chan. Kasacken, ein Heer von 10,000 Kalmücken in der Kubanischen Steppe überwintern und schickte, so oft es verlangt wurde, gegen die
unruhigen Baschkiren Partheyen aus.

Im Jahr 1713. erklärte Ajuka, (eben zu der Zeit, als diejenige Chinesische Gesandte in seiner Horde waren, deren Reise man
im 1sten Band der Samlungen Ruß. Gesch. S. 327. aus dem
französischen Original übersezt und sehr erläutert findet,) seinen ältesten Sohn Tschakdurdshap zu seinem Nachfolger in der Regierung
des torgotschen Volks, übergab ihm auch zu dessen Bestätigung, das
Chanische Siegel, welches er vom Dalai=Lama erhalten hatte, und
bediente sich nachmals eines andern. Allein Tschakdurdshap starb vor
dem Vater zu Anfang des 1722sten Jahres und verordnete unter seinen zahlreichen Kindern seinen Sohn Dassang zum Haupt der Familie, dem er auch zur Versicherung der Erbfolge eben dieses Siegel einhändigte. — Als nun der grosse Kayser Peter I. 1722. über
Astrachan nach Persien gieng, beschloß derselbe, in Betracht dessen,
daß Ajuka, welchem er in Saratof eine sehr gnädige Audienz ertheilte, zwar mit vieler Treue gedient, sich aber stets zu unabhängig
und eigenmächtig aufgeführt hatte, die Chanische Würde nach ihm
seinem Vettern Dordshi, welcher von guten Eigenschaften zu seyn
schien, zu bestimmen, ließ denselben auch zu sich nach Astrachan berufen, ihn dieser Gnade versichern, und zugleich einen Revers von
ihm nehmen, daß er, auf ereignenden Fall, seine Söhne als Geissel
nach Astrachan stellen wolle.

Allein Ajuka hatte ganz andre Absichten und gedachte die
Chanische Würde einem seiner nachgebliebnen Söhne und zwar dem
Tscheren=Donduk der damals ohngefähr 22 Jahr alt war, zuzuwen-
den. Zu dem Ende muste er sich vor allen Dingen von Tschakdurd-
shaps Sohn Dassang versichern, welcher nach den Kalmückischen
Rechten Nachfolger seyn muste, und noch dazu die Versicherung des
Vaters darauf hatte. Deßwegen schickte Ajuka, unter dem Vorwand
eines Ungehorsams, ein Heer, von seinem Enkel Donduk Ombo geführt,
wieder ihn aus, welcher ihn flüchtig machte, aber nicht gefangen bekam. Das ganze Kalmückische Volk gerieth hiedurch in einen neuen
Aufruhr und mitlerweile starb Ajuka 1624. in einem Alter von 83
Jahren, und hinterließ alles in der grösten Verwirrung.

Sobald

Sobald Ajuka todt war, trachtete die nachgelassen Wittwe Darmabala sich mit ihrem Stief-Enkel Donduk Ombo zu verbinden und nebst ihm die Oberherrschaft zu behaupten. Demnach waren zur Chanischen Würde vier Competenten. Dordschi Taidschi, welchen der Gouverneur Wolinskoi im Nahmen der Rußischen Regierung zum Chan ernennen sollte, verbat sich diese Ehre, unter dem Vorwand, daß seine Ulus zu schwach sey die andern Fürsten in Zaum zu halten, in der That aber weil er seine Söhne nicht zu Geisseln geben wollte. Er schlug zugleich Dassang und Tscheren-Donduk dazu vor, welche unstreitig das nächste Recht hatten. Um der Chanin Darmabala also keine Zeit zu Ausführung ihres Vorhabens zu lassen, und die Ruhe unter der Horde herzustellen, sahe sich der Gouverneur genöthigt Tscheren-Donduk, einen Sohn der Darmabala, seines schwachen Zustandes ungeachtet, zum Verweser der Chanischen Würde, bis zu weiterer Bestätigung des Hofes, zu ernennen; welche darauf auch erfolgt ist.

5. Torgotische Fürsten. Unruhen nach Ajuka.

Damit aber war die Ruhe unter den Torgoten nicht hergestellt. Dassang verstarb zwar, aber dessen nächster Bruder Bachadai-Dordsht, welcher sich, in Hofnung seinem Großvater zu succediren, unter dem Nahmen Peter Taischin hatte tauffen lassen, und Donduk-Ombo wollten beyde den Vicechan nicht erkennen. letzterer sonderlich machte sich durch seine Freygebigkeit eine mächtige Parthey unter den Torgoten. Der Vicechan dagegen war dem Trunk sehr ergeben, von jedermann verachtet und überhaupt von den schlechtesten Eigenschaften. Gleichwohl da im Jahr 1731. sich eine Chinesische Gesandschaft in Moskau eingefunden, welche dem Vernehmen nach Aufträge hatte, bey den Wolgischen Kalmücken um Hülfstruppen gegen die Soongaren zu bitten und Tscherendonduk zugleich den Chanischen Titul beyzulegen, muste ihn der nach Astrachan bestimte Gouverneur Ismailof zum würklichen Chan über die Torgoten erklären; welches auch am ersten May gemeldeten Jahres in der Steppe gegen Dmitressk, in Gegenwart des obersten Lama der Horde, Schokur und derer von der Chanin Darmabala abgeschickten, wie auch des Chans eignen Saissanen, würklich erfolgte.

Man wuste zwar, daß Donduk Ombo sich eine mächtige Parthey gesamlet; wuste, daß er sogar einen Kupferarbeiter aus dem Dorfe Woskresenskoi des Simbierskischen Gebiets durch Versprechungen gew an ſich gelockt hatte, um durch denſelben kleine Kanonen, die auf Kameelen geführt werden könnten, aus Kupfer gieſſen zu laſſen. Ja er hatte durch Vorſchub Saratoffſcher Kaſaken ſich zwey metalne und eine eiſerne Kanone zu verſchaffen gewuſt; und Tſcheredondufs Bruder Galdan Dandſhin hatte durch den aſtrachaniſchen Komiſſar Moloſtof ebenfalls zwey kleine Kanonen erhalten. Allein man glaubte die Vermittlung des Aſtrachaniſchen Statthalters und geſchärfte Befehle würden die Unruhen, welche ſchon verſchiedentlich ausgebrochen waren, erſticken und verbot vor allen Dingen aufs ſchärfſte den Kalmücken weder Munition, noch Schießgewehr mehr zu verkaufen; auch dem Chan und ſeiner Mutter, unter welche das Jahrgehalt des Ajuka getheilt war, kein Pulver und Bley mehr zukommen zu laſſen.

Es waren indeſſen, während der Unruhen und Zwietracht unter den Kalmückiſchen Fürſten, die Tataren von Erſan und Jimbuluk welche ſich Ajuka unterwürfig gemacht hatte, von der Kalmückiſchen Horde nach der Krymiſchen Steppe entflohen, und geſellten ſich damals zu derjenigen Horde, welche unter dem Nahmen der Belgorodiſchen Tataren im lezten Kriege wieder unter rüßiſchen Schuz getreten iſt. Man muthmaſte aber, daß auch die Kalmücken, unter dem Vorwand jene zurück zu hohlen, ſich gleichfalls über die Gränze entfernen würden; wie denn damahls würklich Abgeordnete von ihnen in Perſien und bey der Pforte geweſen waren.

Sobald Tſcheren-Donduk zum würklichen Chan ernamt war, ſo brach Donduk-Ombo, welcher ſeit 1726. theils durch Güte, theils mit Gewalt, nach und nach faſt alle Kalmückiſche Uluſſen unter ſeine Befehle gebracht hatte, auf einmahl loß, ſchlug den Chan in einem förmlichen Treffen aus dem Felde, ſo daß ſich derſelbe nach Zaritzyn flüchten muſte; bemeiſterte ſich, nebſt Peter Taiſchin, des gröſten Theils der Chaniſchen Uluſſen, und zog ſich damit, da er die Annäherung des General-lieutenants Fürſten Boratinſkoi, welcher mit Truppen zu Beylegung dieſer Unruhen herbey eylte, vernahm, in aller Eyl nach Kuban, wo er ſich unter den Schuz der Pforte begab. — Peter Taiſchin der nicht ſo nahe an der Gränze geſtanden hatte, wurde durch ausgeſchickte Comanden nach Krasnoiſar getrieben und unter Arreſt geſezt. Die Vettern von der Nebenlinie Bak und Lubóſha welche ſich ebenfalls gegen Tſcherendonduk aufgelehnt hatten,

hatten,

hatten, zogen sich nach ihren gewöhnlichen Weideplätzen am Jaik zurück. Von den Derbeten entkam ohngefähr die Hälfte über den Don
und in die Linie von Zarizyn, und das ganze Kalmückische Volk
war auf einmal getrennt und zerstreut.

Gleich damals wurden Donduk Ombo Anerbietungen gethan
und ihm völlige Vergebung versprochen, wenn er mit seinem Volk auf
den vorigen Fuß zurück kehren wollte. Allein er that vielmehr sowohl
in eigner Person, als unter Anführung seines Sohnes Galdan Norbo und des Derbetischen Gunga Dordshi öftere Streifereyen bis
zur Wolga und dem Don, verübte vielen Unfug an rußischen Unterthanen und entführte alle Kalmückische Ulussen, die erreicht werden
konnten; so daß der größte Theil der Wolgischen Horde damals unter
Donduk Ombo in Kuban versammelt war.

Tscheren Donduk nahm unterdessen seine Zuflucht zu geistlichen Waffen. Er schickte heimlich eine Gesandschaft an den Dalai-
Lama, um von diesem Pabst seines Aberglaubens die Bestätigung
in der Chanischen Würde zu erlangen; wodurch er seinem Ansehn
einen neuen Schwung zu geben hofte. Diese Bestätigung erfolgte
auch im Sommer 1735. und die schriftliche rußische Nachricht, welche
ich, von den Feierlichkeiten, womit die öffentliche Erklärung und Be-
kanntmachung des Dalai-Lamaischen Patents in der Wolgischen Horde geschahe, in der Bibliothek der Kayserlichen Akademie der Wis-
senschaften gefunden habe, verdient hier Auszugsweise mitgetheilt zu
werden.

Es war der zehnte September 1635. zu dieser Ceremonie angesezt. Das Chanische Filzgezelt war, wie es bey Kalmückischen Festen gewöhnlich ist, mit allerley seidnen Stoffen von innen ausgeklei-
det und geziert. In demselben hatte man einen besondern erhabnen
Siz oder Thron für den Chan, zur rechten desselben aber einen etwas niedrigern für den damaligen obersten Götzenpriester der Torgotschen Horde, Schokur-Lama, zugerichtet. In der nicht weit davon befindlichen Götzenhütte, waren die Götzenbilder feyerlich ausgestellt
und einige Geistliche verrichteten vor selbigen, nach lamaischer Gewohnheit, den Dienst mit Trommeten und andern lärmenden Instrumenten.

Der Chan saß im Gezelt auf dem für ihn bereiteten Siz,
in reicher Kleidung, und erwartete die Ankunft des Schokur
Lama, welcher sich endlich, nach verrichteten Gebeten, feyerlich aus

seiner

5. Torgoti-
sche Fürsten.
Empörung
des Donduk
Ombo.

Tscheren
Donduk läst
sich vom
Dalai Lama
zum Chan
erklären.

§. Torgoti-
sche Fürsten.

Tscheren
Donduks
Erklärung
zum Chan.

seiner Wohnung nach dem Chanischen Lager begab, durch die obge-
dachtermassen in der Gözenhütte versammelte Geistlichkeit in Proceßion mit voller Musik empfangen und auch so bis vor das Chanische Zelt begleitet wurde: woruf sich die zum Dienst bestimte Geistliche wieder in die Gözenhütte zurück begaben; der Lama aber nahm,
ohne weitere Ceremonien, den für ihn bereiteten Siz neben dem
Chan ein. Und nun verfügte sich der vom Chan als Gesandter nach
dem Tybet gebrauchte Baatur Ombo, welcher nun den Nahmen
Baatur Gellong und den geistlichen Stand angenommen hatte, mit
einem zahlreichen Gefolge von andern Geistlichen, zu Pferde nach
dem Chanischen Zelt. Er selbst zog voran und trug das vom Dalai-Lama an den Chan mitgebrachte, heilige Sendschreiben oder Patent auf seinem Haupte, welchem zu Ehren zwey geistliche Schüler
(Mandshi) der eine mit einem Bündel angesteckter Räucherkerzen,
der andre mit gewissen Tybetischen Wurzeln, die in einem Kessel
auf Kohlen brannten, voran räucherten. Hinter dem Baatur Gellong
trug ein andrer Geistlicher die mitgebrachte Gözenbilder und Reliquien
und nach diesen wurde auch von Geistlichen in Proceßion das geweyhte Chanische Reitpferd geführt, welches mit dem vom Dalai-
Lama zum Geschenk überbrachten geweyhten Sattel versehn war. Noch
andre trugen die geweyhten Kleider, Müze, Gürtel, an welchem
ein Dolch und Messer hieng, den Chanischen Sábel, Gewehr,
Köcher und Bogen. Den Beschluß aber machten zwey Panire oder
Fahnen (Tuk), deren eins dem Chan vom Dalai-Lama, als das
Zeichen der Chanischen Herrschaft, zugeschickt wurde, das andre aber
dem Gesandten von dem beym Dalai-Lama befindlichen lebendigen
Gözen Tschödsching, mitgegeben worden war. Dieser Zug ward
ebenfalls, wie vorhin der Lama, durch die geistliche Versamlung
mit voller Musik und mit singenden Gebetern eingehohlt und bis ans
Chanische Zelt begleitet.

Daselbst stieg der Gesandte mit allen seinen Begleitern vom
Pferde und gieng mit denen, welche die geweyhte Ehren-Kleider
trugen, ins Gezelt hinein, da indessen die Panire vor der Thür aufgepflanzt und die Waffenrüstung neben dem Chanischen Pferde aussen
gehalten wurde. — Sogleich stand Schokur-Lama auf und nahm
von ihm das Sendschreiben des Dalai-Lama entgegen, legte es auf
sein Haupt, empfieng die geweyhte Chanische Ehrenkleider, und zog

selbige

selbige dem Chan, welcher ebenfalls aufgestanden war, an. In die- 5. Torgoti-
ser Kleidung sezte sich der Chan wieder auf seinen Thron und sche Fürsten.
Schokur-Lama verlas das in tangutischer Sprache verfaßte Dalai- Tscheren-
lamaische Sendschreiben zuerst im Chanischen Zelt und darnach auf- Donduks
sen, vor allem versammelten Volk. Der Inhalt dieses Schreibens Erklärung
lautete folgendergestalt: zum Chan.

„Dem weisen, heiligen und beglückten Schabobense-Dait-
„sching-Chan (dies war der neue vom Dalai-Lama beygelegte Nah-
„me) unsern Seegen zuvor, und wünschen Dir und deinen Unterthanen
„die vormaligen glücklichen Zeiten; daß deine Macht zunehme, du als
„ein weiser Haushalter und eine edle Blume glänzen und Dich so-
„wohl, als andre im heiligen Glauben befestigen mögest! — Die aus
„guter Zuneigung uns durch Deinen Gesandten mit Glückwünschungen
„übermachte Geschenke, nämlich ein guter Chadak (*) und Tep-
„pich, zwey Rosenkränze von ächten Perlen, achtzig Goldmünzen, zwey
„Stücke Tuch, u. s. w. sind uns zugestellt und dieses alles, im Nah-
„men des allerhöchsten Tsonchaba und der hohen Geistlichkeit der
„Gelbmützen, in Empfang genommen worden. Wir wünschen, daß
„dadurch die innere und äusserliche Ruhe und Glückseeligkeit deines
„Volks und aller lebendigen Wesen befördert, Du im Glauben befe-
„stigt und aller Creatur wohlthätig, gegen Deine Unterthanen aber ge-
„recht zu seyn bestärkt mögest werden. Dein Vorfahr ist, als ein
„Beschützer des Glaubens und unser standhafter Verehrer zur ewigen
„Ruhe eingegangen; und nach diesem Beyspiel müssen alle Torgotische
„und andrer Völker Fürsten, auf väterliche und großväterliche Weise,
„ihre Unterthanen in herzlicher Liebe und Ruhe beherrschen, zu dem
„Ende wohlthätige Lehren annehmen, nach Vermögen und Umständen den
„wahren Glauben der Gelbmützen (**) zu mehren und zu erhöhen suchen,

K 2 „ihren

(*) Chadak ist ein seidner Zierrath zum aufhängen in Tempeln, wovon
unten ein mehreres wird gesagt werden. Die hier erwähnten Geschenke sind nur die gewöhnlichsten, ausser welchen die Fürsten bey
solchen Gelegenheiten noch viele andre Reichthümer und Kostbarkeiten zu übersenden pflegen.

(**) Daß die Anhänger des Schigimuni von der Dalai-Lamaischen
Sekte Gelbmützen (Scharramachalatá) oder Rothquäste (Ulan-
Sallatá) genannt werden, wird noch unten vorkommen und als-
denn erklärt werden.

§. Torgotische Fürsten. Tscherendonduks Erklärung zum Chan.

„ihren Bedienten gern verzeyhen und selbige auf den guten Weg helfen, die „verordneten Andachtsgebete fleißig im Gedächtniß haben, in Sachen, „welche die Seelenangelegenheiten und Religion betreffen gnädig rich„ten, die Lehren der Götter, der Schrift und der Geistlichkeit (oder „das GurbanErdeni) stets vor Augen haben. So werden wir „Dir jederzeit geneigt seyn und Du wirst auf unsre geistliche Hülfe „in allen Dingen, und bey deinem Volk, in fester Zuversicht hoffen „können. Zum Denkmal unsrer Wohlgewogenheit übersende ich Dir „einen geheiligten Sangja (*), mein eignes Bildniß, ein wahres „Schalir (**) des Welterhalters und eins von unserm hohen Gott „Schigimuni, nebst heiligen Pillen (Urulu) und andern gewehnten „Dingen, wie auch drey ganze Stücke roth laken zum Geschenk. Ge„geben in BuDala, an einem guten Tage des weissen (*⁎*) Mon„des, u. s. w.

Nachdem SchokurLama dieses Sendschreiben vor allem Volk verlesen, naheten sich alle umstehende Vornehme, auch gemeine Kalmücken, die dazu kommen konten, einer nach dem andern zu ihm und liessen sich, mittelst Auflegung dieser Schrift aufs Haupt, einseegnen, worauf der Lama ins Zelt zurück kehrte und dem Chan Glück wünschte. Des Chans anwesende Mutter Darmabala, dessen Bruder Galdan Dandshin, seine Gemahlinn Detshit und des Bruders Gemahlin, welche mit allen Saissanen gegenwärtig waren, beschenkten einander darauf mit Chinesischen Tüchern und andern Kleinigkeiten. Der Chan aber begab sich vor seine Hütte hinaus, umgürtete sich mit
dem

(*) Sangja bedeutet hier eine gewehnete gelbe Binde, welche der Chan um den Kopf gewickelt, oder über die Schulter, als eine feyerliche Zierde gebrauchen soll, und welche statt der Crone europäischer Fürsten oder der Vitta der alten asiatischen Könige gilt.

(**) Was Schalir vor eine Reliquie aus der Asche verbrannter Heiligen ist, wird unten vorkommen. Unter dem WeltErhalter scheint hier DalaiLama selbst verstanden zu seyn; und in dem Fall wäre hier eine Reliquie aus der Asche eines der vorhin verbrannten Cörper, durch welche der Geist des DalaiLama gewandert, zu verstehn.

(*⁎*) Der weisse Mond (Tagansara) ist der Hornungschein. S. an seinem Ort die Erklärung des kalmückischen Calenders.

dem vom Dalai-Lama gesandten Säbel, Köcher und Bogen, sezte sich auf sein geweyhtes Pferd und ritt nach der Götzenhütte, wo er abstieg und in der Hütte, dahin er sich die Waffen nachtragen ließ, vor allen Bildern anbetete, da indessen die Geistlichkeit, mit voller Musik, in zwey Reihen geordnet stand. Nach verrichteter Anbetung stieg der Chan wieder zu Pferde, kehrte zu seinem Staatszelte zurück, sezte sich abermals auf den Thron und ließ mit Musiciren und Austheilung starker Getränke den Anfang machen, blieb auch selbigen ganzen Tag in seinen feyerlichen Zierathen, und sonderlich mit einer Schärfe von weissem, Chinesischem Taffent über die Schulter geschmückt, auf seinem Thron sitzen.

Bey dieser feyerlichen Gelegenheit nahm der Chan eine Beförderung unter seinen Saissanen oder Edlen vor und ernannte Gundshep Darchan Saissan, Tscheren-Norbo und Dajan Dotum zu seinen nächsten geheimen Räthen, ferner Jediger Daschi Schidarka zum Moritschi oder Stallmeister, Tschestor Aldarka zum Zaitschi oder Kammerdiener und Theeschenker bey der Chanischen Person, und bey der Chanin in eben dieser Würde seinen Neffen Sandschi Oelsö Tuktschi; ferner den Saissan Zaghun-Darchan Daidshin zum Richter über das Volk, und seinen Bedienten Arakbai zum Thürhüter. Der damals in der chanischen Horde rußischer Seits unterhaltne Dollmetscher Spiridon Wesselef wurde zum Chan berufen und ihm vom Chan selbst die Erklärung gethan, daß wie zuvor Jhro Rußisch-Käyserliche Majestät ihn zu dieser Würde erhoben, so sey er nunmehr auch vom Dalai-Lama zum Chan erklärt, und mit einem Befestigungsschreiben, Panir, und übrigen Zeichen der Chanischen Würde beehret worden. Zugleich bezeigte die Chanische Mutter Darmabala, und Schokur Lama das nehmliche und darneben ihre Dankbarkeit gegen die rußische Monarchin, welche ihrem Chan diese Würde verliehen. Darnach ward diese Feyer mit Saufen und allen ersinnlichen Lustbarkeiten beschlossen.

Der Seegen des Dalai Lama hatte jedennoch keine Würkung. Denn schon zuvor war Donduk Ombo im Jahr 1734. durch ein mit dem Donischen Starschinen, nachmaligen Ataman Danila Jefremof an ihn abgeschicktes Ermahnungsschreiben, und durch die Vermittlung seiner zurück gebliebnen Vettern bewogen worden, sich Rußland wieder zu unterwerfen. Seinen Gesandten wurde zugesagt, daß er nicht nur alles

K 3   Volk,

5. Torgoti-
sche Fürsten.
Donduk
Ombo Chan.

Volk, welches er andern Beherrschern abgenommen, behalten, sondern auch die Chanische Würde über die ganze Wolgische Horde bekleiden sollte. Solchergestalt kam Donduk Ombo im Jahr 1735. aus Kuban wieder in die Wolgischen Steppen zurück und ward durch den astrachanischen Gouverneur Ismailof, an die Stelle des ohnmächtigen Tscheren Donduk, der nach Petersburg abgeführt ward, auch daselbst gestorben ist, zum Chan bestätigt, welche Würde er bis an seinen Tod (1741.) bekleidet, die Kalmückische Horde durch seine Macht in der besten Ordnung erhalten, durch seine Tapferkeit aber, gegen die Kubanische und Krymische Tataren, solche Dienste geleistet hat, die ihm den Nachruhm des tapfersten unter den Chanen der Wolgischen Kalmücken mit Recht verdient haben. Seinem einige Jahre darauf verstorbnen Vetter Peter Taischin, dessen Volk Donduk Ombo gröstentheils entführt hatte, wurde damahls die Herrschaft über alle getaufte Kalmücken gegeben, welche noch an der Wolga herum zogen; bald darauf aber auf Anhalten seiner nachgelassenen Wittwe Tscherin Jandshi, die in der Taufe den Nahmen: Fürstin Anna, erhalten hatte, in die Gegend von Stawropol versezt worden sind.

Im Jahr 1736. that Donduk Ombo seinen berühmtesten Feldzug gegen seine vormalige Nachbarn die Kubaner; für welchen wichtigen Dienst sein Gehalt bis auf drey tausend Rubel an Geld und zwey tausend Säcke Mehl vermehrt ward. — Allein im Jahr 1738. empörte sich des Donduk Ombo ältester Sohn Galdan Norbo, der beym Volke sehr beliebt war, wieder seinen Vater und samlete eine so ansehnliche Parthey, daß dem Chan bange zu werden anfieng. Die Ursach soll diese gewesen seyn, daß Donduk Ombo seine erste Gemahlin Soloma, eine Kalmückin, mit welcher er diesen Sohn gezeuget hatte, verstoßen und zur Nonne scheeren lassen, zugleich aber ihren Sohn Galdan Norbo von der Erbfolge auszuschließen gesucht und durch eine Gesandschaft beym Dalai=Lama angehalten hatte, seinen zweyten Sohn Randul, von der jüngern Gemahlin Dshan, die eine Kabardinerinn war, zu seinem Nachfolger in der Chanschaft einzusetzen. Ehe man diese Ursach, welche der Sohn nachmals entdeckte, in Erfahrung gebracht, ward derselbe durch geziemende, rußischer Seits gebrauchte Mittel eingezogen und nach Kasan in Verwahrung gebracht, wo er auch 1740. verstorben ist.

Donduk

Donduk Ombo brachte einen Theil der Mankischlakischen, auf 6,000 Familien geschäzten Truchmener vom rothen Kameel, deren Tribut die kalm. Chans bis dahin durch Abgesandte einfordern lassen, zu seiner Horde. Er vermehrte dieselbe auch, in seinem gegen die Kubaner unternommenen glücklichen Züge, mit ohngefähr acht tausend Familien sogenannter Chundurau = Mankatten oder Gebürgtataren, welche er in der Kubanischen Steppe wohnen ließ und jährlichen Tribut von ihnen hob, die aber gleich nach seinem Tode, während der erfolgten Unruhen, bis auf ohngefähr achthalbhundert Familien, welche Dondukdaschi nachmals an die Achtuba versezte, wieder ins Gebürge entflohen sind.

Donduk Ombo starb 1741. und übertrug vor seinem Ende, die Regierung an seinen nur noch zehnjährigen Sohn Ranndul, und dessen Mutter Dshan, gab auch an die rußische Regierung von seinem Vermächtniß und der darüber beym Dalai Lama eingeholten Bestätigung zulezt noch Nachricht. Die Chanische Wittwe Dshan suchte sich sogleich, bis zur erwarteten Bestätigung vom Hofe in ihrer Macht zu befestigen. Deßwegen ward, auf ihr Anstiften, ein noch lebender Sohn des Chans Ajuka, Galdan Dandshin, welcher rechtmäßigen Anspruch auf die Oberherrschaft machen konnte und bey der Horde beliebt war, ermordet. Eben dieses Schicksal betraf ein Paar Vettern Bai und Dandshin Ubascha, welche ihr hätten hinderlich seyn können. Allein die Entschliessungen des rußischen Hofes fielen nicht nach ihrem Wunsch aus, und sie hatte sich durch ihr Verfahren nur verhaßt, die Horde aber unruhig gemacht. Man vermuthete mit Recht, da die Chanin eine Mahometanerin gewesen und noch Tataren um sich hatte, daß sie mit den Gebürgvölkern in Verständniß stehen und die Kalmückische Horde zur Untreue reizen möchte. Zudem konnte das eigenmächtige Verfahren des verstorbnen Chans, und der Vorzug, den er dem Dalai=Lama gegeben, nicht gebilligt werden. Deßwegen ward noch in eben dem Jahr, da der Tod des Chans erfolgte, der geheime Rath Tatistschef nach der Horde abgefertigt, und obgleich ihm die Chanin aus allen Kräften wiederstrebte, so räumte er doch, mit Hülfe der Commanden, welche er bey sich hatte, alle Hindernisse aus dem Wege und erklärte Tschakdurdshaps vierten Sohn Donduk Daschi, bis zu weiterer Verfügung des Hofes, mit einem jährlichen Gehalt von tausend Rubeln an Geld und eben so viel Säcken Mehl, zum Verweser der Chanischen

§. Torgoti-
sche Fürsten.
Begebenhei-
ten mit der
Chanin
Dshan.
schen Würde. Derselbe hatte nicht nur, nach Wegräumung der vor-
hingenannten ältern Fürsten, das nächste Recht zur Oberherrschaft,
sondern war auch, während der von Donduk Ombo erregten Rebellion,
Rußland treu geblieben, hatte sich dessen Unternehmungen wiedersezt,
und war sogar von den Fürsten Bay und Lubdsha, die es mit Donduk Ombo hielten, gefangen genommen, aber nachmals, aus Furcht,
nach Saratof ausgeliefert worden. Izt übergab man ihm, zugleich
mit der obersten Gewalt, die von seinen Oheimen Tscheren Donduk
und Galdan Danshin, welche keine Erben hatten, nachgelassene
Ulussen.

Kraft seiner Verhaltungsbefehle bemühte sich der G. R.
Tatistschef zugleich die Chanin Dshan mit ihren Kindern auf eine
gute Art in seine Verwahrung zu bekommen. Weil sie aber alle Vorsicht gebrauchte, so ließ man sie, um nicht Mißvergnügen zu stiften,
bey des verstorbnen Chans eigenthümlich angeerbten Ulus Baga-Zoochor, bewilligte ihr ein jährliches Gehalt von 500 Rubeln, nebst
tausend Säcken Mehl, und begnügte sich auf ihr Betragen die gehörige Aufmerksamkeit zu haben. Sie sahe aber 1742. da sie auf der
Steppe zwischen der Wolga und dem Don überwinterte, ihre Zeit
so wohl ab, daß sie mit ihren Kindern und 700 Familien, welche auch
unter tatarischer Herrschaft nachmals verblieben sind, nach der Kabarda
entkam, ihre übrigen Unterthanen aber, wegen der schleunig getroffenen
Veranstaltungen der rußischen Befehlshaber, im Stiche lassen muste.
Von dortaus schickte sie zu zweyen mahlen Gesandte an den persischen
Schach Nadyr, sich ihm zu unterwerffen und Hülfe zu Behauptung
ihrer Herrschaft zu erhalten. Der Schach schien ihr auch einige
Hofnung zu geben, uud ließ sich durch den ältesten Sohn Randul
huldigen; Allein es erfolgte weiter nichts. Darauf bequemte sie sich,
auf gegebne Parol, wieder nach Astrachan zurück zu kommen. Und
auch da stiftete sie ihre Kinder wieder zur Flucht an, von welcher
Randul sich heimlich in seine väterliche Ulus Baga-Zoochor begab
und mit Hülfe einiger ihm getreuen Saissanen Kriegsvolk zu samlen
anfing. Allein andre Kalmückische Fürsten, welche die Chanin
Dshan beleidigt hatte, thaten ein gleiches und Randul muste flüchtig
werden; kam aber auf des Geheimen Rath Tatistschefs Zusage wieder nach Astrachan, da man ihn denn samt seiner Mutter und beyden Schwestern, unter einer Bedeckung nach Saratof und weiter
nach

nach Moskau abführte, wohin auch die übrigen Kinder, nachdem man sie mit vieler Mühe und Bedrohungen aus der Kabarda zurück erhalten, folgen musten.

Indessen war der neue Chan Donduk Daschi 1742. nach der Krönung der Kayserinn Elisabeth in Moskau, um für die ihm wiederfahrne Gnade zu danken und die Huldigung zu leisten, wo ihm unter andern Gnadenbezeigungen das mit Edelgesteinen eingefaßte Kayserliche Bildniß zu Theil ward. Auf seine Vorstellung wurde die mächtige Ulus Baga-Zoochor, welche sich unter ihrem glück- lichen Fürsten Donduk-Ombo von dem Raub der übrigen unsäglich bereichert hatte, und durch ihre Uebermacht so oft Gelegenheit zu Unruhen gab, auch izt noch abgesondert herum zog, unter die Nachkom- menschaft des verstorbnen Chans vertheilt, dergestalt daß des Galdan- Norbo Wittwe Nikbo mit ihren Kindern 604. und von den Kindern der Chanin Dshan: Randul eben so viel, Dobbin, Assarai und Dshobuksar aber jeder 404 Familien enthielten, deren Antheil denn bis zu ihrer Wiederkunft dem Chan zu verwalten übergeben ward.

Die Chanin Dshan hielt bald nach ihrer Ankunft in Moskau 1744. an, daß man sie mit einigen oder allen ihren Kindern taufen möchte und hofte dadurch wieder zu ihrer Uluß und in Freyheit zu gelangen. Sie ward auch würklich den 16 December desselben Jahres mit ihrer ganzen Familie getauft und in den Fürstenstand erhoben, wobey Ihro Majestät die damalige Kayserinn selbst Taufzeuge waren und der Chanin der Nahme Wjera, ihren beyden Töchtern die Nähmen Nadeshda und Liubow, und den Söhnen die Nahmen Peter, Alexey, Jonas und Philip zu Theil wurden. Zum Tauf- geschenk ward ihr und einem jeden der sechs Kinder tausend Rubel, und zu Kleidungen 1700 Rubel ausgemacht, und alle bisherige Ver- gehungen völlig verziehen. Damit sie aber nicht zu neuen Unruhen unter den Kalmücken Gelegenheit geben könnte, so ward ihr ein wohl- gebautes Haus in Moskau eingegeben, und ihre Söhne in das Kay- serl. Landkadetten-Corps aufgenommen, allen aber ein hinlängliches Jahrgehalt festgesezt. Seit dem Jahr 1761. ist dieses Gehalt für die Fürstin bis auf 2000, für die zwey noch lebenden Söhne Alexei und Jona, welche bis zum Brigadiersrange aufgedient haben, auf tausend Rubel vermehrt worden. Eben damals erhielt die Fürstin auch die Erlaubniß, nach dem Tode des Chans Dondukdaschi, die ihren Kin-

5. Torgoti-
ſche Fürſten.
Begeben-
heiten der
Chanin
Oſhän. dern zuſtändige, über 2800 Familien ſtarke Ulus ſelbſt, mit Zuziehung
eines ihrer Söhne zu regieren und ſich zu dem Ende in der Feſtung
Jenataewa aufzuhalten, wo ihr auf Koſten der Caſſe ein eignes,
geraumes Wohnhaus erbaut ward. Von den Töchtern ſtarb die eine
in Moſkau, die andre aber ward 1750. an den Fürſten Derberef
unter den Stawropoliſchen Kalmücken verheyrathet, und iſt für eine
Kalmückin eine wahre Schönheit.

     Im Jahr 1757. hielt Donduk-Daſchi beym Reichs-Collegio
an, daß man ſeinen Sohn Ubuſcha zum künftigen Nachfolger in
der Chaniſchen Würde ernennen möchte. Weil man nun vorlängſt
es dahin zu bringen gewünſcht, daß die Kalmückiſchen Chane ihre Beſtallung nicht mehr beym Dalai Lama, ſondern beym Kayſerl.
Hofe ſuchen möchten; ſo beſchloß man, um dadurch zugleich künftigen Erbfolgsſtreitigkeiten vorzubeugen, den bisherigen Vice-Chan
Dondukdaſchi zum würklichen Chan der Wolgiſchen Kalmücken, ſeinen damals dreyzehnjährigen Sohn aber zugleich zum Vice-Chan
und dereinſtigen Nachfolger, mit einer Penſion von 500 Rubeln,
zu erklären; welches auch unterm 21ſten März ſelbigen Jahres durch
ein Kayſerl. Reſcript bekannt gemacht wurde, worauf die feyerliche
Inſtallation im April 1758. erfolgte. Es iſt vielleicht manchen Leſern
nicht unangenehm von den dabey beobachteten Ceremonien, welche ſoviel möglich nach dem aſiatiſchen Gebräuchen eingerichtet waren, hier
ebenfalls einen umſtändlichen Bericht zu leſen.

     Der damalige Aſtrachaniſche Statthalter Generalmajor
Schilin ließ durch ein Schreiben und mündlich durch den damaligen
Aſſeſſor Bakunin dem Chan wiſſen, daß er ſich gegen den 28ſten
April unterhalb Tſchernojarſk in der Gegend Solänoi Saimiſtſche,
einem Buſen der wolgiſchen Niedrigung, einfinden möchte, und machte
ſich darauf den 23 April unter Bedeckung einer Kompagnie Grena-
dier, welche den Obriſten Junger zum Anführer hatte, einer Anzahl
Kaſaken und Tataren, nebſt drey Kanonen und der vollen Regiments-
muſik dahin auf den Weg, erreichte auch den zur Feyerlichkeit beſtimten Plaz den 28ſten und wurde von zweyen der vornehmſten Saiſſanen des Chans bewillkomt. Faſt zu gleicher Zeit traf auch dieſer
ſelbſt ein und ſchlug etwan eine Werſte von dem Lager des Statthalters das ſeinige auf. Der Aſſeſſor Bakunin, welcher den Chan begleitet hatte, meldete ſogleich dem Statthalter, daß, er den Chan über-
redet

5. Torgoti-
scheFürsten.
Erklärung
des Don-
duk-Daschi
zum Chan.

redet habe ihm den ersten Besuch abzustatten; demnach wurde noch selbigen Nachmittag des Statthalters mit sechs Pferden bespante Kutsche, unter Eskorte von 6 Grenadiers zu Pferde zum Chan geschickt, der sich auch mit dem ihm vorher geschenkten höchsten Kayserlichen Bildniß geziert sogleich, von seinem Sohn und wohl 5000 Kalmücken zu Pferde begleitet, zum Statthalter verfügte. Bey seiner Ankunft wurden ihm von der Wache, doch ohne Rührung der Trommel, die gewöhnliche Ehrenbezeigungen gemacht und der Oberste Junger empfing mit seinen Officieren und führte ihn in das Staatszelt, wo ihn der Statthalter erwartete, und wo zur linken des seinigen vor den Chan ein Lehnstuhl, vor den Sohn Ubuscha aber ein gewöhnlicher Stuhl gesezt war. Sobald sich der Chan niedergelassen und die ersten Begrüssungen vorbey waren, traten die Officiere und Saissane ab, und der Statthalter übergab dem Chan den allerhöchsten Kayserl. Befehl, durch welchen er zum Chan bestätigt wurde, nebst dem Befehl an das Kalmückische Volk und der Eydesformul vor ihn und seinen Sohn, zum durchlesen; welches beyde mit entblöstem Haupte thaten. Nach lesung dieser Stücke stand der Chan auf, winkte dem Sohn ein gleiches zu thun und sagte (vielleicht nicht ohne einige list), er meyne der Hof der grossen Kayserin sey seinem itzigen Stand gegen Morgen gelegen; wohinwärts er sich mit dem Sohne kehrte und kniend, mit Thränen vor die Kayserl. Gnade dankte, Treu zu seyn gelobte, und die Erde dreymahl mit dem Kopf berührte.

Den 29sten April erhob sich der Statthalter mit dem Obristen Junger, Assessor Bakunin, allen Officiers und seinem Sekretär zum Chan, unter Begleitung von 24 Grenadiers zu Pferde, sechs Dragonern und etwan hundert Kasaken und Tataren. Vor der Chanischen Filzhütte war ein grünes Zelt aufgeschlagen, vor welchem die Saissanen und beym Eintritt der Chan selbst den Statthalter empfingen, welchen der Chan voran ins Zelt treten ließ. Die Chanin war mit dem Sohn und den Weibern der vornehmsten Saissanen in der Filzhütte des Chans, und alles stand bey Ankunft des Statthalters von den Sitzen auf. Der Chan ließ den Statthalter zu seiner rechten auf einem Lehnsessel, die Staabs- und Oberofficier auf gemeinen Stühlen und seine Saissanen auf der Erde auf Teppichen sitzen. Man wurde über die Zeit zur feyerlichen Ernennung des Chans eins und bestimte dazu den 30sten April.

5. Torgoti-
ſche Fürſten.
Erklärung
des Don-
duk-Daſchi
zum Chan.

An ſelbigen Tage Nachmittags um ein Uhr ward der Chan
in des Statthalters mit ſechs Pferden beſpanntem Statswagen ab-
gehohlt; vor dem Wagen ritte des Statthalters Sohn, Lieutnant Schilin
mit 6 Grenadiers und einem Unterofficier, hinterher folgte die Chanin in einer zweyſpännigen Kutſche allein, weil die verwittwete Chanin
Darmabala, des vormaligen Ajuka Chan Gemahlin, ſich mit Unpäßlichkeit entſchuldigt hatte. Der Sohn des Chans folgte zu Pferde, und mit
ihm die Fürſten, Galdan Zeren von den Derbeten, Ebel Dalai Ubaſcha
von den Torgoten, die Choſchotiſchen Samjang und Tuktſchi,
alle vornehme Pfaffen und Saiſſanen, nebſt einem Troß von wenigſtens
zehn tauſend Reutern. Die Vornehmen waren mit den beſten ſeidnen und
goldgewürkten Kleidern angethan. — Der Chan ward mit den vorigen Ehrenbezeugungen empfangen, auſſer daß ihn der Statthalter beym
Eingang einer ſehr groſſen Filzhütte von zehn Gattern, welche man
zu dem Ende vom Chan verlangt und aufgeſtellt hatte, aufnahm.
In der Mitte des Zelts war ein Tiſch geſtellt, auf deſſen rechter
Seite der Chan, auf der linken aber der Statthalter mit ſeinen Staabs-
bedienten und Sekretär ſich ſezten. Die Chanin Tſcheren Dſhall wollte
nicht auf Stühlen ſitzen, ſondern ließ ſich, mit ihren Begleiterinnen, auf
Teppichen nieder.

Hierauf hob der Statthalter an: „Die groſſe Kayſerin Eli-
„ſabeth, Tochter des groſſen Kayſers Peter I. habe ihn Donduk
„Daſchi, wegen ſeiner Treue und Eifer vor Ihro Majeſtät Dienſten
„zum Chan des Kalmückiſchen Volks, ſeinen Sohn Ubaſchi aber
„zum Vice-Chan ernannt; und er (der Statthalter) ſey gewählt
„worden, um dem Chan dieſe Allerhöchſte Gnade anzukündigen und
„dem ganzen Kalmückiſchen Volke die Kayſerl. Wohlwollenheit zu ver-
„ſichern, zugleich aber dem Chan und deſſen Sohn den Eyd fort-
„dauernder Treue abzunehmen.„ Sobald der Dollmetſcher dieſe An-
rede dem Chan übergetragen, ſtand er auf, betete gegen Oſten
an, und ſtattete der Kayſerin ſeinen Dank ab. Die Formeln
des Eydes wurden darauf beyden übergeben, welche ſie vor dem aufgehängten Bildniß des Götzen Schakſchimuni herlaſen und das Bildniß mit dem Kopf berührten, die Eydesformeln aber mit ihrem
Handſignet (Tamga) unterzeichneten.

Ferner ließ der Statthalter das Kayſerl. Diplom über die
Chaniſche Würde, und den darauf ſich beziehenden Befehl an das
Volk

Volk, durch den Sekretär, zuerst in rußischer Sprache und darnach die Kalmückische Uebersetzung von beyden vorlesen; worauf der Chan, nebst seinem Sohn, abermals mit jen Osten gekehrten Antliz niederfielen und der Kayserin ihre Dankbarkeit und Treue versicherten. Indessen wurde der Befehl an das Kalmückische Volk auch ausser dem Zelt an vier Orten kalmückisch abgelesen. Und nunmehr wurden dem Chan die von der Kayserl. Gnade ihm geschenkten Ehrenzeichen seiner Würde folgendermassen angelegt: der Assessor Bakunin umgürtete ihn mit dem Chanischen Schwerdt; das mit Zobeln gefütterte Chanische Gewand that ihm der Sohn des Statthalters an; die Chanische Mütze sezte der Oberste Junger auf; die Fahne aber hielt der Enkel des Statthalters Waßiley Kindiakow ausgebreitet und übergab selbige darauf einem Saissan der sie aussen vor der Versamlungshütte vor dem Volk wehen ließ; wie denn auch der Chan sich die Ehrenzeichen wieder abnahm, um sie durch Saissanen aussen dem Volk zu zeigen. Der Statthalter machte darauf dem Chan seinen Glückwunsch, welchem Beyspiel alle andre folgten, da denn die Wache mit Präsentirung des Gewehrs, Rührung des Spiels, dreymaligem Lauffeuer aus dem kleinen Gewehr und den Kanonen den Beschluß machte. Eben diese Salven und Ehrenbezeigungen wurden wiederhohlt da der Chan, mit dem Sohn, der Chanin und allen Saissanen aus der Hütte gieng, um die unterm Gewehr stehende Wacht anzusehn.

Bey dem angerichteten Gastmahl saß der Statthalter mit seinen Staabsofficieren, der Chan mit seinem Sohn und die Chanin mit ihren vornehmsten Staatsfrauen, auch einige der vornehmsten Lamen, Fürsten und Saissans an der Haupttafel. In zweyen Nebenzelten, waren vor die übrigen Saissanen Tafeln zubereitet. Die Gesundheit der Monarchin ward unter Abfeuerung des Geschützes ausgebracht und dem Volke wurden sechs ganz gebratne Ochsen, zehn Schaafe, noch einige zerstückte Ochsen und Schaafe, Brodt, Brantwein, Bier und Meth Preiß gegeben.

Nach geendigter Mahlzeit nöthigte der Chan den Statthalter zu sich hinüber und ließ im Zurückfahren die Ehrenfahne vor sich her tragen.

Den 2ten May gab der Chan dem Statthalter nach seiner Art ein Gastmahl, wobey die Gesundheiten unter Abfeuerung des kleinen

F 3

nen

§. Torgoti= nen Gewehrs getrunken und alle Soldaten, Kaſaken und Tataren
ſche Fürſten. von dem Gefolge des Statthalters in beſondern Hütten geſpeiſt wur-
Erklärung   den. Nach der Mahlzeit kamen die Ringer auf den Schauplaz und
des Don-   Abends ließ der Statthalter ein Feuerwerk abbrennen, welches die
duk=Daſchi   Kalmückiſchen Zuſchauer, die dergleichen nie geſehn, in das gröſte
zum Chan.   Erſtaunen ſezte. Beym Abſchiede begleitete der Chan mit ſeinem
Sohn den Statthalter bis an die Kutſche.

Am 3ten May fuhr der Statthalter zum Chan um Abſchied
von ihm zu nehmen. Bey der Trennung begleitete ihn lezterer, und
zeigte ihm einen Hügel, der nicht weit von der Solänoi Saymiſt-
ſche, auf dem Wege nach Gratſcheffkoi Staniz an der Wolga gelegen iſt und von den Kalmücken Uetan=Charatochói genannt wird;
daſelbſt wünſchte der Chan auf eigne Koſten ein ſteinernes Denkmal
der in dieſen Tagen ihm wiederfahrnen Kayſerlichen Gnade mit einer
Inſchrift errichten zu dürfen, welches Geſchäft er ſeinen Marktrichtern
(Bodoktſchei) aufgetragen, und wozu er ſich vom Statthalter einen
Befehl an den Tſchernojarſkſchen Befehlshaber Capitain Plemänni=
kof ausbat, damit dieſer bey Erbauung des Denkmals ſeinen Leuten
behülflich ſeyn möchte. Der Befehl dazu ward auch ſogleich mündlich
ertheilt; das Denkmal aber iſt in Ermanglung von Ziegeln aus Holz,
mit einer in Kalkſtein gehauenen Inſchrift errichtet worden und nach
einigen Jahren verfallen, ſo daß nur noch die Ueberbleibſel davon
zu ſehn ſind.

Donduk Daſchi ſtarb den 21 Jenner $\frac{0}{3}$761. und der zum
Nachfolger ernannte nur 17jährige Ubaſcha, welcher kurz vorher mit
einer Tochter des Choſchotiſchen Beherrſchers Aerränpäll, Nahmens
Mandere war vermählt worden, übernahm die Regierung, und hielt,
durch Geſandte, um ſeine Beſtätigung an. — Der älteſte ſeiner
Vettern Zebek Dordſhi, ein Enkel Donduk Ombos, entflohe gleich
nach dem Tode des Chans, mit ſeinen Brüdern Kireep und Akſa=
kall, und 65 Kalmücken, den Don hinunter nach Tſcherkaſk. Von
dortaus ließ er ſeine Klagen an den Hof gelangen, gab vor: Die
Chaniſchen Saiſſanen hätten ihn, um ſeine Anſprüche aufzuheben,
aus dem Wege räumen wollen; und verlangte, nebſt ſeinen Brüdern,
nicht nur in den Beſiz der ganzen Baga=Zoochorſchen Uluß geſezt zu
werden, ſondern wollte ſogar noch auf die Hälfte des von Tſcheren-
donduk hinterlaſſenen Erbtheils ſein Recht behaupten. Man vernahm
aber

aber über Kißlar, von den Kabardinischen Fürsten, daß Zebek 5. Torgotische Fürsten. Ubuschi Vice-Chan. Dordſhi Vorhabens ſey, mit ſo vielem Volk als er würde zuſammen raffen können nach Kuban zu entfliehen, um nicht unter einem Chan, der viel jünger als er war, zu ſtehen, und in Hofnung daß man ihn, wie vormahls ſeinen Großvater, von dort mit anſehnlichen Vortheilen zurück berufen würde. — Dieſer Zebek war nachmahls einer der Haupträdelsführer bey der Entweichung der Torgotiſchen Horde und ſoll ſich würklich, während des Marſches dieſer Horde nach der Soongarey, zum Oberhaupt derſelben aufgeworfen und in den Beſitz ſeiner Rechte geſezt haben.

Rußiſcher Seits ſuchte man izt die Minderjährigkeit des jungen Chans zu nutzen, um, ohne Zertheilung der Horde, die Chaniſche Gewalt zu mäßigen und aufs künftige die Chane in mehrere Abhänglichkeit zu ſetzen. Deßwegen wurde für gut befunden dem bisherigen Chaniſchen-Rath oder Sarga eine andre Form zu geben, und anſtatt der vorhin gewöhnlichen acht Beyſitzer die lauter chaniſche Saiſſanen waren, eine gröſſere Zahl einzuſetzen, unter welchen auch die dem Chan untergeordnete Stamfürſten jeder einen Saiſſan aus ſeiner Ulus halten könnten. Dieſe von den Fürſten einmal gewählte Beyſitzer der Sarga ſollten alsdenn von ihren Fürſten nicht mehr eigenmächtig abgelöſet und von ihnen nicht anders, als beym Reichs-Collegio der auswärtigen Affairen belanget werden können; ſie ſollten jeder ein Gehalt von 100 Rubeln genieſſen, und ſich in Sachen, worüber ſie nicht einig werden könnten, aus der Sarga, welche nun ein von der rußiſchen Regierung beſtätigter und beſoldeter Rath wurde, gerade an eben dieſes Collegium wenden. Der neue Chan verlor bey dieſer neuen Einrichtung ſeine vorhin unumſchränkte Gewalt und ſtellte nicht vielmehr, als den Präſidenten dieſes Raths vor.

Dieſe Einrichtung nun hat bey den wolgiſchen Kalmücken bis auf das Jahr 1770. gedauert. Die Kalmücken haben, während des lezten türkiſchen Krieges, noch verſchiedentlich Dienſte gethan. Sonderlich war der Vicechan ſelbſt noch im Jahr 1769. gegen die Kubaner zu Felde und ſo glücklich ein mächtiges feindliches Heer am Fluß Kalaus, mit einer groſſen Niederlage über den Haufen zu werfen. Jedoch dieſes war der lezte Dienſt, den er Rußland leiſtete. Denn zu Ausgang des folgenden 1770ſten Jahres erfolgte die meineydige Flucht der wolgiſchen Kalmücken, welche ſchon durch anderweitige Nachrichten,

5. Torgott-
sche Fürsten.
Ubuschi Vi-
ce=Chan.

Flucht der
wolgischen
Kalmücken.
ten, sonderlich aus dem lezten Theil der Reise des Kapitains (nunmehr
Assessors) Rytschkof bekannt genug ist (*).

Die Unruhen, welche das arme Kalmückische Volk zerrüttet
haben, sind von jeher denen Fürsten und Saissanen, die in steter
Ueppigkeit und Völlerey, zu Unruhen und Veränderungen immer geneigt, einer über den andern zu herrschen suchen, und von ihren armen schwachmüthigen Untersaassen willigen Gehorsam erwarten können,
zuzuschreiben gewesen. Die Pfaffen, welche, durch den Aberglauben,
bey diesem Volk unumschränkt herrschen, haben sich die Einfalt und
unruhige Gemüthsart der Grossen von jeher zu ihren Absichten
bedient. Bey solcher Verfassung hatte sich schon so manche Meuterey
und Empörung unter den Kalmücken angesponnen und so wurde auch
die Entweichung der Torgoten, durch ein Verständniß der thätigsten
Fürsten, welche den jungen, unerfahrnen Chan verleiteten, bewürkt
und viele, sonderlich der grosse Haufe, zum Theil wieder Willen,
mitzugehn gezwungen, theils auch willig entführt, sonderlich da die
Geistlichkeit dem Pöbel nie weiß zu machen aufgehöret, als wenn
man sie rußischer Seits alle zum Christenthum, Ackerbau und Rekru-
tenlieferung, drey für Nomaden höchst wiederwärtige Bedingungen,
zu zwingen trachtete.

Die Haupträdelsführer der ganzen Unternehmung waren unstreitig der damalige oberste Lama in der Wolgischen Horde Loosang-
Dschalzan Arantschimba, ein Sohn des Fürsten Bambar, ferner der aus
der Soongarey übergetretne Choitsche Fürst Scheereng, und die Torgotischen Zebekdordschi und Bambar. Der erste war ein abgefeimter
Betrüger, der sich für einen Chubylgan oder Wiedergebohrnen ausgab
und schon seit mehr als funfzehn Jahren, als das Oberhaupt der
Clerisey bey der Wolgischen Horde, diese Rolle vorzüglich gespielt
hatte. Als im Jahr 1758. die Soongarischen Flüchtlinge zur Wolga
kamen, befand sich unter ihnen ein Lama Nahmens Delek Dschamzo
der von einen würklich frommen, stillen und vernünftigen Wesen war,
und

(*) S. des Herrn Ober=Consistorialraths Büschings wöchentliche Nachrichten 1ster Jahrgang 1773. 18tes Stück. Des Capit. Rytschkof Reise, 3ten Theil und im 7ten Theil des Büschingischen
Magazins.

und von den Kalmücken ebenfalls für einen wahren **Chubylgan** ge=
halten wurde. Als dieser sich ein grösseres Ansehn, als der obgedach=
te Bösewicht, zu erwerben anfieng, so erhob jener mit seinem Anhang
eine Verfolgung wieder ihn, beschuldigte ihn teuflischer Künste und
brachte es durch Hülfe des abergläubischen Chans **Donduk=Daschi** da=
hin, daß dieser arme Lama festgenommen und im August 1761. nebst
seinem Neffen Ischidardschi nach Petersburg abgeführt ward. Der
Sohn des Chans und der Torgotische **Arantschimba=Loosang** be=
schuldigten ihn, daß er ihre Götzenbilder verdürbe, sie nicht für wahre
Götter hielte, und gewisse dem Kalmückischen Volk schädliche Heren=
beschwörungen darinn verschlösse; daß er schon beym **Thuntaidschi** in
Soongarien vielerley Zaubereyen und Beschwörungen vorgenommen,
an den damaligen Unruhen Antheil gehabt, und selbst an der Wolga
allerley übernatürliche Wunder gethan hätte; er sollte im Jahr 1760.
die Jahreswitterung ganz umgekehrt, die Erde dürr gemacht, Don=
ner und Regenbogen erweckt, Feuerzeichen am Himmel hervorgebracht
und dergleichen mehr gethan haben. Ja endlich sollte er gar an dem
schleunigen Tode des Chans Donduk=Daschi Schuld seyn. Solcherge=
stalt erhielt sich der Torgot in seiner geistlichen Alleinherrschaft und be=
mühte sich seit der Zeit auf alle Weise das kalmückische Volk durch
die Geistlichkeit unzufrieden und zur Entweichung geneigt zu machen.

Die Fürsten **Schereng** und **Zebek Dordschi** scheinen nichts an=
ders, als gewisse, von den rußischen Befehlshabern vielleicht verdiente
Beleidigungen und das Verlangen ihre Umstände zu verbessern und sich
der ihnen entzognen Ulussen zu bemeistern, zur Hauptabsicht gehabt
zu haben. Der Vicechan **Ubuscha** war durch die Schmälerung sei=
ner Macht, und durch den Verzug seiner völligen Bestätigung in
die Chanische Würde, welche er, mit andern Belohnungen, durch
seinen Feldzug verdient zu haben glaubte, mißvergnügt. **Bambar**
wünschte es mit den Kirgisen einmahl recht aufzunehmen und sich
dann von diesen für ihn gefährlichen Nachbarn auf einmahl zu ent=
fernen. Alle Nebenfürsten sahen ungern den Einfluß, den die ruß=
schen Befehlshaber in die Regierung ihrer Horde zu haben anfingen,
und die häufigen Appellationen ihrer Unterthanen, welche sich ihres
Gehorsams mehr und mehr entschlugen. Der gemeine Haufe endlich
war wegen des schlechten Zustandes der Viehheerden, der durch ihren,
um des türkischen Krieges willen, befohlnen Aufenthalt in der Wol=

Erster Theil. M gischen

gischen Steppe, den daraus entstandnen Mangel genugsamer Weide
und allerley Seuchen, verursacht war, niedergeschlagen. Viele andre
kleine Nebenursachen und unausbleibliche Umstände, wodurch sich die
Kalmücken von den Befehlshabern in den rußischen Städten beleidigt
hielten, trugen zu Beschleunigung ihrer Flucht etwas bey.

Man hatte schon, seit mehr als einem Jahr, von diesem Vorhaben der Kalmückischen Beherrscher einige Kenntniß. Im Herbst
1770. da die Flucht vor sich gehn sollte, war es in den Städten an
der Wolga fast kein Geheimniß mehr, und die Derbetische Saissanen
warnten ihre Bekannte unter den dortigen Einwohnern öffentlich, so
wie auch ihre ganze Ulus, anstatt nach dem Befehl des Chans
über die Wolga zu gehn, sich gegen dem Don zurück zog. Gleichwohl
wollte der zur Aufsicht bey der Horde verordnete Staabsofficier die
eingelaufenen Nachrichten durchaus nicht gelten lassen, machte nicht
nur keine Verfügungen, das etwanige Vorhaben der Kalmücken zu
vereiteln, sondern ließ ihnen auch noch, auf das Vorgeben eines zu-
befürchtenden Kirgisischen Ueberfalls, zwey Kanonen, mit voller Ladung
und den dazu behörigen Artilleristen zukommen.

Die eigentliche Flucht geschahe erst zu Ausgang des Jahres.
Alles war aber vorbereitet und der größte Theil der Horde lag schon
in der Sandwüste Naryn und gegen den Jaik zu. Die Wolga ward
selbiges Jahr, bis in den ersten Tagen des folgenden Januars, nicht
mit Eiß belegt; und dieses verzögerte den Abzug, weil die noch westlich von der Wolga stehende Ulussen mitgenommen werden sollten.
Beym Abzug plünderten die Kalmücken alle jenseit der Wolga und
am Kaspischen Meere gelegne Fischereyen, die in der Horde und auf
den Herbstmärkten an der Wolga sich aufhaltende Kaufleute, und
nahmen alles, was sich ihnen nicht widersetzen konnte, mit sich fort.
Darunter war auch der beym Chan commandirte Kapitain Aler.
Duin mit seinen Dollmetschern und Kasaken. Der Uebergang über
den Jaik geschahe in den lezten Tagen des Decembers bey der kleinen, aus Korbwerk geflochtnen Festung Kulagina, welche die Kalmücken, ohngeachtet sie alle Macht davor gebrauchten und aus den
mitgenommenen Kanonen heftig feuern ließen, nicht einzunehmen ver-
mochten. Die Flucht geschahe im Anfang, weil das Vieh im Herbst
fett und rasch ist, so eylfertig, daß viele, um leichter zu seyn und
nachzukommen, allerley altes Hausgeräth, Kessel und dergleichen ja

ganze

ganze Haufen rußischer Kupfermünze in die Steppe hingestürzt ver= 5. Torgoti-
liessen, wovon noch Jahre nachher Spuren gefunden worden sind. scheFürsten.
Es war demnach nicht möglich geschwind genug Truppen zum Nach= Flucht der
setzen der Flüchtlinge zu versamlen, und auch die Jaikischen Kasaken wolgischen
konnten ihre Linie nicht zeitig genug verstärken. Indessen waren diese Kalmücken.
doch die ersten, welche mit einem Corps von tausend Pferden, unter dem Starschinen Miträssof den fliehenden Kalmücken nachsezten.
Auf den Inderskischen Bergen wurde von diesem Corps ein kleiner
Ottok oder Haufe der Chanischen Horde, Mongolmut genannt
eingehohlt, und weil er sich nicht zum Rückzug bequemen wollte, sondern zur Wehr setzte, fast gänzlich niedergemacht. Andre Haufen von
mehreren Tausenden, die schon bis an und über den Jaik gekommen
waren, unter andern die dem Chan gehörige Ulus Erketenn, und die
Ulus Zoochor, welche mit ihrem Fürsten Assarachu erst spät über
die Wolga gekommen war, wurden zum Rückzug genöthigt.
Die entflohene Horde richtete ihren Zug, unter Bedeckung gewafneter Haufen, gegen den Jemba und von da weiter, durch die
Kirgisische Steppe, gegen den Balchaschnor, wo sie nach vielfältig
erlitnem Verlust an Vieh und Volk, wovon die Kirgisen eine Menge zu erbeuten Gelegenheit gehabt haben, im Sommer 1771. würklich
angekommen und von einem daselbst postirt gewesenen Chinesisch=Mon-
golischen Heer in Pflicht genommen worden sind. Der Vicechan
Ubuschi und Schereng haben sich, wie man über Peking und Kiachta
erfahren hat, zuerst unter Chinesischen Schuz ergeben, und sind noch
im selbigen Jahr nach Peking zur Huldigung gebracht worden. Bambar und Zebekdordschi, welcher sich einen Theil der Chanischen Ulus
zugeeignet, haben sich erst im folgenden Jahr unter China bequemt
und sind nicht in Peking, sondern auf dem Lustschlosse Dschacha vorgestellt und begnadiget worden. Man sagt, daß die Ulussen dieser Fürsten,
auf den Fuß der Mongolen vertheilt, die Armen zum Ackerbau angewiesen,
und den Fürsten, welche gewisse Besoldungen geniessen, eben so die Gelegenheit künftig zu Schaden möglichst benommen ist. Ein Theil soll Wohnplätze in der Gegend des Altaischen Gebürges, andre Ulussen aber in dem
westlichen Theil der Steppe Gobi, erhalten haben. Der Choschotische Fürst
Aerränpäl hat sich in den geistlichen Stand begeben und hält sich in
Pekin auf. Schereng soll von den Burutten erschlagen worden seyn.
Die Chineser haben die Zahl der zu ihnen übergelaufnen
Kalmücken auf 130,000 Zelte oder Familien angegeben, welches gar
sehr

5. Torgoti- sehr übertrieben ist. Nach einer im Jahr 1767. von Vicechan
sche Fürsten Ubuschi übergebnen Specification bestand damals seine ganze Hor-
Flucht der de aus 41,843 Gezelten, nämlich:
wolgischen
Kalmücken.   1) Die eigenthümliche chanische Ulus enthielt sogenannter
Schäbinäre oder dem Dalai-Lama und andern Götzen ge-
weyhter Familien, welche dem obersten Lama bey der Horde
zinnsbar waren   7672

Die Abtheilung Kerät bestand aus	3861
Die Abtheilung Zaatun	3570
Die Abtheilung Baaron	3645
Die Abtheilung Sapsor	3990
Sogenannte Kotetschinär waren	727
Von Abgaben befreyter	250
Tataren vom Stamme Chundurau	753
Truchmener, so in der Horde wohnten	331
Baschkiren und Tochmuten	45

2) Die Ulus des Fürsten Bambar und seiner Linie war
angegeben   2642

3) Die Ulus des Fürsten Dondukof   2187

4) Die Ulus des Fürsten Zebekdordshi und seiner Brüder Kirep und Aksakal   2089

5) Des Fürsten Assarachu Ulus   597

6) Des Fürsten Maschi Ulus   714

7) Des Fürsten Jandyk Ulus   409

8) Die Derbetische Ulus   3968

9) Des Choschotischen Fürsten Tuktschi Ulus   921

10) Des Choschotischen Fürsten Menghön Ulus   100

11) Des Choschotischen Fürsten Aerränpäl Ulus   220

12) Des Choschotischen Fürsten Gungi Baldshur Ulus 182

13) Des Choschoten Samjang Ulus   279

14) Von kleinern torgotischen, choschotischen und soongarischen Fürsten hatten:

Emegen Ubaschi	182	Oshanschiri	60
Bajadshich	165	Garaschiri	25
Börö Chaschcha	159	Dipsan	59
Bossurman Taidshi	205	Bajarlachö	34
Moomut Ubaschi	311	Bökkö Ulan	11

                                                    Achoin

Achoin Ubaſchi	- - 105	Tugul - - - -	39
Uſenga	- - - 41	Bailoſhur - - -	16
Arabbſhur	- - 51		

Und endlich ſind noch auf die Nahmen der kleinen Fürſten Scheereng, Sharaköfön, Urunchai, Looſangdſhap, Dſhanama, Deldeſch, Ereng und Norbudſhan zuſammen angeſezt - 982.

Nun iſt zwar wahr, daß die Kalmückiſchen Fürſten, wegen
des zu ſtellenden Kriegsvolks, die Zahl ihrer Unterthanen ſtets geringer angeben als ſie in der That iſt; und die zahlreiche Cleriſey iſt
auch nicht in der Zählung begriffen, ſo daß man nach einem gemäſ-
ſigten Ueberſchlag etwas über ein Drittheil mehr annehmen kann, als
nach obiger Liſte angegeben worden. Man ſchätzte auch die ganze
wolgiſche Horde gemeiniglich auf 70,000 Zelte oder Familien, und
alſo wenigſtens eben ſo viel erwachſne und ſtreitbare Mannsperſonen.
Nun aber ſind noch izt von der Horde nach Angabe 12342 Familien
nachgeblieben, die man aus obangeführten Gründen auch um einige
Tauſend höher anſetzen mag. Folglich kann die entwichene Horde
höchſtens 55 bis 60,000 Feuer ausgemacht haben, wovon aber ein
groſſer Theil, noch auf dem Marſch, in die kirgiſiſche Sklaverey
gerathen iſt.

Die an der Wolga nachgebliebnen kalmückiſchen Beherrſcher
ſind, auſſer denen zur Chriſtlichen Religion ſich bekennenden Fürſten
Alexei und Jonas Dondukof, geweſen; der derbetiſche Beherrſcher
Zebek Ubuſchi mit ſeinen Verwandten; die torgotiſchen Jandyk,
Aſſarachu und Maſchi, nebſt des aus einer Nebenlinie herſtammen-
den Arabſhurs zwey Brüdern Sandſhili und Balnigai, ingleichen
deſſen Sohn Nochoin Röbön (*); die choſchotiſchen Samjang
und Töttä und zwey Soongariſche Tümmen und Dſhirgal.
Davon wurden Zebek-Ubuſchi, Aſſarachu und Maſchi der Sicherheit halber nach S. Petersburg berufen; Jandyk ſtarb unterwegs,
die andern in Petersburg. Das von der Wolgiſchen Horde nachgebliebne Volk, wurde gleich anfangs alſo vertheilt:

Die Fürſten Dondukof erhielten auf ihr Theil - -	2592
Jandyk, - - - - - -	1216
Aſſarachu, - - - -	789
Deſſen Neffe Maſchi, - - -	821

Arabb-

(*) Nach der Wortbedeutung: Hunds-Sohn.

Arabſhurs Sohn und Brüder			,	,	47
Samjang	,	,	,	,	817
Tädä und ſein Neffe			,	,	210
Samjangs Stiefſohn, Tümmen		,	,	,	294
Dſchirgal	,	,	,	,	50
Zebek=Ubuſchi mit ſeinen Verwandten		,	,		4422

Die Saiſſanen des Stammes Erketen, welche, wie oben
geſagt worden, aus fürſtlichem Geblüt ſind, wurden, weil man ſie
mit ihren Uluſſen von der Flucht zurück gebracht, da ſie ſchon über
den Jaik waren, und weil man ſie vieler beym Abzuge begangnen
Plünderungen überführte, ihres Rangs entſezt, am Leibe und mit
Gefängniß geſtraft, ihr Volk aber, nebſt allen übrigen Chaniſchen
Torgoten, die nicht entkommen waren, unter obige Fürſten, zur
Schadloshaltung für die ihnen entführten Unterthanen, vertheilt.

Die nachgebliebne Chundurowſkiſche Tataren, welche ſich
bey Abzug der Horde auf die Inſuln der Wolga, unter die Feſtung
Kraſnojarſk, in Sicherheit begeben hatten, und die Truchmener,
welche ſich am Jaik mit gewafneter Hand von den Kalmücken ge=
trennet und zurück gekommen ſind, wurden keinem Fürſten zu Theil,
ſondern ziehen, als freye Unterthanen Rußlands, erſtere in ihrer
vorigen Gegend an der Achtuba, leztere aber um den Ausfluß der
Kuma, in der Steppe herum.

Es befinden ſich aber auch, als Ueberreſte der Kalmücken,
auſſer den getauften, im Stawropolſchen Gebiet wohnhaften, deren
Entſtehung und Einrichtung ſchon genugſam bekannt iſt (*), und
welche auf 12,000 Männer geſchäzt wurden, noch bey 2,000 ſtreit=
bare Männer dieſer Nation unter den Doniſchen irregulären Völkern.
Dieſe ſogenannte Tſcherkaßiſche Kalmücken, welche ſich unten am Don
aufhalten, und ihre eigne Starſchinen nach Kaſakiſcher Einrichtung
haben, nahmen ſchon zu des Ajuka Zeiten ihren Anfang, und ver=
mehrten

(*) S. Rytſchkofs orenburgiſche Topographie S. 85. u. folg. inglei=
chen Hrn. Prof. Lepechins Reiſe, 1ſter Theil S. 217. und die
meinige 1ſten Theil S. 113.

mehrten sich nachmals durch Freywillige, welche sich von ihren Beherrschern absonderten oder durch Viehsterben und andre Noth gezwun=
gen wurden, sich zu Kasakendiensten anzugeben. Bey den Jaikischen
Kasaken sind dergleichen Reste auch noch vorhanden (*), doch hat
die flüchtige Horde einen guten Theil davon, so viel sie nämlich auf
ihrem Zuge antraf, mit fort genommen.

5. Torgoti=
sche Fürsten.
Flucht der
wolgischen
Kalmücken.

Der Abzug unsrer wolgischen Horde giebt ein Bild der vormaligen Völkerwanderungen; wozu wohl ohnstreitig die nomadischen
Nationen Asiens, Mongolen, Tataren und Tschuden, von jeher die ge-
schicktesten gewesen sind und vermuthlich auch den meisten Antheil daran gehabt haben. Bey ihrer unstäten, wandernden Verfassung hat man
nicht nöthig, wie so viele Geschichtschreiber thun, die barbarischen
Völker, welche das orientalische Kayserthum und Europa nach und
nach überschwemten, alle in einen Winkel zwischen die Wolga, den
Kaukasus, das schwarze Meer und die Donau zusammen zu drängen;
Als wenn diese Nomaden die schönen Steppen des mittlern Asiens, die
sich durch die berühmten Wanderungen würklich entvölkert zu haben
scheinen, vorhin hätten leer stehen lassen. Nichts war diesen Völkern
leichter, als mit ganzen Horden, selbst mit Weib, Kind, Haus und
Heerde aus den östlichsten Steppen bis nach Europa zu kommen und
mitten durch die Weideplätze andrer, auch sogar feindseeliger Völker
einherzuziehn. So sind die Kalmücken, aller Feindseeligkeit der kleinen und mittlern Kirgisenhorde ungeachtet, durch deren ganzes Ge-
Biet mit allem Troß nach Osten gewandert. Sie zogen aber, so viel
man hat vernehmen können, in drey Heeren, die einander im Gesicht
blieben, und deren jedes an den Seiten von abgesonderten Haufen
bewafneten Kriegsvolks, welches aus der ganzen Horde gezogen war
und Nachtwachen hielt, bedeckt wurden. Solche Haufen machten
auch als Vortruppen den Weg voraus rein, und andre beschlossen
den Zug, theils zur Bedeckung, theils um die Zögernden und
Ermüdeten fort zu treiben. Und diese Anordnung, so wie sie die
natürlichste ist, also ist sie vermuthlich auch nur Copie der uralten
Weise solche Völkerzüge anzustellen.

Jedoch

(*) S. meiner Reise isten Theil, S. 276. 307.

§. Torgoti-
sche Fürsten.
Flucht der
wolgischen
Kalmücken.

Jedoch ich will mich zur physikalisch-moralischen Beschreibung der Kalmücken und übrigen mongolischen Völkerschaften wenden, und dabey dasjenige, was hierüber schon im Ersten
Theil meiner Reisenachrichten gesagt worden ist, in so fern es keiner Verbesserung bedarf, mit einflechten.

Zweyter

Zweyter Abschnitt.

Von der Leibesbeschaffenheit, Kleidung, Sitten, Lebensart, Haushaltung und Krankheiten der Kalmücken und mongolischen Völkerschaften.

I.

Von den Kalmücken insbesondre.

So schwer es ist, unter den so vielfältig vermischten und verbasterten Europäischen Nationen einigermaffen gültige Unterscheidungskennzeichen nach den Gesichtszügen festzusetzen, so leicht lassen sich hingegen die asiatischen Hauptnationen, welche sich durch Ehen selten vermischen, dem ersten Ansehn nach unterscheiden. Aber keines unter allen Völkern Asiens zeichnet sich so sehr aus, als das mongolische, ja es macht (die Farbe bey Seite gesezt) von der gewöhnlichern, menschlichen Gesichtsbildung fast eine eben so starke Ausnahme, als die Negers in Afrika. Bekanntermaffen ist diese sonderbare Bildung selbst an den Hirnschädeln der Kalmücken gar sehr merklich. Es haben aber die eigentlichen Mongolen und die Buråten sowohl in diesen Merkmalen und der ganzen Leibesbeschaffenheit, als in Sitten und Oekonomie, mit jenen so-

Erster Theil.   N   viel

Beſchrei-
bung der
Kalmücken.
viel gleichförmiges, daß wenig von der einen Nation zu ſagen iſt,
was man nicht auch auf die andre anwenden könnte. Ich will alſo,
um alle unnöthige Wiederholungen zu vermeiden, eine genaue Beſchreibung der Kalmücken zum Grunde legen und mit demjenigen,
was die Mongolen und Buräten unterſcheidendes haben, beſchlieſſen.

Die Kalmücken ſind, überhaupt genommen, von mittelmäßiger
Gröſſe und es giebt wenig anſehnlich hohe Leute unter ihnen. Be-
ſonders iſt das Weibsvolk faſt durchgängig klein und ziemlich zart
von Bildung. Alle ſind wohlgeſtalt und ich erinnere mich nicht einen einigen von Kindheit auf gebrechlichen unter ihnen geſehn zu haben. Die Erziehung ihrer Kinder, welche ganz allein der Natur
überlaſſen iſt, kann auch keine andre, als geſunde und vollkomne Körper bilden. Der einige, ziemlich gemeine Fehler der Geſtalt unter
ihnen iſt, daß ſie gekrümte Schenkel und Beine haben, weil die Kinder ſchon in der Wiege auf einer Art von Löffel ſtets wie reitend ſi-
ßen, auch, ſobald ſie nur gehn gelernt haben, beym verhauſen ſchon
zu Pferde zu reiſen ſich gewöhnen müſſen. — Oft ſind die Kalmücken ziemlich ſtark von Hals, aber durchgängig ſchlank und hager von
Gliedern. Unter dem gemeinen Volk findet man faſt keine fette Leute, und auch vornehme und reiche, die doch ein träges Leben in allem
Ueberfluß führen, ſind nie über die Maſſen corpulent; da es hingegen unter den Kirgiſen und andern tatariſchen Nomaden, die ſich
doch in der Lebensart gar nicht unterſcheiden, viele recht unbehülflich
dicke Cörper giebt. — Die Leibes- und Geſichtsfarbe der Kalmücken
iſt von Natur noch ziemlich weiß; wenigſtens ſind alle junge Kinder
von dieſer Farbe. Allein der Gebrauch des gemeinen Volks die Kinder männlichen Geſchlechts ganz nackend, ſowohl in der heiſſen Sonne, als im Rauch ihrer Filzhütten herum laufen zu laſſen, und daß
auch erwachſnes Mannsvolk im Sommer, die Unterkleider ausgenommen, ganz bloß zu ſchlafen pflegt, verurſacht, daß ihre gewöhnliche
Leibesfarbe gelbbraun iſt. Das Weibsvolk hingegen iſt am Leibe oft
ſehr weiß, ja unter den Vornehmen giebt es auch zarte, weiſſe Geſichter, welche von der Schwärze des Haars noch mehr erhöht werden, und ſowohl hierinn, als in den Zügen, chineſiſchen Gemählden
ganz ähnlich ſind.

Die allgemeine Geſichtsbildung der Kalmücken iſt, auch
bey Auswärtigen, ziemlich bekannt. Aus den Beſchreibungen,

welche

welche einige Reiſende davon gegeben haben, ſollte man glauben, Beſchrei-
daß alle Kalmückiſche Geſichter höchſt ungeſtalt und fürchterlich wä-bung der
ren. Einige wenige ſind es auch in der That. Allein überhaupt ge-Kalmücken:
nommen hat die Geſichtsbildung aller mongoliſchen Völker etwas ofnes, ſorgloſes, freymüthiges und geſelliges; ja es giebt ſowohl unter
dem Manns- als Weibsvolk viele runde, angenehme Phyſionomien und
unter leztern Schönheiten, von ſo reizenden Zügen, daß ſie ſelbſt in
einer Europäiſchen Stadt Anbeter finden würden. Das Characteriſtiſche
der Kalmückiſchen und aller mongoliſchen Geſichter ſind die gegen
die Naſe zu etwas ſchief abwärs laufende und flach ausgefüllte Au-
genwinkel, ſchmale, ſchwarze, wenig gebogne Augenbraunen, eine
beſondre Bildung und Breite der (überhaupt kleinen und platten)
Naſe (*) gegen die Stirn zu, nebſt den erhaben ſtehenden Baken-
knochen, bey einem runden Geſicht und Kopf. Allgemein ſind ferner
ſchwarzbraune Augenſterne, breite und fleiſchigte Lippen, ein kurzes
Kinn und ſehr weiſſe, biß ins Alter feſte und geſunde Zähne;
auch überhaupt die groſſen, weit vom Kopf abſtehenden Ohren.
Dieſe Kennzeichen ſind bey allen mehr oder weniger merklich und oft
in einer vollkomnen Harmonie. Es iſt aber merkwürdig, daß durch
die Vermiſchung der Ruſſen oder Tataren mit kalmückiſchem und
mongoliſchem Geblüt, welche, hauptſächlich in denen ſüdlich vom
Baikal gelegnen Gegenden von Sibirien, ſelbſt durch die Ehe geſchieht, gemeiniglich Kinder mit angenehmen und oft ſehr ſchönen
Geſichtern gebohren werden, dieſe Vermiſchung mag von väterlicher
oder mütterlicher Seite geſchehen ſeyn. Dahingegen ſind Kinder von
urſprünglich Kalmückiſcher oder mongoliſcher Geburt im zarten Alter,
und oft bis ins zehnte Jahr von Geſicht höchſt unförmlich und
aufgedunſen, von einem gleichſam cacochymiſchen Anſehn, bis ſie
durch das Auswachſen wohlgebildeter werden. Ich rede hier nach
europäiſchen Begriffen von der Schönheit; denn es iſt merkwürdig,
daß die Kalmücken faſt durchgängig dasjenige Geſicht für das ſchönſte
halten, welches die ihrer Nation eigne Ausbildung, die wir Unge-
ſtaltheit zu nennen geneigt ſind, im höchſten Grade beſitzt.

In

(*) Chammur heiſt bey den Kalmücken Naſe, Chamartai eine kleine,
niedergequetſchte Naſe, welches dem franzöſiſchen gleichgültigen Ausdruck: Camarde ſehr ähnlich lautet.

In Absicht der Schwärze des Haars, welche die Kinder sogar schon an das Licht bringen, habe ich selbst unter den Mongolen
und Kalmücken nie eine Ausnahme, ja auch nicht die geringste Ab-
änderung zur braunen Farbe bemerkt. Doch ist mir ein zuverläßiges
Beyspiel eines fünfjährigen kalmückischen Mädgens mit recht blonden
Haaren, bey einer völlig mongolischen Gesichtsbildung bekannt, und
daß es einige braunhaarige geben solle, ist mir gleichfalls versichert worden. Ein einiger Burät mit braunen Haaren ist mir auch
selbst zu Gesicht gekommen. Dergleichen Beyspiele aber sind eine
solche Seltenheit, daß sie kaum in Betrachtung kommen können; und
selbst die meisten, aus der Ehe burätischer Weiber mit Russen er-
zeugte Kinder, die man im Selenginskischen und in Daurien Kary-
mi zu nennen pflegt, haben pechschwarze Haar und arten hierinn, so
wie in den Gesichtszügen, am meisten nach der Mutter.

Bey allen mongolischen Völkern ist das erwachsne Mannsvolk
weit weniger mit dem Bart versehn, als die tatarische und europäi-
sche Nationen; auch pflegt er ihnen viel später zu wachsen. Die Kalmücken sind unter allen noch die bärtigsten und gemeiniglich doch sehr
schlecht und dünn damit versehn. Sie lassen gemeiniglich nur einen
kleinen Stutzbart, einige auch noch ein Zöpfchen auf der Unterlippe
stehn. Nur alte Leute, sonderlich unter den Mönchen und Geistlichen,
haben ausser dem Zwickbart über den Mundwinkeln und an der Unterlippe auch das dünngesäte Haar unterm Kinn am Halse herum wachsend;
das übrige wird theils durch raufen theils durch scheeren glatt gehalten. Am
Leibe sind sie selten haarreich und die Mütter suchen auch ihren Kindern
das Haar in der Jugend auszutilgen. Nur an gewissen Stellen,
welche die Tatarinnen sehr glatt zu halten suchen, lassen die kalmü-
schen Weiber das Haar unberührt.

In Cultur einiger körperlichen Sinnen geben alle Hirtenvölker, denen vollkommen wild oder von Jagd allein lebenden Nationen wenig nach. Die Kalmücken haben sonderlich einen feinen Geruch, gutes Gehör und eine ausserordentliche Schärfe des Gesichts.
Der Geruch thut ihnen auf Reisen und bey Kriegszügen oft gute
Dienste, um von sehr fern ein angezündetes Feuer, oder den Geruch
von einem Lager auszuspähen, und sich also Nachtquartier oder
Beute zu verschaffen. Viele Kalmücken wissen, wenn sie in einen Fuchs-
bau oder andre Thierhöle riechen, zu sagen ob das Thier gegenwär-

tig

rig ſey oder nicht. — Das Gehör entdeckt ihnen in noch viel größe- Beſchrei-
rer Entfernung das Getöſe von trabenden Pferden und die Gegend bung der
wo ein Feind zu vermuthen, oder eine Heerde, und einzeln verirrtes Kalmücken.
Vieh anzutreffen iſt, wenn ſie ſich platt auf die Erde nieder legen
und ein Ohr dicht auf den Boden halten. — Aber nichts iſt mehr
zu bewundern, als die geübten Augen der meiſten Kalmücken, und
die auſſerordentliche Entfernung in der ſie oft einen geringen Gegen-
ſtand, den aufſteigenden Staub von Vieh oder Reutern und bergl.
von geringen Anhöhen, auf der überall ebnen Steppe erblicken können, ſo
ſchwer auch die ſonderbare Wallung der Oberfläche und der darüber ſchwe-
benden Dünſte, welche in dieſen Gegenden bey heitrer Luft und groſſer Hi-
ße bemerklich iſt, ſolches oft im Sommer macht. Bey derjenigen Expedition, welche der Torgotiſche Vicechan Ubaſchi gegen die Kubaner that,
würde das Kalmückiſche Heer gewiß den Feind verfehlt haben, wenn nicht
ein gemeiner Kalmück, der eine Parthey Pferde weidete, von einer kleinen
Höhe, in einer nachmals auf 30 Werſte geſchätzten Entfernung, den Rauch
und Staub des Kubaniſchen Heers erblickt und andern eben ſo geübten Augen gezeigt hätte, wo der beym Heer befindliche Oberſte Kiſchinſkoi mit
einem guten Fernglaſe nichts ſehen konnte. Geübten Augen allein iſt
es auch zuzuſchreiben, wenn die Kalmücken verlornes oder geraubtes
Vieh, oder auch Wild, nach der Spur, viele Meilen weit durch
freye Wüſteneyen aufſuchen und wiederfinden; denn dieſe Kunſt, welche
alle Nomaden beſitzen, iſt wohl nicht, wie der Herr Capit. Niebuhr
bey den Arabern vermeynt (*), dem Geruch beyzumeſſen. Kalmükken und Kirgiſen, ja auch Ruſſen in den wüſtern Gegenden des Reichs,
ſind gleich geübt eine Spur mit den Augen zu verfolgen und zu
beurtheilen. Auf weichem Boden, oder auf feſtem Schnee iſt freylich nichts leichter. Aber unter ungewiſſen kreuzenden Spuren die
rechte wählen, auf verwehendem Sande oder Schnee, durch Sümpfe
oder im tiefen Graſe ſelbige nicht zu verlieren, ja vielmehr aus der
Neigung welche das Graß noch behalten hat, oder aus der Schwäche der Spur in Schnee und Sande zu ſchlieſſen, wie alt ſie ſey,
erfordert fertige Sinnen, bey nicht geringer Erfahrung.

Von den körperlichen Eigenſchaften der Kalmücken komme ich
auf ihre Gemüthsbeſchaffenheit, welche mir in vielen Stücken

N 3　　　　　　　　　　vor-

_____

(*) Beſchreibung von Arabien, S. 380.

vortheilhafter vorgekommen ist, als sie von den vorigen Reisebeschrei=
bern geschildert wird; zum wenigsten haben sie, gegen die tatarischen
Nomaden, viel gutes voraus.　Natürliche Fähigkeit, Geselligkeit,
Gastfreyheit, Dienstfertigkeit, Treue gegen ihre Fürsten, viele Neub=
gierde und ein muntres aufgewecktes Wesen, welches auch die ärmsten
fast nie verläst und von den mehr phlegmatischen Kirgisen unterscheidet,
sind ihre vortheilhafteste Seite; ihre Hauptfehler dagegen sind Sorg=
losigkeit, Leichtsinn und Mangel an wahrer Herzhaftigkeit, ferner leicht=
gläubigkeit, Argwohn, der bey ihnen durch Gewohnheit gebilligte Hang
zum Trunk, wie auch zur Liebe und am meisten ihre Verschlagenheit,
die sie nur zu oft mißbrauchen.　Die Neigung zum Müßiggang
ist unter allen asiatischen Nationen, welche eine unumschränkte, sorg=
lose, unthätige Lebensart führen, sonderlich dem Mannsvolk gemein
und natürlich); in der That aber ist selbige bey den Kalmücken, we=
gen ihrer Munterkeit, in geringerem Grade vorhanden und steht ihrer
Dienstfertigkeit nicht im Wege.　Diejenigen unter ihnen, welche klei=
ne Handwerker treiben oder sich aus Armuth bey den Russen zur Ar=
beit oder Fischerey vermiethen, sind sogar fleißig und unermüdet zu
nennen.　Sie sind mäßig im Schlaf, legen sich spät und stehn mit
aufgehender Sonne vom Lager auf.　Bey Tage zu schlafen, halten
sie, ausser im Trunk, für schändlich.　Allein ihre Unsauberkeit kann
weder geläugnet noch entschuldigt werden und ist mehr der Erziehung,
der schmutzigen Hirtenlebensart und dem Leichtsinn, als der Faulheit
zuzuschreiben.　Denn das Kalmückische Weibsvolk ist sonst bey aller
häußlichen Arbeit unermüdet und wird sowohl deßwegen, als auch
zur Wollust, von den Kirgisen begierig weggeschnapt, so oft nur zu
einer solchen Beute Gelegenheit ist.　Man muß auch zu einiger Ent=
schuldigung des gedachten Fehlers gestehn, daß es in den Steppen,
welche die Kalmücken bewohnen, oft an Wasser zum trinken für Men=
schen und Vieh, geschweige denn zur Reinlichkeit fehlt, und daß durch
eine, fast zum Gesez gewordne Gewohnheit, die zu den Zeiten des
grossen Tschingis eingeführt seyn soll, bey ihnen vor unerlaubt gehalten
wird gewisse Hausgeschirre, welche bey allen mongolischen Völkern vor
uralt gelten, z. B. Kessel, Kellen, Teller und Schaalen in einem
fliessenden Strohm zu waschen; dahingegen eine andre, durch die Re=
ligion bestätigte Gewohnheit einem jeden Kalmücken gebietet, sich
wenigstens alle Morgen, beym erwachen, die Hände zu waschen.

Die

Die Seelenkräfte der Kalmücken und ihrer Brüder betreffend, Beschreiso haben diese Völker, bey allem Mangel guter Erziehung und bung der Aufklärung, einen guten natürlichen Verstand, viel Gedächtniß und Kalmücken. eine grosse Fähigkeit alles zu erlernen. Rußisch lernen sie leicht und sprechen es gut aus, worinn sie vor den Chinesern einen grossen Vorzug haben. Sie würden leicht zu civilisiren und zu cultiviren seyn, wenn nicht ihre Lebhaftigkeit, und dann die Lebensart Hindernisse in den Weg legte. Eben diese hat auch damals, als China von den Mongolen beherrscht wurde, den Einfluß der gesitteten, aber sclavischen Chineser und die guten Anstalten, welche die mongolische Beherrscher zur Erleuchtung ihres Stamvolks machten, unter den herumschweifenden, freyen Horden verhindern müssen. Schon der Nahme Kitat, womit die Mongolen den Chineser belegen und der soviel als Knecht bedeutet, scheint zu zeigen, wie dieses Volk von einer gebundnen Civileinrichtung zu denken gewohnt sey. — Gleichwohl merkt man bey den Kalmücken und noch mehr bey den Mongolen, welche die lamaische Religion bekennen, daß ihre Sitten theils durch die Gemeinschaft mit den Chinesern, theils durch die tangutische Geistlichkeit, unendlich milder geworden sind, als man sie noch izt unter den Buräten, die dem Schamanischen Aberglauben anhängen, und gleichsam das Ebenbild von dem sind, was auch ihre Brüder sonst waren, findet.

Obgleich die Kalmücken insgemein von sanguinisch = choleischem Temperament sind, so leben sie doch unter sich einträchtiger, als man bey ihrer ungebundnen Lebensart vermuthen sollte. Selten komts bey ihnen zu Schlägen, selbst im Trunk, und fast nie zu blutigen Händeln. Von Mordthaten hört man unter ihnen wenig, und doch scheinen sie im Zorn etwas grausam zu seyn. Die Moral ihrer Götzenlehre hat vielleicht auch hierinn ihr Naturell gemäßigt, da, durch die angenommene Seelenwanderung, der Todtschlag an Menschen sowohl, als Thieren, unter ihnen vor eine Hauptsünde gilt.

Die Kalmücken sind gegen jedermann freundlich und so gesellig, daß ein Reisender nicht leicht einen andern, wenn auch viele Werste von sich, erblicken wird, ohne dahin einzulenken, ihn zu begrüßen und sich nach seiner Bestimmung zu erkundigen. Sieht ein Haufe der aus mehrern Kalmücken besteht, einzelne oder wenige in der Entfernung, so pflegt jemand von ihnen auf die nächste Höhe zu reiten und

und mit Schwenkung der Mütze dieſe zu ſich zu winken; komt ein
ſolcher alsdenn nicht zu denen, die ihm winken, ſo wird er vor einen
Feind oder Dieb gehalten und nicht ſelten verfolgt. — Freundſchaft
unterhalten ſie gern, doch nicht ohne Eigennuz, weil bey ihnen Geſchenke geben und nehmen ein Hauptpunkt der Freundſchaft iſt.
Sie ſind aber auch vor eine Kleinigkeit dienſtfertig und nie undankbar,
wenn ſie nur ihren Wohlthätern zu dienen ſich im Stande befinden. —
Bey allen Widerwärtigkeiten ſieht man ſie guten Muths, oft wohl
noch dazu frölich, wenn auch bey hungrigen Magen. Im äuſſerſten Elend
bettelt ein Kalmück nie, ſondern ſucht lieber hie und da bey andern
etwas zum eſſen zu erſchnappen, und wenn endlich keine Ausflucht mehr
iſt, vermiethet er ſich bey ſeinen reichen Nationalen oder bey Ruſſen als
Hirte, auf Fiſchereyen oder zu andrer Arbeit die er leiſten kann. — Stolze
ſieht man auch unter den Vornehmen wenig, und die es ſind, bezeigen
doch gegen die A men ihrer Nation keinen Hochmuth; obwohl geringere
ſich denen Reichen und Vornehmen gern dienſtbar bezeigen, und dieſe
faſt immer von einem Schwarm müßiger Clienten umgeben erſcheinen.

Nichts iſt der Vernunft gemäſſer, als die auch unter andern nomadiſchen Völkern eingeführte Gaſtfreyheit, die ihnen auf ihren Reiſen durch Wüſteneyen treflich zu ſtatten komt, und deren ſich ein jeder, welcher ſie ausübt, auch überall wieder zu erfreuen hat. Ein
Kalmück, der ſein Pferd, Kleider und Gewehr hat, kann Vierteljah-
re lang herumſchwärmen, ohne Vorrath oder Geld mit ſich zu führen. Wo er hinkomt findet er weitläuftige Verwandte oder Gaſt-
freunde, die ihn freudig aufnehmen und mit dem beſten, das ſie haben, bewirthen; oder er kehrt auch in der erſten Hütte eines Unbe-
kannten ein, wo ihm alles willig gereicht wird. Auch Fremde von
andern Nationem nimt ein jeder Kalmück, ſo gut ers nur vermag,
auf und der Fremde kann ſicher ſeyn, von dem ſeinigen nicht das
mindeſte entwendet zu ſehn, wenn er ſich ſeinem Wirth anvertrauet.
Denn einen Gaſt zu berauben, wird unter den Kalmücken vor das
ſchändlichſte Verbrechen gehalten. — Wenn der Wirth in Gegenwart anbrer, die er ſeines Standes zu ſeyn vermeynt, ſpeiſet, ſo ver-
ſieht er ſich mit ſeiner Familie zwar zuerſt, darnach aber wird unter
alle Anweſende ausgetheilt. Wollte er jemand vorbey gehn, ſo würde das als eine groſſe Beſchimpfung angeſehn werden, die Folgen
nach ſich ziehn könnte. Bezahlung für den Genuß wird nie geſtat-
tet

eet nnd höchſt gemißbilligt. Sie theilen auch ſonſt gern alles, was ſich genieſſen läſt und behalten nichts für ſich allein. Wenn Taback geraucht wird, ſo geht die Pfeiffe von dem einen zum andern. Schenkt man dem einen Taback, Früchte oder andre Eßwaaren, ſo theilt er allen, die ihn begleiten, wenn ſie auch viel geringer als er ſind, redlich davon mit, und das geſchieht auch mit den Getränken. Hat eine Familie einen Vorrath Milch geſamlet, um Branntwein daraus machen zu können, ſo werden die Nachbarn dazu gerufen, um den Seegen verzehren zu helfen. Doch erſtreckt ſich dieſe Freygebigkeit hauptſächlich nur auf Dinge, welche genoſſen werden können. Von Gut und Vieh vergeben ſie nicht gern etwas, auſſer in Hofnung eines Gegengeſchenks oder aus Erkenntlichkeit, oder endlich an Anverwandte, welche durch Viehſterben oder feindliche Räubereyen das ihrige verlieren, und in ſolchen Unglücksfällen recht brüderlich aufgeholfen werden. — Es kann vielleicht mit zur Gaſtfreyheit gerechnet werden, daß die Kalmücken gegen Bekannte mit ihren Weibern ſehr freygebig und auch überhaupt ſo wenig eyferſüchtig ſind, daß man nie Beyſpiele von getödteten Ehebrechern unter ihnen höret, welche hingegen bey tatariſchen Völkern gar nicht ſelten ſind.

So diebiſch man auch die Kalmücken (und freylich nicht ohne Grund) beſchrieben hat, ſo vergreifen ſie ſich doch nicht leicht an ihres gleichen; es ſey denn, daß Feindſchaft zwiſchen Uluſſen oder Geſchlechtern obwalte. Ja auch auswärtige Räubereyen, von welchen ſie freylich nicht freyzuſprechen ſind, haben mehrentheils Haß oder Rache zum Grunde. Auch begehen ſie ſolche nicht gern mit öffentlicher Gewalt, ſondern bedienen ſich ihrer Verſchlagenheit aufs beſte. Sie ſuchen in der glücklichen Ausführung ſolcher Unternehmungen ihre Kriegsehre, ſogar daß auch Kriegsliſt und Freybeuterey in ihrer Sprache nur einen Nahmen (Chilluchzitſchi) bekommen haben. Man muß aber auch bey den Kalmücken bekennen, daß diejenigen, welche ſich bey den Fürſten und Hoflägern aufhalten, und dann die Geiſtlichen, Verſchmiztheit und Habſucht am meiſten äuſſern; dahingegen die Gemeinen in einer unſchuldigen Einfalt, mit ihrem Viehſtande zufrieden leben, und nicht anders als aus Noth, oder wenn die Obern ſie dazu anführen und mit Beyſpielen vorgehn, auf das Rauben legen.

Erſter Theil.	P	Zn

Beschrei-
bung der
Kalmücken.

In Treue gegen ihre rechtmäßige Fürsten übertreffen die Kalmücken viele andre Nationen. Von ihnen leiden sie alle Unterdrückungen gedultig, und empören sich nicht leicht, wenn nicht etwan einer der Söhne und rechtmäßigen Nachfolger des ungerechten Beherrschers sich zum Anführer aufwirft. Wann sie aber einem Fürsten nicht durch Erbrecht zugehören, so sind sie leicht aufzubringen. — Sie ehren das Alter, gehorchen und dienen den Greisen gern; wenn junge Leute in Gesellschaft mit Alten reisen, so kochen sie, nehmen die Pferde wahr, u. s. w. gleichwie auch zu Hause die Jünglinge den Vätern die Sorge über die Heerde willig abnehmen.

Noch gehört zu ihren Tugenden, daß sie ungemein verschwiegen sind, sonderlich in Sachen die ihre Fürsten und Volk betrifft oder ihnen von der Geistlichkeit, der sie einen blinden Gehorsam leisten, eingeschärft sind. Man hat davon an der Entweichung der Torgoten, wovon das ganze Volk lange vor dem Ausbruch wuste, ein redendes Beyspiel gehabt.

Kleidung
der Kalmü-
cken.

Die männliche Kleidung der Kalmücken besteht gewöhnlicher Weise aus einem Oberkleid (Labtschik), welches bis auf die Waden reicht, lange, oben sehr weite, nach der Hand zu aber ganz enge Aermel hat und aus Tuch oder Baumwollenzeug (Kitaika) gemacht wird; ferner aus einem oder auch mehrern übereinander angezognen, leichten Unterkleidern (Beschmet) ebenfalls von Kitaika, oder bey reichern Leuten von Damast (Loodung) und andern seidnen Materien, welche nur bis in die Kniekehlen reichen und engere Aermel haben, auf der Brust mit kleinen Knöpfen zugeheftet und vermittelst einer Leibbinde oder Gürtels, nebst oder ohne das Oberkleid, um den Leib befestigt werden. Der Schnitt dieser Kleider ist darinn besonders, daß der um den Hals liegende Rand oder schmale Kragen fast bis an den Nabel gerade herab läuft. Darunter tragen die wohlhabenden ein kurzes vorn ganz ofnes Hemd (Kielek), das kaum bis über die Hüften geht und vorn übereinander schlägt; nebst weiten, aus Leinwand (Käntschir) oder wieder aus Kitaika verfertigten Beinkleidern, welche bis in die Halbstiefeln reichen. Arme behelfen sich mit ledernen Beinkleidern, ohne Hemd, ziehen den Pelz auf die bloße Haut an, und haben Winters und

Sommers

Sommers einerley Anzug, auſſer daß ſie, wenn es ihnen heiß iſt, das rauhe auswendig kehren.

Reiche machen ihre Winterpelze (Dåbel) aus den Fellen der im Winter ſterbenden Lämmer, auch wohl von edlerem Pelzwerk, nach eben dem Schnitt, wie die Oberkleider und mit einem Ueber-zug von ähnlichen Materien. Die Geiſtlichkeit hat Fuchspelze am liebſten, weil der Fuchs und die gelbe Farbe heilig ſind. Gemeine bedienen ſich durchgängig grober, wohlfeiler Schaafspelze. — Es ſind auch Ueberpelze (Dacha) aus Fellen junger Füllen im Gebrauch, welche, wenn ſie von zarten Thieren, ganz ſchwarz, oder von einför-miger, dunkelbrauner Farbe ſind, bis auf funfzig Rubel, auch wohl drüber gelten, und auf den Schulter- und Arm-Näthen mit den Mähnen verziert werden. Dieſe Ueberpelze werden, ſonderlich auf Reiſen, mit dem Haar auswärts getragen und halten den Regen ſehr gut ab. Gemeine Leute machen dergleichen aus den Sommerfellen der Steppenziegen (Saiga). Im Winter und bey regnichter Herbſt-witterung werden auf Reiſen auch noch weite Ueberröcke (Oermögö) von groben, grauen Tuch, und eben dergleichen Schariwari oder groſſe Ueberhoſen (Schalbuur), welche bis auf die Füſſe gehn und ſo weit ſind, das oben der Pelz oder die leichtere Kleidung darein geſteckt werden kann, angethan. In den übrigen männlichen Klei-dern iſt gelblich, röthlich, dunkelblau oder grau die gewöhnlichſte Far-be. Die Geiſtlichkeit liebt vorzüglich gelbbraun, purpurbraun und roth in ihrem Anzug, deſſen beſondre Beſchaffenheit an ſeinem Ort wird beſchrieben werden.

Im Weiberanzug ſind die weiten Beinkleider denen männ-lichen gleich, und das Hemd nur darinn unterſchieden, daß es um den Hals ſchlieſt und feſt geknöpft wird. Das Kleid iſt länger, von leichterm und beſſern Zeuge, zierlicher und in den Aermeln genauer gemacht, und hat dieſen Hauptunterſchied, daß der Kragen nicht über die Bruſt hinunter geht, ſondern nur um den Hals ſchlieſt, die Sei-tentheile auch auf der Bruſt nicht übereinander geſchlagen werden, ſondern nur zuſammen geknöpft ſind, dahingegen vom Nabel an, auf der rechten Seite ein breiter Ueberſchlag angeht, der bis hinunter reicht. Ueber dieſes Kleid ziehn die Weiber, ſonderlich wenn ſie aus-gehn wollen, eine lange Ueberweſte oder Oberkleid ohne Kragen und Aermel (Zegödik-Dåbel) an, welches immer von beſſerm Zeuge,

auf

auf allen Rändern gern bunt eingefaßt und hinten bis ans Gesäß aufgeschlitzt, vorn aber mit den Rändern aneinander geknöpft ist. Es wird nicht mit der Leibbinde befestigt und Vornehme lassen es aus reichen Gold = und Silberstoffen machen, und hängen im Winter zum Staat einen langen, mit Seidenstoff überzognen Pelz von leichtem theuren Rauchwerk über die Schultern, ohne die Aermel desselben anzuziehn. Auf Reisen zieht ein jedes Weib über erst gedachte beyde Kleider einen lakenen Oberrock, wie bey Männern gemacht, oder einen Pelz an und befestigt diesen Ueberzug mit einer Leibbinde.

Mädchen gehn vollkommen, wie das Mannsvolk, doch in leichtere Zeuge und etwas zierlicher gekleidet. Der Haarputz ist das einige, woran man sie von jüngern Knaben und zugleich auch von verheyratheten Weibern unterscheiden kann.

Das Mannsvolk (Kööbér Ulus) trägt durchgängig den Kopf geschoren und läßt nur etwas hinter dem Scheitel, recht in der Mitte des Haarkopfs einen runden Fleck (Tábbák) mit langen Haaren stehn, welcher gemeiniglich in einen, von vornehmern, sonderlich jungen Leuten auch wohl in zwey oder drey Zöpfe geflochten wird. Diese, auch unter den mandshurischen und tungusischen Stämmen gewöhnliche Tracht, haben auch die Chineser, bey ihrer lezten Unterjochung durch die Mandshuren, von diesen ihren Ueberwindern angenommen. Junge Kalmücken lassen gemeiniglich um den Scheitelzopf in die Runde noch spannenlange Haare uneingeflochten stehn, und so bekomt der Haarkreiß den Nahmen Schalba = Tábbák.

Den Knaben wird von Kindheit auf das Haupt abgeschoren, hingegen läßt man die Mädgen, sobald sie etwas heranwachsen, alles Haar sorgfältig hegen, und im zwölften oder vierzehnten Jahr, da ein Kalmückisches Frauenzimmer schon mannbar zu werden anfängt, flicht man den Dirnen das Hinterhaar vom Scheitel an in einen Hauptzopf (Tábi) und das Nebenhaar zu beyden Seiten in so viele kleine Flechten (Röckel) als man will oder kann; und diese hängen gemeiniglich hinten und auf die Schultern herunter, seltner werden sie um den Kopf geschlagen. Bey der Verehelichung eines Mädchens werden diese Flechten aufgelöst und aus allem Haar am Hinterkopf, gleich hinter den Ohren, zwey grosse und wohl noch mit eingemengtem, fremden Haar vermehrte Zöpfe (Babagain Chojor Ueßin) geflochten,

flochten, welche nach vornen über beyde Schultern herabhängen müſ- **Kleidung**
ſen und in einer Scheide von ſchwarzer Kitaika oder Taffent verwahrt **der Kalmü-**
zu werden pflegen. Hiernächſt tragen die Weiber in beyden Ohren **cken.**
Ringe oder Gehänge (Siecke), Mädchen aber dürfen dergleichen
nur in einem Ohr führen; ſo wie auch Knaben und Männer, die
zum geiſtlichen Stande geweyhten ausgenommen, nicht ſelten in einem Ohr kleine ſilberne Ringe (Tſchimkürr) zu haben pflegen. Alles Weibsvolk (Kööket Ulus) und am meiſten Dirnen ſchmincken
ſich auch ſtark mit der von den Kaufleuten zu ihnen gebrachten rothen Schminke (Ulan-Oo) und Bleyweiß (Zagan-Oo).

Die Kinder weiblichen Geſchlechts läſt man, auch in der zarten Jugend nie, wie gemeiniglich die Knaben, nackend herum laufen,
ſondern zieht ihnen wenigſtens ein kleines Untergewand an, die Eltern
mögen auch noch ſo dürftig ſeyn. Dahingegen ſizt auch erwachſnes
junges Mannsvolk in den Hütten, wenn es nur die Kälte erlaubt,
gern, bis auf die Beinkleider, nackend und legt ſich auch alſo ſchlafen.

Mans- und Weibsvolk geht durchgängig in Halbſtiefeln,
welche die Weiber und auch gemeine Kalmücken ſich ſelbſt zu nähen
pflegen. Alles Leder dazu kaufen ſie von den Ruſſen und vornehme
haben rothe Saffiane und Corduane am liebſten, laſſen auch wohl um
den Fuß noch eine Einfaſſung von grüner, ſchagrinirter Pferdehaut
ſetzen. Die Sohlen aber bereiten ſich die Kalmücken ſelbſt mit Räuchern,
auf eben die Art, wie unten von ihren Milchgefäſſen wird erwähnt
werden. Innerhalb den Stiefeln tragen ſie im Sommer einen Um-
ſchlag von Leinwand, im Winter aber noch Söcken oder Strümpfe
von gefilzter Wolle, die ſie ſelbſt verfertigen. Gelbe Stiefeln trägt
kein Kalmück, um dieſe Farbe nicht zu entheiligen. Denn das Fuß-
werk iſt bey ihnen etwas ſo verächtliches, daß ſie es nicht einmahl
gern ſehn, wenn man Stiefeln an das Gatterwerk ihrer Hütten aufhängt, noch viel weniger aber leiden können, daß Stiefel auf ihr Lager, ſonderlich ans Kopfende, gelegt werden.

Mützen giebt es von verſchiedner Art, und werden theils
ohne Unterſcheid von Leuten beyderley Geſchlechts getragen, theils ſind
ſie dem einen oder andern Geſchlecht vorzüglich eigen. Insgemein
wird der Boden der Mützen aus gelben Tuch gemacht, und wer es
nur bezahlen kann trägt auf der Platte einen ausgebreiteten groſſen

O 3   Quaſt

Kleidung der Kalmücken. Quaſt (Salla) von gezwirnter rother Seide, dergleichen die Kalmückiſchen Dirnen ſehr zierlich und ſauber zu verfertigen wiſſen, ſo wie ſie auch gemeiniglich an den Mützen ihr beſtes Nähewerk zu zeigen ſuchen. Wer keinen Quaſt aufbringen kann, der muß wenigſtens mitten auf der Platte der Mütze ein kleines Fezchen rothen Tuchs oder von andern Zeugern dieſer Farbe angenäht tragen. Dieſes rothe Zeichen, oder der Quaſt, nebſt der gelben Farbe der Mützen macht das Zeichen aller Bekenner des Lamaiſchen Aberglaubens im Orient aus, ſogar daß ſich auch die unter China ſtehende Bucharen deſſen bedienen, um unter den Mongolen ſichrer und beſſer fortzukommen.

Die allgemein übliche Mütze, welche, auſſer im Winter, zu allen Jahrszeiten und von beyderley Geſchlecht getragen und vorzüglich mit dem Quaſt geziert zu werden pflegt, heiſt Chatſchilga-malachai und beſteht aus einem ganz runden, mit Wolle, wie ein Wulſt, ausgeſtopften und mit den feinſten, gekräuſten, ſchwarzen Lämmerfellen überzognen Kranz, welcher nur die Platte des Kopfs bedeckt, etwan fünf Finger dick iſt und einen flachen, viereckigt genähten Boden von gelben Tuch hat, worüber der Quaſt ausgebreitet zu liegen kömt. — Die gewöhnliche Wintermütze (Birſchilärſchi) bedeckt den Kopf mehr, und hat auf beyden Seiten zwey Flügel oder Ohren, welche über die Backen ſchlagen, und mit Bändern zurück gebunden werden können. Sie iſt durchaus mit Pelz gefüttert und ebenfalls für beiderley Geſchlecht. — Im Sommer wird, nur allein von vornehmern männlichen Geſchlechts und Geiſtlichen, eine Art runder Sonnenhütte (Sierzik), mit einem ganz flachen Boden getragen, die entweder aus überzognem Filz, oder bloß aus doppeltem Seiden- oder Baumwollenzeug, welches über einen Ring von Eiſendrath ausgeſpannt iſt, beſtehn. Gemeiniglich wird die untere Seite roth und die obere gelb überzogen, und der Hut, welcher, wegen ſeines platten Bodens, nur eben auf der Platte liegt, mit einem Band oder Riemen unterm Kinn befeſtigt. — Noch eine Art iſt Chalbung-Malachai, welche die vornehme Geiſtlichkeit und auch wohl reiche Frauen zu tragen pflegen. Sie wird ſo rund, wie die Chatſchilga Malachai, aber mit ſchönem Fuchs oder Marderfell bebrämt, und bekömt einen aus ſeidnem Stoff fleißig geſtückten Boden. — Endlich iſt noch die Säkälür-Malachai üblich: ein rundes Mützchen, mit einem ungepolſterten, vorn und auch wohl hin-

ten

ten aufgeschlizten oder vorn weit ausgeschnitnen glatten Pelz oder Kleidung Sammetrand zum aufschlagen, aussenher mit gelbem Tuch oder der Kalmü- Baumwollenzeug überzogen. Wenn der flache Rand einer solchen cken. Müße unzerschlizt ist, und sich also nicht niederklappen läßt, so wird selbige **Channaga-Malachai** genannt. Beyde Abänderungen werden am meisten von jungen Dirnen und Burschen getragen. — Man kann sich von ihnen und der **Chatschilga-Malachai** nach denen auf der 2ten Platte vorkommenden Figuren, von dem Sierzik oder Son- Pl. 2. 4. 6. nenhut aber, aus der 4ten und 6ten Platte eine Vorstellung machen. — Wegen der bey allen Müßen gebräuchlichen heiligen Farben legt ein Kalmück selbige niemals auf die Erde nieder, sondern hält sie auf dem Knie, oder wenn er sie aus der Hand thun muß, so legt er we- nigstens sein Gewand oder sonst etwas reines darunter. Weil die gewöhnlichsten Müßen fast eben bis an die Wurzeln der Ohren herun- tergehn und selbige niederdrücken, so stehen allen Kalmücken die Ohren weit vom Kopfe ab, und sind bey ihrer von Natur schon unge- wöhnlichen Grösse, welche die mongolischen Völker den Chinesern ähn- lich macht, desto auffallender.

✿ ✿ ✿

Die beweglichen **Wohnungen** der Kalmücken sind diejenige runde, Filzhütten mit einem trichterförmigen Dach bedeckte Filzhütten, welche bey allen der asiati- asiatischen Nomaden, die caucasische Tataren allein ausgenommen, schen No- von einerley Gestalt und Bauart gebräuchlich sind, und deren würklich maden. sinnreiche Erfindung ganz gewiß, aus dem östlichen Asien und am wahrscheinlichsten von den Mongolischen Völkern herrührt. Da sie ganz auseinander genommen und in einen kleinen Raum gebracht werden können, so sind sie bey der unstäten Lebensart dieses Volks, welches keine Wagen zu halten gewohnt ist, überaus nüzlich und be- quem. Das Gestell und die Filze, womit man sie bedeckt, sind zwar, obgleich man die Filze (theils um die Last zu mindern, theils damit sie auf Näße gefroren nicht brechen mögen) so leicht als mög- lich würkt, von einer so beträchtlichen Schwere, daß an den klein- sten ein Kameel, oder zwey Tragstiere ihre volle Ladung haben; al- lein die Geräumlichkeit, die Wärme dieser Hütten im Winter und ihre Stärke und Stätigkeit allen Stürmen zu widerstehn, wie auch alle Näße abzuhalten, ersezen diese Unbequemlichkeit zum Ueberfluß. Das Holz-

Filzhütten der asiatischen Nomaden.

Holzgerüste derselben dauert auch viele Jahre, und obgleich die Filze, womit das Dach bedeckt wird, schon im zweyten Jahre löcherig zu werden anfangen, so dienen sie doch bey gemeinen Leuten, welche die Löcher zu verlegen oder zu verflicken sich nicht schämen, viel länger. — Aus der Ersten Platte wird man sich von der Zusammensetzung einer kalmückischen Filzhütte, und von der Art sie auf das Lastvieh zu packen, und wieder aufzurichten eine deutliche Vorstellung machen können und die hier folgende Beschreibung derselben deutlicher verstehn.

Platte 1.

Eine Kalmückische Filzhütte (Gärr) oder Kybitka, wie es die Russen nennen (*), besteht zuerst aus einem Hürdenwerk von vier, sechs bis acht Stücken (Teremä), deren jedes aus etwan dreyßig zolldicken Weidenstäben, in Gestalt eines Netzes, beweglich zusammen gefügt ist, so daß diese Stücke, welche auseinander gezogen jedes ein Gatter etwas über einen Faden lang und vier bis fünf Fuß hoch ausmachen, dergestalt zusammen geschoben werden können, daß ein Stock dicht am andern zu liegen komt. Da, wo sich die Stöcke kreuzen, sind sie durchbort und mit einem durchgezognen kurzen Riemen rohbereiteten Leders, der an jedem Ende einen Knoten hat und scharf gespannt ist, dicht aneinander, doch beweglich fest: Eiserne Stifte müsten von der Feuchtigkeit geschwind rosten, und hölzerne würden aufquellen und den Gatterstäben ihre Beweglichkeit benehmen, auch bey weitem nicht so dauerhaft seyn.

Diese Gatter werden, wann die Hütte aufzuschlagen ist, auseinander gezogen, in einen Kreiß gesetzt und da, wo sie einander berühren, mit Haarseilen oder aus Wolle gewürkten Gurten verbunden. Wo der Eingang der Hütte seyn soll (und der wird gemeiniglich gegen Süden angelegt) da wird ein 15 bis 20 Pfund wiegender Rahmen mit zwey beweglichen Thürchen (Erreken) eingesetzt und mit den nächsten Gatterstücken verbunden; auch wird von diesem Rahmen noch

ein

(*) Gärr bedeutet im kalmückischen und mongolischen ein Haus; die Fürstlichen Hütten, oder auch die, worinn die vornehmsten Priester wohnen, werden Vorzugs-weise Vergö (Hof) genannt. Das Rußische Kybitka komt vermuthlich von dem Kalmückischen Kybit, welches eine kleine Krambude bezeichnet.

ein starker breiter Gurt, oder ein häreres Seil um den ganzen Kreiß der Hürde gelegt und scharf angezogen, um dieselbe fester zusammen zu halten und in eine recht runde Form zu bringen. Alsdenn wird ein hölzerner Kranz (Charaltschin) der aus zweyen etwas von einander abstehenden Ringen oder Reifen besteht, zwischen welche die Dachstöcker (Unnin) eingesteckt werden können oder auch dazu paßliche Löcher hat, auf etwan dreyen dieser langen Weidenstäbe über die Hürde empor gehoben und darauf alle übrige Dachstäbe nacheinander zwischen die Reife oder in die Löcher dieses Rauchkranzes eingesteckt und mit dem untern Ende auf die Gabeln der aufgerichteten Hürde gestützt, auch mit kleinen aus Riemen gemachten Schlingen (Guldarga) gleichsam eingehänkt. Die Zahl dieser Dachstäbe pflegt sich nach der Zahl derer Gabeln des Hürdenwerks zu richten, und eine solche Menge ist nöthig, um die Last der Filze zu tragen und das konische Dach dauerhaft zu machen. — Das ganze Gerüste pflegt mit rother Mergelerde oder gebranntem Ocher (Soffin), den man mit Fischbrühe oder Leimwasser zu einer Farbe macht, roth angestrichen zu seyn, und die Kalmücken haben Leute unter sich, welche alle Theile desselben verfertigen; ja die meisten wissen wenigstens daran zu stümpern.

Hierauf wird die Hütte mit ihren Filzen bekleidet. Zuerst werden rund um das Hürdenwerk die Seitenfilze oder Wände (Toorga) angelegt, welche um der Wärme willen so breit gemacht werden, daß eine halbe oder ganze Elle unter die Dachfilze reichet. Wohlhabende legen selbige im Winter, um der Wärme willen, auch wohl doppelt, oder umgeben ihre Hütten mit Strohmatten die sie von den Russen kaufen oder die sich arme Kalmücken selbst aus Binsen und Wasserpumpen machen, und befestigen alles zusammen mit einem herumgezognen Seil, welches an den Thürrahmen fest ist. — Vor die Thür wird auch ein Vorhang (Uden) von Filz gehängt, der aufgeschlagen werden kann, und gemeiniglich zur Zierde und Dauerhaftigkeit durchnäht ist.

Das Dach der Hütte besteht aus zwey großen Hälften oder Mänteln (Düber) welche darnach zugeschnitten und genäht sind. Sie werden mittelst langer Stangen über das Dach in die Höhe geschoben und vermittelst angenähter Schlingen aus häirenen Bändern (Choschlon) in der gehörigen Lage angehänkt. Darüber kömt noch ein kleinerer Mantel (Orökös) welcher mit langen Zipfeln übereinander schließt und die Spitze des Daches um das Rauchloch bedeckt.

Erster Theil.   P   Alle

Alle diese Dachfilze werden mit darüber geschlungnen Haarseilen befestigt, und diese an das Seil, welches die Seitenfilze hält, festgeknüpft.

Die Oefnung des Rauchkranzes bleibt gemeiniglich als ein Schornstein offen. Wegen des Windes und Regens aber sind Kreuzbögen von Weidenzweigen darüber befestigt, auf welchen ein Stück Filz von der Windseite liegt, oder auch zu mehrerer Wärme, ingleichen wider Schnee und Regen, wann das Feuer ausgebrannt ist, über die ganze Oefnung gedeckt wird; welches vermittelst einer Stange von innen geschehen kann. Solchergestalt halten diese Filzgezelte, deren sich alles, vom Fürsten bis zum Geringsten, bloß mit dem Unterscheid der Grösse und innern Verzierung bedient, im Winter ziemlich warm, wenn auch keine andre Feurung, als der gedörrte Mist von Kühen oder Pferden gebraucht wird, dessen sich die Kalmücken an vielen Orten der holzlosen Steppen, welche sie bewohnen, bedienen müssen. Hingegen sind sie im Sommer, wenn die Seitenfilze aufgehoben werden, viel kühler als ein Zelt.

In einer Kalmückischen Hütte pflegt das Lager (Orron) des Wirths (Gerrien Eßän) der Thür gegen über, hinter dem Feuerplaz zu stehn und sie haben gemeiniglich ein niedriges hölzernes Gestell dazu. Die Polster (Däbäßkär) und Pfüle bestehen aus dickem Filz. Bey Reichen findet man die Polster überzogen, und Kopfküssen (Darrä) von Saffian (Sattia), Juften (Bulgari) oder feinem Tuch (Zänginen), mit Wolle oder Federn gefüllt. Vornehme haben auch seidne oder leinwandne Vorhänge über dem Bett und belegen den Boden der Hütte mit Filzteppichen (Törül). An beyden Enden der Lagerstelle werden die Kistchen und platten Juftensäcke (Jömmägi), worinn die Kalmücken ihre Kleidungen und andre Habschaft verwahren, aufgestapelt und bey reichen mit Teppichen oder wenigstens mit bunten Filzen bedeckt. Wer einen Götzen hat (und das sind bey den Kalmücken gemeiniglich nur Reiche und Vornehme) der stellt das Behältniß, worinn er verwahrt wird, dem Eingang zur linken oder an das Kopfende des Lagers, oben auf die übereinander gestapelte Kistchen und Säcke, wo auch einige meßingne Opferschälchen (Zögözä) mit Wasser, Milch oder eßbaren Dingen aufgesezt werden und in die Erde ein Stock, mit einer grössern eisernen Schale darauf, eingesteckt steht, um die Libationen von allem

Getränk

Getränk täglich einmal zu empfangen. An Festtagen wird der Götze Innere Ord-nung der kalmückisch. Hütten. auf eben dieser Stelle aufgeziert und Lampen oder Räucherkerzen vor ihm angezündet.

Näher zum Eingang ist zur linken der Ehrenplatz und die Pl. 2. 3. 4. Lagerstätte für Gäste (Hiertschi) aber auch für die unverheyratheten Söhne und Töchter; wo das Gewehr, Köcher und Bogen auf-gehängt zu werden, und gleich beym Eingang das Sattelzeug zu lie-gen pflegt. Zur rechten hingegen werden die aus Pferdeleder genäh-te, grosse Milchschläuche und andre Hausgeschirre welche zur weibli-chen Wirthschaft gehören, hingestellt.

In der Mitte steht zu allen Zeiten ein grosser eiserner Drey- Kalmücki-sches Haus-geräth. fuß (Tulgan), unter welchem beständig Feuer oder doch glimmende Kohlen vorhanden sind, und worauf man die Speisen in grossen, fla- pl. 2. 3. 4. chen, eisernen Schalen (Chaisun) kochet. Dergleichen Schalen wer-den auf den rußischen und sibirischen Eisenhütten in grosser Menge, von verschiedner Grösse gegossen, und unter den grösten Theil der asi-atischen Hirtenvölker verkauft. Bey sehr Vornehmen wird in der Wohn-hütte nie gekocht, und da nimt gemeiniglich ein Faß mit saurer Milch den mittelsten Platz ein. Ausser einigen solchen grossen und kleinen Schalen oder Kesseln, besteht das gemeine Hausgeräth (Sabba) aus hölzernen Schüsseln (Aga) und Fleischtrögen (Ongozo), höl-zernen Schöpfkellen, Schannaga) und dergleichen Tellern (Labbak), Trinkschalen (Zögözä), Näpfchen mit einem Stiel (Sabull); grossen und kleinen aus rohem Leder (Törö arssan) verfertigten Milch-schläuchen (Archad und Taschur), Melktöpfen (Bortoga) und an-dern Gefässen; und dann endlich noch wohl aus einem grössern Thee-fäßchen (Zorchozarr) und einer schmalen, fast cylindrischen, hölzer-nen Theekanne, (Tombo), welche mit kupfernen oder silbernen Ble-chen und Reifen geziert zu seyn pflegt. Die Armen wissen sich der-gleichen aus rohem, geräucherten Leder zu verfertigen; woraus auch grosse Flaschen, (Burbi) die man auf Reisen an den Sattel hängt, gemacht werden. Ein eiserner Löffel (Gängi) mit einem langen Stiel ist bey den Kalmücken auch ein fast unentbehrliches Geräth, um zuweilen etwas Milch oder Butter heiß zu machen, oder den Milch-Branntwein aufzuwärmen.

Viehzucht der Kalmücken.

Der Reichthum und die Subsistenz der Kalmücken und aller Hirtenvölker in Asien, sind ihre Heerden, welche nicht wenige unter ihnen bey Hunderten, ja bey Tausenden zählen. Ein Mann, der vor sich bestehn kann, ist unter ihnen schon der, welcher zehn Kühe mit einem Stier, und acht Stuten mit einem Hengst besizt. Es giebt aber auch genug Arme (Baigusch) welche so viel nicht haben, und sich kümmerlich ernähren, den Reichen die Heerden hüten, bey den Städten allerley Handarbeit suchen, und sich wohl gar an vornehmere Kalmücken als Sklaven (Jassir) verkaufen.

Ihr zahlreichstes Vieh (Mall) sind Pferde, Rindvieh und Schaafe. Kameele können wegen ihrer Zärtlichkeit und langsamen Wuchses nicht so sehr vermehrt werden und sind nur ein Eigenthum der Reichen und der Geistlichkeit. An Schaafen war die Torgotsche Horde sehr reich; unter den an der Wolga zurück gebliebnen Ulussen aber ist dieser Zweig der Viehzucht durch Seuchen gar sehr in Abnahme gekommen.

Die Pferde (Morin) der Kalmücken sind etwas kleiner, als die Kirgisischen, deren Zucht theils durch die gute Weide, theils auch vielleicht durch die bey den Truchmenen und an der Persischen Gränze geraubte Beschäler veredelt ist, und sonst oft genug Kalmückische Liebhaber verleitete auf gut Glück über den Jaik zu gehn und Kirgisische Heerden zu erbeuten. Des Torgotischen Fürsten Bambar Ulus hatte sonderlich durch die von den Kirgisen geraubte Zucht die beste und grösste Pferde. — Die kalmückischen Klepper sind sonst ziemlich hoch und leicht von Gliedern und zwar von keiner schönen, aber auch nicht von unansehnlicher Gestalt. Zum Ziehn haben sie nicht Kräfte genug und zu viel Wildheit; an Flüchtigkeit aber geben sie keiner Art von Pferden etwas nach und halten unter dem Reuter gut aus. Es schadet ihnen nicht ganze Stunden lang im Galop zu rennen, und sie können sich im Nothfall zweymal vier und zwanzig Stunden ohne Wasser behelfen. Viele darunter sind von Natur gute Paßgänger. Bey aller Wildheit sind sie nicht kollerigt, noch auch sonst übelartig, ausser daß sie leicht scheu werden. Sie haben einen kleinen harten Huf und können zu allen Jahrszeiten unbeschlagen geritten werden. Da sie nie andres Futter, als Sommers und Winters die Weide auf den Steppen gewohnt sind, so kann man sie wie die Kirgisischen und Baschkirischen überall ohne Fourage fortbringen, ja sie ge-

wöhnen

wöhnen sich oft schwer an ordentliche Futterung und man läuft Ge= **Viehzucht** fahr mit den Kräften auch ihre Wildheit zu vermehren. Von Seu= **der Kalmü=** chen und verwüstenden Krankheiten der Pferde wissen die Kalmücken **cken.** nichts. Dieses Vieh lebt bey ihnen völlig der Natur überlassen, in einer Gegend, wo sich auch wilde Pferde ohne menschliche Vorsorge erhalten. Es giebt noch izt unter den Wolgischen Kalmücken solche, welche bis drey und viertausend Stück Pferde besitzen und unter der Torgotischen Horde waren dergleichen Heerden keine Seltenheit. Den größten Theil der Hengstfüllen pflegen sie zu Wallachen zu machen, indem sie den Hodensack am Ende wegschneiden, die Schnur der Saamengefässe mit der einen Hand fest halten, die entblösten Hoden zwischen den Nägeln abdrehen und das abgestuzte Ende der Schnur mit einem glühenden Eisen brennen. Auf eben diese Art werden Kälber und Lämmer gelegt. Den Füllen werden bey dieser Operation zugleich die Naselöcher aufgeschlizt, um ihnen mehr Luft zum laufen zu geben. Die Hengste (Adschirga) sind von den Stuten (Güün) zu keiner Jahrszeit abgesondert, damit es nie an säugenden Stuten und Milch gebreche. Man pflegt einen Hengst auf 10 höchstens 17 Stuten zu rechnen. Sie sind die Führer der Heerde (Adon) und schweifen mit derselben oft weit in den Steppen herum, vertheidigen selbige auch wieder die Wölfe auf das herzhafteste. Die Kalmücken halten gern auf diejenige Farbe von Pferden, welche ihnen von den Geistlichen, nach den Constellationen, unter welchen sie gebohren sind, als die glücklichste angezeigt wird. Sie lassen auch in gewissen Fäl= len diesem oder jenen Götzen ein Pferd weihen. Doch hievon wird unter den abergläubischen Gebräuchen gehandelt werden.

Junge Pferde wissen sie zum reiten ohne Zaum zu zähmen. Sie haschen das Füllen, wenn es noch nicht zweyjährig ist, mit der an einer langen Ruthenstange befestigten Schlinge (Gorga), wo= **Titelkupf.** mit sie auch sonst die Reitpferde, welche frey in der Heerde gehn, **und Pl. 1.** einzufangen pflegen. Es wird nicht gleich gesattelt, sondern man schnürt ihm nur den Leib mit einem starken Gurt, an welchem sich der Reuter festhalten kann. Will es nicht aufsitzen lassen, so legt man ihm Schlingen um die Füsse, wirft es zu Boden und läßt den Bereuter seinen Platz einnehmen, worauf man dem Pferde die Füsse wieder loß bindet und es auf der freyen Steppe so lange rasen läßt, bis es müde wird. Der Reuter hält sich indessen nur fest, und wenn das

Viehzucht der Kalmücken. das Pferd langsamer zu laufen anfängt, peitscht er es an, bis es alle Kräfte zugesezt hat. Alsdenn wird es gesattelt, gezäumt, und noch einige Zeit gemächlich geritten; mehr wird zu dessen Zähmung nicht erfordert.

Das Rindvieh kömt bey den Kalmücken zu einer schönen Grösse und man findet Ochsen und Stiere, welche den grösten Podolischen nichts nachgeben. Die Derbeten haben stets in Ansehung ihrer grossen Stiere, die oft bis auf 30 Rubel gelten, den Vorzug behauptet und selbigen vermuthlich den ukrainischen geraubten Zuchtochsen zu danken. Das meiste Kalmückische Rindvieh ist roth oder rothfleckigt, mit treflich schönen Hörnern. Sie behalten mehr Stiere, als sie zur Zucht nöthig haben, legen sie, nachdem sie eine gute Grösse erlangt haben, und gebrauchen sie als Lastthiere um ihre Filzhütten und andre Geräthschaft darauf zu packen, wenn sie von einem Ort zum andern ziehn. — Auf einen Zuchtstier pflegen sie 50 Kühe zu rechnen. — Wegen des Rindviehs suchen die Kalmücken zum Winteraufenthalt solche Gegenden, wo viele Schilfstrecken sind; weil sich dieses Vieh auf den trocknen Triften von den Ueberbleibseln der Pflanzen weder ernähren, noch auch den Schnee wegscharren kann, wie die Pferde zu thun gewohnt sind.

Die Kühe der Kalmücken geben, so wie die Stuten, nicht anders ihre Milch, als wenn das Kalb oder Füllen gegenwärtig ist. Sie halten deßwegen (wie das Titelkupfer zeigt) diese jungen Thiere den ganzen Tag über nahe beym Gezelt, an langen auf der Erde ausgespannten Seilen, nebeneinander angekoppelt und lassen sie nur des Nachts frey saugen. Durch diese strenge Diät sollen die Füllen, nach der Kalmückischen Erfahrung, sogar dauerhafter und stärker werden. Die Mütter weiden in der Nähe und entfernen sich nicht weit von ihren Jungen. Wenn sie gemelkt werden sollen, so treibt man sie nahe zur Wohnung, wo die Jungen befestigt sind, einige gewöhnen auch ihr Vieh auf einen gewissen Ruf zusammen zu laufen. Die Stuten werden nie unter drey bis viermal des Tages, in der besten Graßzeit aber wohl alle 2 Stunden gemolken, und geben jedesmahl anderthalb Nössel, ja bis auf eine Kanne Milch. Die Zeit, welche alsdenn von der einen Melke zur andern vergeht, wird Güünsam genannt, und ist eine nicht ungewöhnliche Zeiteintheilung unter den Kalmücken. Man melkt Stuten also, daß man den einen Hinterfuß und den Schweif mit den rechten Arm umfaßt. Einigen

werden

werden auch die Hinterfüſſe mit einem Riemen ganz weitläuftig ge= Viehzucht
ſpannt. Die Kühe melkt man täglich nur zweymahl. Ein jedes Mut= der Kalmü-
tervieh muß man durch ſein Junges anſaugen laſſen, darnach wird cken.
dieſes durch einen Gehülfen zurück gehalten und der Mutter ſo lange
gezeigt, bis das Melken vorbey iſt, oder doch nicht weit von ihr entfernt. Bey den Stuten iſt ſonderlich Vorſicht nöthig, damit ſie nicht
ſtußig werden und die Milch verſagen. Bey vielen Kühen iſts genug
wenn man ihnen das Kalb nur zeigt, und wenn es in der Geburt,
oder kurz nachher verunglückt, ſo ſtopft der Eigenthümer deſſen Fell,
ſo gut er kann, mit Heu aus und hält ſelbiges beym Gezelt angebunden, um es der Mutter ſehn zu laſſen, ſo oft man ihr die Milch
nehmen will. Einige Kühe, welche ſo hartnäckig ſind, daß ſie durchaus keine Milch geben wollen, ſollen die Kalmücken damit zwingen,
daß ſie ihnen einen rund und glatt geſchnizten hölzernen Propf mit
Gewalt von hinten eintreiben, da denn durch das Drängen und Bemühen der Kühe den Propfen loß zu werden, ihnen auch die Milch
entfährt.

Die Kalmückiſchen Schaafe (Choin) ſind von eben der Art,
wie man ſie durch die ganze groſſe Tatarey bey allen Hirtenvölkern
findet, nämlich mit polſterförmigen dicken Fettſchwänzen, deren Talg
aber ſo weich als Butter ausfällt, mit hängenden groſſen Ohren
und ſehr krummen Ramsköpfen. Der Statur nach halten ſie zwiſchen den kirgiſiſchen und ruſſiſchen das Mittel, und ſind viel gröſſer
als dieſe leztern. Ihre Wolle iſt grob, mit Haaren vermengt und
die Mutterſchaafe ſind ſelten gehörnt. Die gemeinſte Farbe darunter
iſt die weiſſe, mit fleckigten Köpfen, weil ſich die Eigenthümer be-
fleißigen dergleichen zu ziehn und keine andre, als ſolche Widder ſprin-
gen laſſen. Zur Zucht behalten die Kalmücken auf hundert Mutterſchaafe nur einen Widder. Die Schaafe werden bey ihnen nur
wenig gemolken und nützen hauptſächlich nur mit ihrem Fleiſch,
Talg, Häuten und der Wolle, welche leztere doch zu nichts als
zu Filzen taugt, und entweder mit ſcharfen Meſſern abgeſchoren
oder ausgerupft wird. Wenn ſie gemolken werden ſollen, ſo koppelt
man, ſo viele deren vorhanden ſind, an ein im Kreiß befeſtigtes
Seil, mit den Köpfen einwärts und nimt ihnen nach der Reihe die
Milch, welche hauptſächlich zum Käſemachen dient. — Im Winter kommen ſowohl Mutterſchaafe, als auch wegen der ſchlechten Gelegenheit

legenheit und Wartung viele von den frühgeworfnen zarten Lämmern
um, aus deren und noch ungebohrner Lämmer Fellen die schönen
Lämmerpelze bereitet werden, welche man in Rußland und auswär-
tig so hoch schäzt. Die Kalmücken nennen dergleichen zarte Lämmerfelle Chirüscha, die von erwachsnern Lämmern, welche längere Wolle
haben Saksa, und grosse Schaafhäute Nyeke. Nachtheilige und nur
gar zu gewöhnliche Krankheiten der Kalmückischen Schaafheerden sind
die Räude und sogenannten Pocken; wodurch mancher um sein Wollen-
vieh komt, ohne daß Mittel dawieder gebraucht werden.

Die Kalmücken haben unter ihren Heerden auch Ziegen
(Jaman) aber in geringer Anzahl; und diese haben gleichfalls hängende Ohren, sind oft ungehörnt, gemeiniglich buntfleckig und mit
langen Haaren an den Schenkeln artig behangen.

Kameele (Tämähn) gelten, wie ich schon gesagt habe, bey
den Kalmücken als ein Zeichen des Reichthums, weil sie das theuer-
ste Vieh sind, sich langsam vermehren und viel von Krankheiten
leiden. Bey der Chanischen Horde gab es auch einbucklichte; gemeiniglich aber findet man bey den Kalmücken nur zweybucklichte, vielleicht weil diese dauerhafter oder vielmehr weil sie ursprünglich asiati-
scher Herkunft und in diesem Welttheil eben so allgemein, als in Arabien und Afrika selten sind, wo das einbucklichte Kameel dagegen gleichsam zu Hause zu seyn scheint. Die Wolgischen und fast alle südliche
Steppen der grossen Tatarey sind, wegen der häufigen Salzblumen-
plätze und salzhaften Gewächse, eine vortrefliche Weide vor Kameele.
Sie erfordern aber nicht nur zur Winterszeit mehr Sorgfalt, sondern
müssen auch stets von Hirten geweidet werden, weil sie bey aller ihrer
Grösse das allerunwehrhafteste Thier gegen die Wölfe sind. Im
Winter bedeckt man sie mit alten Filzen und Matten, macht auch
wohl Wände und Dächer von Schilf, wo sie vor Sturm und Frost
einigen Schuz finden. Demohngeachtet sterben viele an einer unheilbaren, mit Durchfall begleiteten Auszehrung, welche von feuchter
Weide und Witterung zu kommen scheint, und woran sie ein halbes
Jahr oder länger kranken. Ueberhaupt sind sie so zärtlich, daß sie
oft von den kleinsten Beschädigungen und Stössen tödtliche Schäden
bekommen. Kein Vieh wird auch mehr vom Ungeziefer geplagt und
im Sommer trebien sie oft von den mit Eichen und Aespenlaub
eingeschlungnen Insecten, ingleichen von den bunten Meloiden, welche

hin

hin und wieder auf den Kräutern häufig ſitzen. Im Frühling, wenn
ſie das Haar verlohren haben, welches ſich wie ein Vließ vom ganzen
Körper ablöſt, werden ſie auf der kahlen Haut nicht ſelten von der
in ſüdlichen Gegenden gemeinen Scorpionſpinne gebiſſen und kommen
an der Würkung dieſes Gifts in weniger als einer Woche um. —
Im Winter und ſonderlich nach der zu Ausgang des März einfal=
lenden Brunſtzeit, werden die Kameele ſehr matt und mager; als=
denn hängen ihre Buckel, wie zottige Lappen auf die eine oder andre
Seite herab, und richten ſich im Sommer, wenn das Kameel zu=
nimt, wieder auf. — Die Vermehrung der Kameele erfordert beſondre
Sorgfalt. Man muß zur Zeit wenn ſie brünſtig ſind das Weibchen
zwingen, daß es ſich auf die Knie niederläſt, und dem Hengſt, wel=
cher alsdenn herbeygeführt wird, behülflich ſeyn. Alle Kameele ſind
nämlich gewöhnt ſich an einem durch die Naſe gezognen Strick leiten
zu laſſen; zuft man an dieſem Strick abwärts, ſo laſſen ſie ſich zur
Erde nieder; ſchleudert man aber den Strick aufwärts, ſo ſtehen ſie
wieder auf. Alte Kameele legen ſich bloß auf den gewöhnlichen Zu=
ruf (Tſchuk, tſchuk!). In der Brunſtzeit müſſen ſonſt die Kameel=
hengſte von einander ſorgfältig entfernt werden, weil ſie ſich ganz
wüthend untereinander in den Buckelhaaren verbeiſſen und mit den
Vorderfüſſen nieder zu werfen ſuchen, da denn der unterliegende von
dem andern zertreten und beſchädigt wird. Der Torgotiſche Vice=
chan Ubuſchi ſoll dergleichen Kameelgefechte zur Luſt angeſtellt
haben.

Von den Kameelen nutzen die Kalmücken hauptſächlich die
Milch und die Wolle. Erſtre iſt dick, öligt und ſalzhaft, ſonderlich
wenn das Kameel auf ſalziger Weide geht, da ſogar deſſen Schweiß
auf der Haut einen kleinen Salzbeſchlag hinterläſt, der von den Schaa=
fen begierig geleckt wird. Wegen dieſer Eigenſchaften wird die Milch
ſonderlich zum Thee geliebt. Das Kameelhaar brauchen die Kalmük=
ken ihre Matrazen und Küſſen auszuſtopfen, Stricke, Schnüre und
Filze daraus zu machen; Es kann aber nicht nur zu den ſchönſten Ca=
melotten, ſondern auch, wie bey den Kubanern würklich geſchehen ſoll
und in Kaſan verſucht worden, zu einem ſehr feinen und ſanften
Laken verarbeitet werden. — Zum reiten taugen übrigens die zwey=
bucklichten Kameele gar nicht, weil ſie in ihrem ſchweren Trott, ja
ſchon im ſchreiten, entſetzlich ſtoſſen und ſchwanken, daß man ſich

Erſter Theil.   Q   bloß

Züge der
Kalmücken.
bloß fest zu halten Mühe hat, und alle Eingeweide fast zu verlieren
meynt.

❦   ❦   ❦

Diese starke Viehzucht nun nöthigt die Kalmücken, wie alle
Hirtenvölker, ihre Wohnplätze von Zeit zu Zeit zu verändern, um ihren
Heerden frische Weide zu suchen, wenn eine Gegend kahl gehütet
ist. Alle diese Völker haben bey ihren Wanderungen zugleich den
Vortheil, daß sie den Winter in südlichen oder sonst wärmer gelegnen Gegenden zubringen können, wo der Schnee nicht tief fällt, auch
nicht lange liegt, und wo also das Vieh seine Nahrung leichter findet und zeitiger vom Frühling erquickt wird. Gegen den Junius oder
noch früher verdorrt auf den südlichen Steppen alles Graß, und diese
Zeit suchen die Nomaden in nördlichern, wohlbegrünten Gegenden zu-
zubringen. Keine Gegend kann zu einer solchen Hirtenlebensart vortheilhafter seyn, als die izt unbewohnte Wüsteneyen zwischen der Wolga
und dem Jaik, welche die Torgotsche Horde seit dem lezten Jahrhundert inne
gehabt hat. Die häufigen Schilfbusen (Morschagi oder Matzak) des
kaspischen Meeres und der Umfang des Kamyschsamarischen Sees, ingleichen die südliche schneelose Gegend der kumischen Steppe gaben ihnen unter
einem südlichen Himmelsstrich den erwünschtesten Winteraufenthalt.
Von da begleiteten sie gleichsam den Frühling in die etwas nördlicher
gelegnen Gegenden, und hatten in den grünenden Thälern der langen
Sandstrecke Naryn und zwischen den Sandbergen an der untern
Wolga eine frühe und fette Weyde und treflich Wasser, welches da überall
in Brunnen, die kaum zwey Ellen tief sind, reichlich quillt. Im
Sommer zogen sie bis an den Jrgis und die Samara; und wenn
alle höhere Steppen zu verdorren anfiengen, hatten sie zu Ausgang
des Julius in den weiten Niedrigungen an der Wolga frische Wie-
sen, die sie bis in den spätesten Herbst nuzten. Um allen Unordnungen und Streitigkeiten vorzubeugen hatten sich die Fürsten wegen der
Gegenden, in welchen sie mit ihrem Volk hin und herzogen, auf alle
Jahrszeiten verglichen. Bambars Ulus blieb stets an der Ostseite
der Sandwüste Naryn; die Chanische Horde hatte die Westseite und
zog zum Wintern in die Kumische Steppe. Der Chan pflegte sein
Hoflager für den November in der Niedrigung von Saßikol, bey dem
Grunde Zagan-Aman zu nehmen; weßwegen diese Gegend von nie-
                                                                    mand

mand abgehütet werden durfte. Alsdenn war an gedachtem Ort für Züge der
die Kaufleute der beste Kalmückische Markt, bis die Wolga mit Eiß Kalmücken-
belegt wurde und die Horde an den Kumafluß ziehen konnte. —
Die Torgotsche Ulus Kerät, welche zulezt unter dem Fürsten Jandyk
stand, pflegte im Sommer unweit Astrachan um den Nebenarm der
Wolga Bufan genannt, und im Winter zwischen dem Kuma und
Terekfluß zu liegen. — Die Ulus Jike-Zoochor, unter den Fürsten
Assarachu und Maschi, pflegte den Sommer oberhalb Dmitrefsk
in der jenseitigen Wolgischen Steppe und gegen den Winter die
Sarpa hinauf an dem Manitsch und gegen den Ursprung des Kuma
zu ziehen. Die Derbeten hielten sich mehrentheils zwischen dem Don
und Sarpaflüßchen auf, u. f. w.

Die izt noch vorhandnen wolgischen Kalmücken müssen izt in
der Steppe zwischen dem Don und der Wolga bleiben. Sie überwintern gemeiniglich in den untern Gegenden dieser beyden Flüsse
auf den Niedrigungen, ingleichen an denen Steppenflüssen Manytsch
und Kuma, auch bis gegen die Kaspische See. Im Frühling ziehen
sie sich zeitig längst dem Don und der Sarpa hin, bringen den
Sommer auf dem hohen Lande am Don, und den Herbst auf den
Niedrigungen der Wolga und Sarpa zu und nähern sich im October und November wieder ihren Winterweiden.

Die Steppen, in welchen die Kalmücken solchergestalt umherziehn, haben sehr wenig Bäche oder süsse Seen und sind deßwegen vor Leute, welche eine seßhafte Lebensart führen, größtentheils
unbewohnbar. Die Kalmücken wissen am Riedgrase und an Schilf-
halmen auf trockner Steppe die Gegenden gut zu unterscheiden, wo
verborgne Quellen anzutreffen sind. An solchen Orten haben sie zahlreiche Wassergruben oder Brunnen (Chuduk) gegraben, welche
sie nach besondern Benennungen kennen und, der Einförmigkeit ihrer
Steppe ungeachtet, genau zu finden wissen. Allein viele dieser
Brunnen, die nicht tief gegraben, auch nicht eingefaßt werden, trocknen im Sommer aus; andre haben nur brakes Wasser, und endlich so giebt es auch dürre, salzige Laimflächen genug, wo gar keine
Wassergruben können angelegt werden. Daher muß sich das Vieh
beym hin und herziehn gar oft ganze Tage ohne Wasser behelfen,
oder zwanzig und mehr Werste weit zur Tränke treiben lassen.

Q 2 Wenn

Züge der
Kalmücken.
Platte I.

    Wenn eine Kalmückische Horde oder Ulus, um frische Weideplätze zu suchen, mit ihren Heerden wandert, welches im Sommer alle vier, sechs bis acht Tage geschehn muß, so werden erst Leute voran geschickt, die vor den Chan oder Fürsten, vor den Lama und die Götzenhütten den besten Platz wählen; worauf diese denn, nach vorher gegangner Bekanntmachung des Aufbruchs durch eigne Herolde, zuerst aufbrechen und dann alles Volk nachziehet und sich nach seiner Bequemlichkeit Plätze wählt. Alles muß bey solchen Veränderungen des Lagerplatzes auf Kameelen und Stieren fortgeschlept werden. Schon Abends, vor dem Aufbruch, wird das meiste eingepackt, auch, wenn das Wetter gut ist, die Hütten zum Theil abgebrochen. Die Gatterwände werden zusammen geschoben, und die Dachstangen in vier oder mehr Bündel zusammen gebunden, die man an jedem Ende mit einer Kappe von Filz versieht, damit sich das Vieh daran nicht untereinander verleze. Eine gemeine Hütte von vier Gattern wird solchergestalt auf zwey Stiere oder auf ein Kameel verpackt; an einer grössern aber haben zwey und mehr Kameele zu tragen. Morgens wenn es zum Aufbruch gehn soll, treiben die Männer das Vieh bey den Hütten zusammen; die Weiber aber satteln die nöthigen Pferde, und packen, mit Hülfe der Männer und Kinder, alles auf. Die Filze werden zu unterst auf das Lastvieh gelegt, die Gestellstücke auf beyde Seiten darüber gehängt, und noch oben drauf allerley Bündel, Kistchen und Hausgeräth gepackt. Auf Kameelen wird der Rauchkranz zu oberst gesezt; das gute Gepäcke der Reichen wird mit bunten Filzen oder Teppichen überhängt und alles zierlicher gepackt, auch wohl dem Lastvieh Schellen oder kleine Glocken angebunden. Im Zuge werden die Kameele hinter einander gekoppelt und geführt, die Stiere aber getrieben. — An solchen Tagen ziehn Weiber und Mädchen beßre Kleider an und schminken sich aufs beste, um sich öffentlich zu zeigen. Sie müssen, mit den Knaben, die Heerde und das Packvieh treiben, und belustigen sich unterwegs mit Gesängen. Kleine säugende Kinder tragen die Mütter vor sich zu Pferde; etwas grössere werden in tiefen Körben an Kameele oder Stiere gehängt. Sobald sie aber können, müssen sie selbst zu Pferde sitzen und vornehme Kinder reiten alsdenn (wie vorn auf der ersten Platte zu sehn ist) auf besondern Sätteln, welche auf vier Gabelförmig voneinander stehenden Armen oder Hörnern einen Himmel mit seidnen Vorhängen, auch bepolsterte Leisten zwischen den Dachsäulen haben, damit das

Kind

Kind nicht herab fallen kann; man wählt ihnen zahme Pferde, Züge der
welche die Mutter oder eine Verwandtin am Zügel leitet. — Die Kalmücken.
Männer zeigen ihrer Familie nur den Ort an, wohin sie folgen sollen, reiten voraus und belustigen sich mit der Jagd, oder erwarten
ihren Zug im Grase mit der Pfeife in der Hand. Wenn aber Wetter und Wege schlim sind, so bleiben sie bey den ihrigen und es ist
ihre Sorge das Lastvieh, wenn es stecken bleibt, oder fällt, aus dem
Koth zu helfen; auch sind die Männer beym abpacken und aufstellen
der Hütte behülflich, reinigen die Brunnen wenns nöthig ist, und
schaffen Feurung an. Melken, Thee oder Essen bereiten und das
Hausgeräth in Ordnung bringen müssen die Weiber.

Ich muß hier gelegentlich erwähnen, wie die Kalmücken den
Abstand eines Orts zu bestimmen pflegen. Gemeiniglich rechnen sie
nach Tagereisen, die man gemächlich mit dem Gepäck ziehend verrichten kann (Chonocho=Gasur), und die auf 22 bis 25 Werste
geschäzt werden können. Ein leichter Tageritt zu Pferde, kann wohl
für 50 bis 70 Werste geschäzt werden. Kleinere Entfernungen messen
die Kalmücken nach Charaane, welches so weit ist, als ihr Auge in
einer Richtung auf dem Horizont etwas deutlich zu sehen vermag;
und dies kann bey ihrem scharfen Gesicht und bey vollkomner Eben-
heit ihrer Steppe wohl auf 10 und mehr Werste betragen; oft aber
ist es auch viel weniger, und heist dann Ille=Gasur. Noch ist eine
Art kleine Entfernungen zu bestimmen, so weit man im freyen und bey
stillem Wetter das Gebrüll der Ochsen und Kameele oder das Geblöck
der Schaafheerden hört; und Müri ist, soweit man unter eben diesen Bedingungen den Laut eines Schneckenhorns vernehmen kann.

In Schriften bedient sich die Geistlichkeit sowohl bey den
Mongolen als Kalmücken, einer etwas bestimtern Messungsart. Vier
und zwanzig Nemocho oder Gelenke (welches soviel als unsre Zolle
beträgt), machen einen Tochoi oder Ellenbogen; und vier Tochoi
einen Alda oder Klafter, deren 500 eine halbe Beree oder chinesische
Li, und tausend eine ganze Beree ausmachen. Vier dieser Beree
aber nennt man ein Golochon.

Wenn vormahls die Horde bey ofnem Wasser auf die eine
oder andre Seite der Wolga überzog, so wurde durch den beym
Fürsten befindlichen rußischen Officier (Pristaf) in die am Fluß ge-

Q 3

legne

legne Städte schriftliche Nachricht davon ertheilt, damit die rußischen Einwohner, welche durch den Uebersaz Geld zu verdienen Luſt hatten, ſich mit ihren Fahrzeugen an den gewöhnlichen und bekannten, zum Uebersaz bequemen Stellen einfinden konnten. Dieſes ſind ſolche Stellen, wo der Fluß ſchmal und mit Inſeln beſezt iſt, um die Pferdeheerden bequem überſchwemmen und auf den Inſeln raſten zu können, weil an breiten Stellen in einem Othem oft eine gute Werſt weit zu ſchwimmen wenig Pferde vermögen. Auch das Rindvieh ſchwimt ſehr gut und wurde gemeiniglich ohne Umſtände durch den Fluß getrieben. Aber für die Schaafe und Kameele und für das Gepäcke muſten Fahrzeuge ſeyn. Für ein Kameel ließ man die Kalmücken bis 10 Kopeken, ſechs für ein Pferd, 5 bis 7 für ein Rind und 2 bis 3 Kop. für ein Schaaf, Fäh geld bezahlen. Ein ſolcher Uebersaz dauerte oft einen Monath lang, und die Fährleute brachten einen anſehnlichen Gewinnſt davon. Die gemeinen Kalmücken mietheten kleine Kähne und ließen ſie mit ihrem Gepäcke und Kleidern durch ein paar Pferde, die an Leinen ſchwommen überziehn; die jungen Leute ſchwammen an Pferden hängend hindurch.

Es iſt gewiß, daß da, wo ſich eine Kalmückiſche Ulus mit ihrem Vieh niederläſt, man von Mücken und Bremen, welche anderwärts um die niedre Wolga im Sommer die Luft ganz erfüllen, ſehr wenig ſpürt. Die Urſach iſt, theils weil das Vieh dieſe Ungeziefer an ſich zieht, theils auch eine Menge davon zerſchlägt und tödtet. Die Kalmücken haben daher ein Sprüchwort; „Wenn die Kameele „einander reiben, ſo kommen viel Mücken um‚‚‚ im Verſtande des lateiniſchen; Delirant reges, plectuntur Achiui. Zudem ſo verſammelt ſich um die Heerden eine Menge von Krähen, Staaren, Schwalben und andern Vögeln, ja ganze Schaaren von Libellen die an dem vom Vieh aufgeſcheuchten Ungeziefer ihre beſte Jagd haben. Der Rauch der Hütten und der Geruch der Schaafe trägt auch dazu bey, wenigſtens die Mücken zu zerſtreuen; denn dieſen iſt, nach einer bekannten Bemerkung, eine Schaafheerde ſo zuwider, daß auch die unter den Kalmücken reiſende Ruſſen, wenn ſie kein Mückenzelt bey ſich haben, ſich mitten unter die Schaafe ſchlafen legen, um vor Mücken Ruhe zu finden.

Im Winter pflegen die Kalmücken an den einmahl gewählten Stellen lange Zeit ſtill zu liegen und die Heerden weit umher ihr

Futter

Futter suchen zu lassen. Um dem zärtlichen Vieh, sonderlich Schaafen und Kameelen, einigen Schuz zu verschaffen, wählten sie am liebsten solche Gegenden zum Winteraufenthalt, wo tiefe Gründe und Schilfstrecken bey kalten Stürmen dem Vieh Zuflucht bieten. Gleichwohl geht von ihren Schaafheerden im Winter allemahl wenigstens ein Drittheil, ja oft vielmehr darauf. Die schlimsten Jahre sind, wenn im Herbste auf Schnee und Regen die Steppe überfriert, so daß das Vieh nicht zum Futter kommen kann. Alsdenn ist gemeiniglich der Verlust an Vieh allgemein und eine Hungersnoth unter den armen Kalmücken unvermeidlich. Noch verarmt mancher im Winter dadurch, daß sich die weit umher schweifenden Pferdeheerden ganz fern, oft mehrere hundert Werste weit, in die Steppe verlaufen; welches sonderlich bey lang anhaltenden Stürmen und Schneegestöber, da sich kein Mensch in die Steppe wagen darf, und nicht selten auch dadurch geschieht, daß die Pferde von grossen Klumpen trockner Pflanzenstengel, welche der Wind zusammen webt und über die Ebne wälzt, scheu werden und so lange fliehen, als sie die rollende Pflanzen hinter sich erblicken. Zugleich verweht der Sturm die Spuren und niemand weiß wohin die Heerde gestoben ist. Aus solchen zufällig zerstreuten Pferden sind gröstentheils die in der Kalmückischen und Kirgisischen Steppe herum irrende, wilde Pferdeheerden entstanden.

Die Kalmücken ziehn aus ihren Heerden den hauptsächlichsten Theil ihrer Nahrung, und häußlichen Bedürfnisse. Ihre Heerden liefern ihnen Milchgetränke und Branntwein, Käse, Butter, Fleisch; Häute zu Lederwerk, warme Pelze; Wolle und Haar zu Filzen, Polstern, Stricken und Bändern oder Gurten; Sehnen zum nähen und in ihre Bogen; auch zur Noth Torf (den Mist) zum brennen, wo andre Feurung fehlt; kurz, alles womit sich ein Kalmück zur Nothdurft ernähren und kleiden kann und womit auch die in entlegnen Steppen, von gesitteten Nationen entfernt wohnende Nomaden und Arme sich gröstentheils behelfen. Weil sie aber auf ihren Zügen den Städten nahe kommen und auch Kaufleute des Handels wegen sich unter ihnen aufhalten, so können sie sich, vor ihr Vieh auch mit allerley Ueberfluß den die Industrie giebt, gewürkten Zeugern aller Arten, Klapperwaaren, Tabak, den sie äusserst lieben, gepreßtem Thee, Grüzwerk und Meel versorgen.

Zäge der Kalmücken.

Nahrung der Kalmücken.

Fleisch

Fleisch (Machàn) ist ihre allgemeinste und gewöhnlichste Speise, vor der ihnen niemals eckelt. Sie essen nicht nur das Fleisch aller Thiere, welche sie in ihren Heerden haben, Pferde und Kameele nicht ausgenommen; sondern auch viele wilde Thiere, welche andre Völker verabscheuen z. Beysp. Murmelthiere, Zieselmäuse, Biber, Dachse, Ottern, Luchse, und lassen nichts, als den Hund und die Wieselarten, auch, ausser im höchsten Nothfall, Fuchs- und Wolfsfleisch, unberührt. Wilde Schweine und Pferde, Steppenziegen, Rehe und allerley gröſſere wilde Vögel, die raubsüchtigen ausgenommen, sind ihnen gleich angenehm, sie mögen auf der Jagd, oder durch reiſſende Thiere gefällt seyn. Von der Zieselmaus ist anzumerken, daß selbige, auch von vornehmen Kalmücken, vor einen leckerbissen gehalten, und am liebsten in saurer Milch gekocht gegessen, auch wohl zum sieden in den Kessel gelegt wird, wann man Milchbranntwein abzuziehn hat.

Mittelmäßige und selbst wohlhabende Kalmücken schlachten nicht gern ein eignes Stück Vieh; nicht sowohl aus Geiz, als weil es allemal vor eine Sünde gehalten wird, ein lebendiges Geschöpf zu tödten. Geraubtes Vieh schlachten sie nur aus Furcht, daß es erkannt und der Diebstahl dadurch entdeckt werden möchte. Gesunde Pferde zu schlachten ist ganz ungewöhnlich, und nur solche, welche durch lämung, Wunden oder einen andern Zufall untüchtig werden oder umfallen, sind vor die Kalmückische Küche. Alles verreckte Vieh, wenn es nur nicht an bösen Seuchen oder, wie die Kameele, an einer langwierigen Zehrung stirbt, ist den Kalmücken eine erwünschte Speise. Wie es mit demjenigen, das vom Donner erschlagen ist, gehalten zu werden pflege, soll an seinem Ort erwähnt werden. Arme Kalmücken fressen oft recht stinkendes Aaß, welches auf dem Kalmükkischen Markt in Astrachan, wie auch auf den Märkten in der Horde, von einer Art Garköchen, öffentlich verkauft wird. Ja selbst die Nachgeburt des Viehes wird nicht verworfen. — Schaafe werden noch am meisten frisch geschlachtet und zwar durchgängig also, daß man sie auf den Rücken wirft, in der Herzgrube durch die Haut und das Zwerchfell einen Schnitt nach der Länge macht, mit der Hand hinein fährt und das Herz von seinen Blutgefäſſen abreißt. Eine Art zu schlachten die, auch nach dem Bericht der Kalmücken, unter dem groſſen Tschingis-Chan bey allen mongolischen Völkerschaften

ist

ist eingeführt worden. — Das Blut von geschlachteten Thieren wird Nahrung allemahl sorgfältig gesamlet, mit oder ohne Grütze in einen Darm der Kalmücken gefüllt und als ein Leckerbissen gekocht.

Die Kalmücken geniessen das Fleisch nie ganz roh. Gemeiniglich wird es in Wasser, ohne Salz gekocht und nebst der Brühe verzehrt, die man auch wohl mit Meel oder Grütze verdickt. Ausserdem gebrauchen sie auch das von den Russen gekaufte Meel, um ungesäuerte Fladen, auf glühender Asche, daraus zu backen; und im Winter ist ein dünner Meelbrey (Budan) die lezte Nothspeise der Armen. Zum braten wird das Fleisch an hölzernen Spiessen gegen das Feuer gehalten und fleißig gewendet; es geschieht aber mehrentheils nur auf Reisen, wenn nicht gleich ein Kochgeschirr bey der Hand ist, und die Jagd etwas vor den Hunger bescheert hat. Die Fabel, als wenn die Kalmücken auf Kriegszügen ein Stück Pferdefleisch unter den Sattel legen und nachmals roh geniessen, welche auch Witsen (Nord u. Ost Tat. zweyte Ausg. S. 295. u. 433.) erzählt, kann von der Gewohnheit aller Steppenvölker, auf Reisen ein Stück frisches Fleisch zum Vorrath hinten an den Sattel aufzuhängen, hergekommen seyn. Es wird aber niemals also roh genossen.

Wenn ein grosses Stück Vieh verreckt oder um Krankheit geschlachtet werden muß, und auch sonst, wenn durch die Jagd viel Fleisch vorräthig ist, so pflegen die Kalmücken, wie alle herumschweifende Völker, den Ueberfluß in schmale Riemen zu zerschneiden und an der Luft oder bey einem kleinen Rauchfeuer in ihren Hütten zum Vorrath zu dörren. Sie trocknen auf diese Art auch sogar Geschling und Eingeweide. Die Magen von Kühen, Pferden oder Kameelen werden von den Gemeinen umgekehrt, aufgeblasen, getrocknet und geräuchert, um zu Milchgefässen zu dienen.

Alles, was von wildem Wurzelwerk und Krautstengeln nur genießbaar ist, wissen die Kalmücken in ihrer Steppe recht gut zu finden und theils vor den Geschmack, theils vor den Hunger zu nuzen. Folgendes sind die Vegetabilien, welche sie besonders, als eßbaar, nennen und im Frühling oder Herbst aufsuchen: Toolaïn Toïn (Haasenkniescheibe) ist Chaerophyllum bulbosum, dessen Wurzel sowohl roh, als gekocht gegessen wird und einen angenehmen Möhrengeschmack hat; an Fische gekocht ist sie treflich wohlschmeckend.

Erster Theil.   R   Boolyk

Nahrung der Kalmücken. Boolyk ist Alisma Plantago aquatica, wovon der untere Knollen gegessen wird.

Kyssik ist eine knolligte Wurzel, welche auf laimigten dürren Ufern und Hügeln der südlichen Steppe häufig gefunden wird, und bey Rauwolf, wie auch im dritten Theil meiner Reise (S. 757. Platte Y. Fig. 3.) nachgesehn werden kann.

Zoonok ist die Rübenförmige Wurzel von Scorzonera graminifolia oder auch pusilla (Eben derf. 2. Th. S. 744. Pl. L.). Churgun-Zoonok wächst nur in den allersüdlichsten Gegenden und scheint Leontodon tuberosum zu seyn.

Takándá ist Tragopogon villosum, wovon die jungen milchenden Stengel roh gegessen werden und auch den Pferden ein Leckerbissen sind.

Bodmonzok sind die runden, geschwänzten Knollen der gemeinen Sagittaria. Wenn die Kalmücken im Frühling auf die Schwanenjagd in die Wolgische Niedrigung ausgehn, so nehmen sie keinen Vorrath von Proviant mit, weil sie sich bloß allein auf die Menge dieser Pfeilkrautwurzeln, die ihnen gekocht und roh schmecken, und auf ihre Kugelbüchse verlassen. Im Nothfall nehmen sie auch zu

Alzancho, der Wurzel von Wasserpumpen (Typha), welche die wilden Schweine häufig aus den Morästen hervorwühlen, ihre Zuflucht. Die Wurzeln von Fumaria bulbosa und wilden Tulpen werden nur, als eine Leckerspeise, roh verzehrt.

Wenn Kalmücken, selbst Reiche und Vornehme, speisen und die Gesellschaft zahlreich ist, so wird das gekochte Fleisch mit Schaum und Brühe in Trögen oder Schüsseln aufgetragen und vor allen Dingen, bey Schaafen, der Fettschwanz nicht vergessen. Die Gäste setzen sich in einen Kreiß mit untergeschlagnen Füßen nieder und einer nimt den Trog vor sich, hält das Fleisch mit der Hand fest und zerschneidet es zu kleinen Bissen, welche er in die Brühe rührt; oder das Fleisch wird auch schon zerstückt aufgesezt. Bey Vornehmen bekömt ein jeder seine hölzerne Schüssel, und weil Gabeln und Löffel wider die Sitten und Gewohnheit der Kalmücken sind, so wird mit den Händen aufgefüllt. Ist nur ein Trog oder Schüssel da, so fischt ein jeder sein Stück heraus und verzehrt es aus der Hand, oder die Schüssel geht herum, die ältesten nehmen zuerst und die Knechte das lezte. Die dicke Brühe

(Budan)

(Budàn) wird mit Schaum und Grütze in Schaalen gefüllt und Nahrung nachgetrunken. Die Hände zu reinigen wird entweder geschabtes Wei= der Kalmü= benbast, oder zerriebnes faules Holz herum gegeben, und dann, so cken. wie auch vor der Mahlzeit, Getränk dargereicht. Die Geschirre, wor= aus die Kalmücken speisen, sind so appetitlich, als die Mahlzeit selbst. Denn das beym Abulgasi angeführte Gesetz des Tschingis, die Hausgeschirre nie mit Wasser zu waschen, ist bey den Kalmücken noch als ein Gewohnheitsgesez heilig beobachtet, und man reinigt al= les nur mit trocknem Grase oder einem Stück Filz. Doch lassen sie nie mit gutem Willen ein Geschirr durch Hunde belecken und verab= scheuen solches äusserst. — Ueberhaupt aber sind die Kalmücken, wenn sie es haben können, sonderlich wo umsonst geschmaust wird, in Fressen und Saufen, wie andre Völker von ihrem Schlage, ganz unmäßig. Dahingegen aber können sie auch wieder im Nothfall mehrere Tage geduldig Hunger und Kummer leiden, so wie sie alle Witte= rung, Kälte und Ungemach auszustehn abgehärtet sind.

Das gewöhnliche Getränk der Kalmücken und ein Theil ihrer Nahrung sind die Zubereitungen der Milch, die sie von ihren Heer= den ziehn. Sie haben nicht weniger Stuten = als Kuhmilch, und jene ist ihnen aus verschiednen Ursachen die angenehmste. Frisch hat sie zwar einen gleichsam lauchhaften, widerlichen Nebengeschmack; allein sie ist viel flüßiger als Kuhmilch, bekömt im säuern, wenn es mit Reinlichkeit geschieht, einen angenehmen, weinsäuerlichen Ge= schmack, und sezt weder Schmant, noch geronnene Matten. Daher giebt sie ein gesundes, kühlendes, und in grösserer Menge gar merk= lich rauschendes Getränk. Saure Kuhmilch hingegen ist, theils wegen ihrer käsigten Materie, theils wegen eines ekelhaften Nebengeschmacks, viel unangenehmer zu trinken und erweckt ungewohnten Leuten fast unfehlbar Grimmen und Bauchflüsse, obgleich sich die Kalmücken auch ihrer ohne Nachtheil bedienen. Allein frische und sonderlich ungekochte Milch, genießt kein Kalmück, weil selbige ihm eben diejenige Zufälle machen würde, die der Europäer von der sauern Kuhmilch spüret. Eben so trinkt der Kalmück auch höchst ungern ungekochtes Wasser, und Arme giessen lieber ein Drittheil oder die Hälfte Wasser unter ihre Milch, um das Getränk zu verlängern und nicht zu lauterem Wasser gezwungen zu seyn.

Alle

Nahrung der Kalmücken.

Alle Milch wird, so wie sie gemolken ist, gekocht und wann sie erkaltet, in den grossen ledernen Milchschlauch (Orroth), der in keiner Hütte fehlt (Platte 2. 3. 4. *b*.), ausgegossen, wo immer noch ein voriger Rest von saurer Milch hinlänglich ist, um den frischen Vorrath durchzusäuern, wenn man ihn nur mit dem Rührstock (Billür), der dazu gehört (Platte 4. *a*.) wohl durchrührt. Denn diese Milchschläuche werden nie im geringsten gereinigt, noch ausgeschwenkt, und setzen inwendig eine Rinde von Käse und Unreinigkeit, woraus man den Geruch derselben und alles dessen, was sie enthalten, beurtheilen kann. Allein eben hierinn besteht das Geheimniß, die weinartige Gährung der Milch hervorzubringen. — Um Milch in neuen oder leeren Gefässen geschwind einzusäuern, ist etwas von dem Ueberbleibsel einer vorigen Destillation des Milchbranntweins, wovon gleich geredet werden soll, hinlänglich, oder man nimt dazu etwas von der geronnenen Milch, welche im Magen geschlachteter Lämmer gefunden wird. — Alle gesäuerte Milch wird unter dem allgemeinen Nahmen Tschigan begriffen; aus lauter Stutenmilch bereitetes Getränk (der Kumyß der Tataren) heißt Güünä=Tschigan (Pferdetschigan); aus Stuten= und Kuhmilch vermischtes wird Bäsräk und blosse gesäuerte Kuchmilch Airäk, alle frisch gemolkne Milch aber Uessun genannt.

Bereitung des Milchbrantweines.

Im Sommer, und auch sonst, wenn die Kalmücken viel Milch von ihren Heerden ziehn, unterlassen sie nicht, sich fleißig mit dem starken Getränk, welches sie daraus übertreiben, zu berauschen. Stutenmilch ist als die geistigste bekannt; von Kuhmilch erhält man viel weniger Milchbranntwein, am allerwenigsten im Winter, bey trocknem Futter; die Schaafmilch wird gar nicht dazu angewandt und soll auch nicht geistig seyn. Die zur Destillation des Branntweins bestimte Quantität Milch darf im Sommer nur vier und zwanzig Stunden, im Winter aber und bey kühler Witterung wohl zwey bis drey Tage in den gewöhnlichen unreinen Milchschläuchen säuern, so ist sie schon dazu geschickt. Man nimt keinen Schmant davon ab, sondern rührt vielmehr alles von Zeit zu Zeit mit dem Butterstock stark durch einander. Die sich von selbst darauf und auch sonst auf dem gemeinen Tschigan setzende Butter wird abgeschöpft und zu anderweitigem Gebrauch verwahrt.

Allen

Allen Zeugnissen der Reisenden und der täglichen Erfahrung, nicht nur der Nomaden, sondern auch der unter ihnen wohnenden Russen entgegen, wollen es viele Leute in Europa noch izt nicht begreifen oder glauben, daß man aus Milch eine berauschende geistige Feuchtigkeit übertreiben könne. Man wird wohl nicht annehmen wollen, daß alle Reisende, welche mit ihren Augen, mehr als einmahl, die Hirtenvölker in ihren schlechten Geschirren, ohne den geringsten Zusaz von Vegetabilien, Milchbranntwein haben abziehn und diese Trunkliebenden Leute damit bis zum Taumel und zur Schlafsucht sich berauschen gesehen, miteinander eins gewesen sind dem Publico eine Unwahrheit zu erzählen. Man kann auch nicht einwenden, daß diese Völker, aus Schwäche des Haupts von den Dünsten der Milch betaumelt würden; denn die Kalmücken können auch von Kornbranntwein sehr grosse Portionen zu sich nehmen, ohne den Gebrauch ihrer Beine zu verlieren und solche Russen, die recht vom Trunk Profeßion gemacht haben, werden oft vom Milchbranntwein, ja bloß von gesäuerter Stutenmilch, noch eher berauscht, als die Kalmücken, und streben recht nach diesen Getränken. Ich weiß zwar wohl, daß bey Auswärtigen angestellte Versuche, Milchbranntwein abzuziehn, nicht gerathen sind; ja ich will mehr bekennen: mir selbst ist einmahl der Versuch, den ich unter meinen Augen in Selengihsk, aber mit reinlichen Gefässen, von gebohrnen Mongolen anstellen ließ, dergestalt mißgelungen, daß ich nichts als eine wäßerigte Feuchtigkeit erhielt, die den sauren Milchgeruch hatte. Allein so oft ich diesen Leuten den Versuch mit ihrem eignen Geschirr zu machen erlaubte, fehlte es nie an einem reichlichen Uebergang geistiger Dünste. Es komt also hauptsächlich darauf an, daß die Milch, durch die nach langem Gebrauch verunreinigte und stinkende Gefässe und den darinn verbliebnen Rest alter Milch diejenige geschwinde Säurung erhält, welche in ihr die geistige Gährung zu erwecken fähig ist. Diese Gährung ist eben so von besondrer und speciffiker Art und kann nicht anders, als durch lange und vielfältige Wiederholung zu der erforderlichen Vollkommenheit gebracht werden, wie nach Ruſſells Bericht (*) die bey den Arabern gewöhnliche dicke Milch (Leban), nicht anders, als durch öftere Wiederholung der Gerinnung frischer Milch mittelst vorher geronnener, oder gleichsam durch

R 3   eine

Bereitung des Milchbrantweins.
Pl. 3.

(*) *Natural hiſtory of Aleppo*, p. 54.

Bereitung
des Milch-
brantweins.

Pl. 3.

eine vielfältige Cohobation des Labs, ganz vollkommen erzielt werden kann.

Auf die gewöhnliche Uebertreibung des Branntweins bey den
Kalmücken nun selbst zu kommen, so ist selbige, wie das Kochen der
Speisen, bloß ein Geschäft der Weiber. Die Zurüstung dabey ist, wie
auf unsrer dritten Platte deutlich vorgestellt wird, folgende. —
Auf den Dreyfuß in der Hütte wird ein grosser eiserner Kessel über ein
kleines Feuer gesezt, mit etwas Wasser, welches man darinnen warm
werden läst, ausgeschwenkt, und mit der wohl durchgearbeiteten, sau-
ren Milch, bis etwan zwey Finger breit vom Rande, angefüllt.
Solche Kessel halten ohngefähr drey rußische Eimer oder drüber.
Auf den Kessel (Chaisun) wird ein paßlicher, etwas ausgehöhlter
Deckel (Chapchak) der entweder nur aus einem, oder aus zwey
Stücken Holz gearbeitet ist und zwey viereckigte Oefnungen hat, gesezt.
Den Rand und die Fugen pflegt man in der Steppe mit frischem
Kuhmist zu verstreichen, wenn kein Thon oder Laim zum lutiren in
der Nähe, oder wegen des gefrornen Erdreichs nichts zu erhalten ist.
Die Stawropolischen, getauften Kalmücken, welche das Meel reich-
licher und wohlfeiler haben, nehmen zur Winterszeit, statt des Thons
einen zäh geknäteten Teig von groben Meel. Bey den meisten Steppenvölkern, auch Mongolen und Buräten, ist immer das obgedachte
animalische Lutum, welches sie ohne Mühe nahe bey den Wohnungen finden das gewöhnlichste und angenehmste, — Statt des Re-
cipienten bey der Destillation dient ein kleinerer Kessel mit seinem
Deckel, der nur eine grosse Oefnung und ein kleineres Luftloch haben
muß, und am Rande herum wohl verschmiert ist. Diesen sezt man
neben den Dreyfuß in einen Kühltrog mit Schnee oder kaltem Wasser.
Die Röhre (Zorros, mongol. Zorgo), welche den Milchbranntwein
aus dem grossen Kessel in die Vorlage leiten soll, pflegt aus einem
halbzirkelförmig gebognen Baumast, der gespalten, mit einer Rinne in beyden Hälften ausgehöhlt, wieder aneinander gepaßt und mit
rohem Leder oder Gedärm überzogen ist, zu bestehn und wird mit
dem einen Ende auf die Oefnung der Vorlage, mit dem andern auf
die eine Deckelöfnung des grossen Kessels gesezt und verschmiert. Endlich müssen vorher schon ein paar grosse Kegel (Aräken-Chapchak)
von Thon, oder mit Asche und Sand vermischten Kuhfladen gebildet
worden seyn, in deren Grösse und Schönheit es immer eine Hausfrau der andern zuvorzuthun sucht, weil sie glauben, daß die Füllen

der

der Stuten, wovon die Milch genommen ist, nach Proportion der **Bereitung** Kegel an Schönheit und Grösse zunehmen; daher werden dieser Kegel **des Milch-** auch mehrere gemacht, als nöthig sind und nachmals auf dem Feuer- **branntweins.** plaße verlaßen. — Sobald man mit den Vorbereitungen fertig ist, **Pl. 3.** so wird frisch Feuer gegeben, wobey man durch die unbedeckte Oef- nung des großen Keßels Acht giebt, bis die Milch in demselben auffiedet, und ein starkriechender Dampf, der sich bey Destillation der besten Stutenmilch sogar entzünden läßt, durch die Oefnung auf- steigt. Alsdenn wird einer der obgedachten Kegel auf diese Oefnung gesezt und angedrückt, das Feuer aber gemindert. Die kleine Oefnung der Vorlage bleibt allein unbedeckt, obgleich viele geistige Dünste durch selbige verlohren gehn; denn ohne diese würde, nach dem Zeugniß der Kalmücken, die Destillation nicht gerathen. — Nach weniger als anderthalb Stunden vermindert sich der Dunst. Alsdenn ist aller Branntwein (Arr'ki) abgetrieben, und macht von Kuhmilch etwan den dreyßigsten, höchstens einen fünf und zwanzigsten Theil, von Pferdemilch aber wohl ein Funfzehntheil der ganzen Milchmaße aus. Er ist klar, sehr wäßrig und läßt sich also nicht entzünden. Doch hält er sich in gläsernen Flaschen, wie schwacher Kornvorlauf, unver- derbt. Die reichen Kalmücken laßen denselben durch wiederholtes Ueberziehn verstärken und haben eigne Nahmen, womit sie die Producte einer jeden Rectification ausdrücken: der zum erstenmal vom Arr'ki übergetriebne Branntwein wird **Dang** genennt; nach der zweyten Verdoppelung heist er **Arsa** und nach der dritten **Chorza.** Weiter pflegen sie nicht zu gehn, sie haben aber noch bis zur sech- sten Rectification eigne Nahmen, wovon die ersten **Schingza** und **Dingza** sind.

Gemeiniglich begnügen sich die Kalmücken mit dem Product der ersten Destillation. Man gießt den Branntwein aus der abge- nommenen Vorlage ganz warm in eine hölzerne Schaale die einen Aus- **Pl. 4. c.** guß hat, und aus dieser in lederne oder aus Flaschenkürbißen ge- machte Flaschen. Alsdenn ist die erste Angelegenheit, daß der Wirth, bey welchem das Gelag ist, etwas Branntwein in eine Schaale gießt, einen Theil davon aufs Feuer schüttet und das übrige gegen das Rauchloch fliegen läßt, um die Luftgeister oder seinen Schuzengel zu befriedigen. Ferner wird die Spize der thönernen Kegel hohl gemacht und auch dahinein etwas Branntwein gegoßen. Endlich wird der noch
warme

Bereitung warme Branntwein mit grossen Schaalen, die oft nicht viel weniger als
des Milch- eine gute Flasche halten, allen anwesenden Freunden und der Familie,
brantweins. welche das Gelag giebt, herum gegeben. Was davon übrig bleibt
Pl. 4 c. pflegt auch nie anders, als aufgewärmt genossen zu werden. Dieser
Milchbranntwein rauscht, wegen seiner Wäßrigkeit, zwar nicht so geschwind und in so geringer Quantität, als Fruchtbranntwein, allein
alle Steppenvölker, die sich desselben bedienen und auch die Rußen
bezeugen, daß der davon entstehende Rausch viel länger anhält und
zugleich alle Lust zum Essen benimt, hingegen kein Kopfweh, wie der
Kornbranntwein, hinterläßt.

Unter den reichen wolgischen Kalmücken ist, wenn sie nahe
bey Städten überwintern, das Branntweinbrennen aus gesäuertem rußischen Brodt, mit oder ohne Milch, sehr üblich. Der daraus erhalte-
ne Branntwein soll schärfer und säuerlicher als Milchbranntwein seyn.

Käse der   Das ungemein saure, fast wie Branntweinhefen stinkende Ue-
Kalmücken. berbleibsel von der Destillation des Milchbranntweins, welches die Kalmücken Bossan und die Mongolen Zachá nennen, hat verschiednen
Nutzen. Theils wird es mit frischer Milch vermischt sogleich verzehrt,
theils zum bereiten der Schaaf- und Lämmerfelle gebraucht; oder wenn
meistens Kuhmilch genommen worden, so lassen die Kalmückischen
Weiber diese Neige auch wohl (entweder allein oder wenn sie gar zu
sauer ist, mit einem Zusaz süsser Milch) so lange kochen, bis sie dick
wird, gießen die käsigte Materie in Säcke und lassen sie, wenn die
Feuchtigkeit abgetrieft hat, entweder in Brocken oder (wie die tatarischen Völker) in zusammengepresten runden Kuchen, zum Vorrath
sonderlich auf Reisen und für den Winter, an der Sonne trocknen.
In Brocken heist dieser saure Käse Schuurmyk, in Kuchen gepreßt
aber Thorossun.

Sie machen noch eine andre Art von Käsen, sonderlich aus
Schaaf- oder Ziegenmilch, welche den Nahmen Aesägä bekommen hat.
Die frische Milch wird in einen Kessel gegossen, mit etwas gesäuerter
Milch (Aedürskfän Uessün) oder von obgedachter Branntweinsneige
(Bossah) vermischt, wohl durchgerührt, und eine kleine Weile zum
säuern ruhig gelassen. Darnach wird Feuer unter dem Kessel gemacht und
unter dem Kochen fleißig gerührt, damit die geronnenen Matten theils
durch das Sieden und theils durch die Bewegung in einen Schaum (Kö-
ösun)

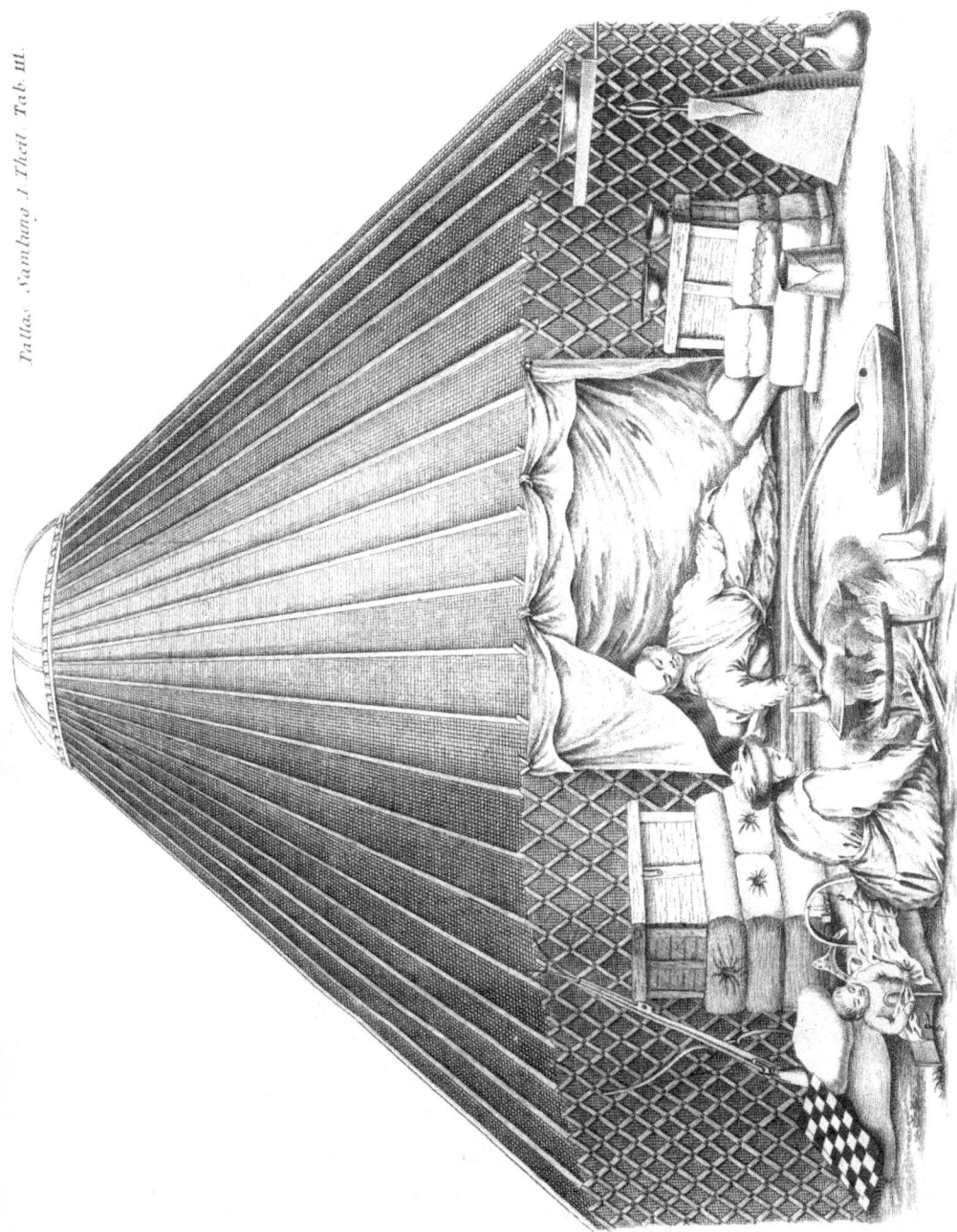

(sun) verwandelt werden. Wenn alle wäſſrigte Theile der Milch alſo ein- *Kalmücki-* gekocht ſind, ſo pflegt man noch etwas Butter hinzu zu fügen, alles *ſche Käſe.* gut durchzurühren und die Materie ſo lange über dem Feuer zu laſſen, bis der Schaum trocken und bräunlich zu werden anfängt; dann iſt dieſes Gericht fertig, und könnte, wenn reinlich dabey verfah- ren würde, angenehm genug ſchmecken.

Die Kalmückiſche Art Butter zu machen iſt folgende. — *Kalmücki-* Man läſt eine hinlängliche Quantität friſcher Kuh- oder Schaafmilch *ſche Butter.* im Keſſel eine geraume Zeit kochen, thut etwas von dem Schmant geſäuerter Milch (Arijän) darein und ſtellt ſie zum verſäuern hin, wozu weniger als ein Tag hinlänglich iſt. Alsdenn wird dieſe Milch mit einer Art von Butterſtock geſchlagen und in einen Trog oder Schaale ausgegoſſen, da ſich denn die losgegangne Butter oben ſezt, welche in lederne Geſchirre oder trockne Thiermägen geſchöpft und alſo aufgehoben wird. Scheint die Milch noch nicht alle Fettigkeit verloren zu haben, ſo kocht man ſelbige abermals und verfährt wie vorhin. Und dieſe Butter heiſ in ihrer Sprache Toſſun, bey den Mongolen aber Oeröms.

Von Thee und Tabak ſind die Kalmücken groſſe Liebhaber und *Kalmücki-* des leztern bedient ſich auch das Weibsvolk fleißig. — Zum Thee- *ſcher Thee.* kochen wählen ſie ſich am liebſten diejenige gepreſte Tafeln, welche durch den chineſiſchen Handel nach Rußland kommen und unter dem Nahmen Kirpitſchnoi Tſchai (Ziegelthee) verkauft werden. Sie pflegen davon etwan eine Unze grob zerſtoſſen, auf etwan acht Pfund Waſſer in ihren Keſſeln, mit Milch (am liebſten von Kameelen) Butter und etwas Kochſalz, nicht mit andern Erdſalzen, wie von den Mon- golen geſagt werden ſoll, zu kochen. Aus Sparſamkeit werden die Blätter mit einem leinwandnen, auf einen Ring ausgeſpannten Säcklein (Zaigin Schür) aus dem Kochſel genommen, und ein andresmal mit etwas friſchem Thee wieder aufgeſotten. Weil dieſer Thee durch den weiten Transport an der Wolga theuer verkauft wird, auch nicht immer zu bekommen iſt, ſo ſamlet das gemeine Volk einige wilde Gewächſe zu eben dem Gebrauch. Von Kräutern habe ich nur eine kleine, auf magern Steppen wachſende Art von Süßholzkraut (Glycyrrhiza aſperrima P. Reiſe 1ſter Theil S. 499. 3ter Theil S. 754.) unter

Erſter Theil.   S   den

Kalmücki-
scher Thee.
den Kalmücken im Gebrauch gefunden. — Nächstdem samlen sie die
Saamen von Spizwegerich (Lapathum acutum), welchen sie Temähn-
schike nennen; die Wurzel von dem gelben Sumpfschwertel oder fal-
schen Calmus (Uldö-Ebessün) ingleichen die heftig zusammenziehende Saamen (Chantroossen) des Zwergahorns (Acer tataricum) von
welchen sie durch klopfen oder reiben in einem Sack die Flügel abson-
dern und eben wegen dieser Flügel den gedachten Baum Zarza oder
Heuschreckenbaum nennen.

Kalmücki-
sche Gerbe-
rey.
　　Die Bereitung aller bisher erwähnten Speisen und Getränke,
das Melken des Viehes; das Auf- und Abnehmen der Hütten, ist so
wie alle Nähe-Arbeit ein Geschäfte der Kalmückischen Weiber. Ihre Arbeit ist es auch, allerley Felle und Lederwerk zu gerben; wobey
ich folgende Behandlungen üblich gefunden habe. — Wenn sie besonders zarte Lämmerfelle zubereiten wollen, so waschen sie selbige
zuerst in lauwarmen Wasser rein und lassen sie darauf an der Luft
ausgebreitet etwas abtrocknen. Darauf kratzen sie selbige mit stump-
fen Messern an der Fleischseite, theils das noch daran hängende Fleisch
und Hautwerk wegzubringen, theils um die Haut zu öfnen, damit
dieselbe von der Milch besser durchdrungen werde. Wenn dieser
Zweck erreicht ist werden die Felle an der Luft, auf dem Grase oder
einem Filz ausgebreitet, auch wohl mit Pflöckchen aufgespannt (S. das
Titelkupfer) und drey Tage nacheinander mit denen von Milchbranntwein übergebliebnen Hefen oder besser mit saurer Kuhmilch, welche
etwas Salz bekömt, täglich dreymal bestrichen, so daß diese Milch
vermittelst eines Messers überall gleichförmig ausgebreitet wird. Am
vierten Tage läst man das Fell austrocknen, und würkt es sodann
zwischen den Händen und auf dem Schooß nach allen Richtungen so
lange durch, bis es ganz weich wird. Einige bedienen sich, sonderlich bey etwas stärkern Fellen, eines schmalen, gekerbten Scheids
(Edereng), über welches sie selbige auf den Knien durcharbeiten. Und
dieses Werkzeug ist auch bey den sibirischen Steppenvölkern gebräuchlich.
Grobe in saurer Milch gegerbte Leder zu Stiefeln und dergleichen,
werden auf einer Art von Breche, deren Ränder gekerbt sind (Talki),
und die auf der Erde liegend gebraucht wird, weich gemacht.

Nach

Nach der ersten Bereitung müssen die Felle geräuchert wer-Kalmücki-
den, damit sie dem Regen besser widerstehn und von der Feuchtig-sche Gerbe-
keit nicht verderbt werden können. Zu dem Ende wird in einer klei-rey.
nen Grube ein geringes Feuer angezündet, und darüber faul Holz,
trockner Mist, oder, wo man es haben kann, Fichtenzapfen geschüttet
um einen dicken Rauch zu erwecken. Die Kalmücken halten hierzu
den Schaafmist und das Borstengraß (Spica capillata Kalm. Zaghan-
Oebessün) vor sehr dienlich. Um die Grube werden Stöcke also
eingesteckt, daß sie eine Art von Pyramide bilden, die man mit den
Fellen, welche man räuchern will, bedeckt, um den Rauch beysammen
zu halten. Von Zeit zu Zeit verwechselt man die Lage der Felle,
und bringt die obern nach unten, damit alles gleichförmig durch-
geräuchert werde. Dieses wird eine Stunde und länger fortgesezt.
Die Häute werden davon wieder etwas spröde und wollen also nochmals gewürkt und weich gemacht seyn, worauf man sie denn endlich
an der Fleischseite mit gestoßener Kreide oder Gips wohl einreibt,
mit scharfen Messern reinkrazt und glättet, nochmals mit ganzer Kreide weißet und endlich das Haar reinigt und ausklopft.

Wenn sie sich weniger bemühen wollen, so bestreichen sie, (besonders grobe Felle) einige male mit einem Brey von Asche und Salzwasser, welches nach der Stärke der Häute schärfer oder schwächer
gemacht wird. Am folgenden Tage wird die Fleischseite rein gekrazt,
einigemahl mit saurer Milch bestrichen, die man eintrocknen läst, darauf gewürkt und mit Kreide geweißt. Einige pflegen solche Felle,
nachdem sie geräuchert worden, zu waschen, und darauf einige mahl
mit weich gekochter Ochsen- und Schaafleber, die man zerdrückt einen
Tag oder länger in Milch liegen und also völlig zergehn läst, bis
sie zu einem Brey wird, zu bestreichen, darnach nochmals rein zu
krazen. Die Felle werden davon weicher, nehmen aber einen uner-
träglichen Geruch an, welcher langsam vergeht. Alles Pelzwerk, welches
sie zu ihrem eignen Gebrauch verarbeiten, wird von den Weibern mit
feingespaltnen Sehnen von Pferden, Rindern oder Elendthieren, welche
getrocknet und geklopft werden bis sie ganz fein auszasern, genäht;
und dieses aus also zerklopften Sehnen zwischen den Händen gedrehte
Näh-Garn übertrift Zwirn und Seide an Festigkeit.

Boks- und Schaafleder, zu großen Reithosen und Sommer-
kleidern auf Reisen, werden also bereitet. Man legt das frische Fell

auf-

aufgerollt hin, bis Wolle oder Haar von sich selbst abgeht. Ferner trocknet man die Haut, bestreicht sie mit saurer Milch und würkt sie zurecht, wie man Lämmerfelle gerbt. Alsdenn wird das bereitete Leder auf der Erde ausgespannt und an der Fleischseite mit einem starken Decoct von der grösten Staticewurzel mit Alaun und etwas Hammelfett, abwechselnd bestrichen und getrocknet, bis die gelbbraune Farbe der Wurzel durchgedrungen ist. Diese Gerbe wiedersteht der Feuchtigkeit am allerbesten.

Die Kalmücken, welche auf den rußischen Fischereyen dienen und von Fischen leben, ziehen die Felle der grossen Seekarpen ab, trocknen sie, reinigen selbige alsdenn von den Schuppen, und gerben sie zuerst mit saurer Milch oder Branntweinsüberbleibseln, und dann mit eben dem gelbbraunen Kochjel der Statice. Aus diesen Fischhäuten, welche ein schönes, halb durchsichtiges, durch die Spuren der Schuppen geflamtes Ansehn gewinnen, nähen sie sich Regenkleider, die sie Sasan-Sarssyn oder Karpfenröcke nennen.

Die Roß- und Rinderhäute werden von den Kalmücken hauptsächlich zu Verfertigung vieler Arten von ledernen Geschirren gebraucht und auf folgende Art bereitet. Man brühet diese Häute frisch mit siedendem Wasser, bis die Haare losgehn. Ochsenhäute, besonders die Rücken, geben die besten Gefässe. Einige lassen die Felle in Asche liegen, um das Haar loß zu machen. In beyden Fällen werden sie darauf mit Messern an beyden Seiten so glatt und rein, als möglich, gekrazt und in einem fliessenden Wasser rein gewaschen. Einige geben nach diesem den Häuten dadurch eine Bereitung, daß sie selbige eine Woche und länger in saurer, ganz wenig gesalzner Milch liegen lassen, und auf diese Art werden Häute zu Stiefeln und allerley Lederwerk, auch Ziegen, Reh und andre kleine Thierfelle wie sämisch gegerbt. Allein um Gefässe zu machen, die recht hornartig und dauerhaft werden, ist erforderlich, daß man die rohen Häute, so wie sie aus der Schwemme kommen, an die Sonne hinbreitet, da denn die Weiber, welche damit umzugehn wissen, Stücken von der Figur die zu den verlangten Gefässen erforderlich ist, ausschneiden, selbige mit Thiersehnen frisch zusammen nähen und in ihrer gehörigen Gestalt ausgedehnt über einem Rauchfeuer wohl trocknen. Sie verfertigen auf diese Art nicht nur Gefässe mit weiten Oefnungen, welchen sie unter dem Trocknen die Gestalt mit der Hand geben können,

nen, sondern auch bauchigte Schläuche und Sattelflaschen, (Burbi) Kalmücki-
mit einem engen Halse, die sie, um die Gestalt zu erhalten entweder sche Gerbe-
über dem Feuer geduldig aufblasen, oder auch mit Sand so lange rey.
gefüllt lassen, bis sie trocken sind, und während dem trocknen von
aussen mit allerley Strichen und Figuren zieren. Ich habe sogar
lederne Theekannen, und Gefässe zum melken (Könök) mit einer
zierlichen engen Röhre zum Ausguß auf diese Art verfertigt gesehn.
Die gewöhnliche grosse und mehrere Eimer haltende Milchschläuche,
welche man in allen Kalmückischen Jurten mit saurer Milch gefüllt
stehn sieht, pflegen viereckigt, nach oben zu schmäler und mit einer
Klappe über die Oefnung auch mit Riemen versehen zu seyn, mittelst
welcher man sie dem Lastvieh anhängt. Eine Art, Flaschen (Chun-
duk) pflegt aus der ganz abgezognen Haut eines Pferde = oder Ochsen-
fusses bereitet zu werden und bekomt eine gekrümte Gestalt.

Alle diese lederne Gefässe können zwar, sobald sie recht trocken
sind, in der Haushaltung schon gebraucht werden; um aber zu erhalten daß sich das Leder von keiner kalten oder siebenden Feuchtigkeit
erweichen lassen könne und auch keinen üblen Geschmack mittheile, so
ist nöthig selbige weit stärker und länger zu räuchern. Mehrere Nachbarn pflegen zu dem Ende ihre Gefässe zusammen zu thun und die
Bemühung, welche bey Einsamlung der Feurung und Unterhaltung
des Rauchs nöthig ist, mit einander zu theilen. Die Räucherung
geschieht auf die vorbeschriebne Art, indem man die Gefässe unter
zusammengestürzten Stangen aufhängt und alte Filze oben drüber deckt
um den Rauch beysammen zu erhalten. Man fährt damit einige Tage
nacheinander fort, wodurch die Gefässe endlich fast so durchsichtig wie
Horn, und beynahe unvergänglich werden.

Die aus Wolle bereitete Filze sind in der Kalmückischen Haus- Bereitung
haltung ein sehr unentbehrlicher Artikel. Ausser daß die Hütten da- der Filze.
mit bedeckt, Schlafpolster und Regenmäntel daraus bereitet werden,
dienen sie den Kalmücken statt der Teppiche und Decken. Man
bereitet sie zu diesen verschiednen Endzwecken von allerley Güte und
Art. Die zu Bekleidung der Hütten bestimte werden nur mittelmäßig
dicht und dauerhaft gewalkt. Vornehme Geistliche und fürstliche Personen

S 3

Bereitung der Filze. sonen wählen zu ihren Hütten solche, die von ganz weisser Wolle gemacht sind. Zu gemeinen nimt man gemengte Wolle, woraus mehr oder weniger braune oder graue Filze entstehn. Die zu Teppichen und Decken bestimte werden von besserer Wolle zubereitet und mit gefärbter Wolle in allerley Figuren belegt. — Bey Verfertigung der Filze, welches hauptsächlich eine Herbstarbeit ist, sind auch die Männer geschäftig und man nimt die Nachbarn mit zu Hülfe. Zuerst wird die Wolle auf ausgebreiteten alten Filzen oder Matten auseinandergerupft, geläutert und mit Stöcken ausgeklopft. Darnach breitet man sie recht gleichförmig und locker auf einem alten Filz, von der Grösse dessen, den man verfertigen will, vor die stärksten Filze etwan einen Schuh hoch aus, legt die verlangten Zierathen mit gefärbter Wolle darauf, und übergiest alles mit siedendem Wasser. Alsdenn wird die Wolle mit dem untergelegten Filz vorsichtig und fest aufgerollt und mit härenen Stricken umwunden; So viel Leute, als nach der Länge des aufgerollten Filzes nöthig sind, setzen sich nach der Länge in zwey Reihen auf die Hacken und werfen einer um den andern die Rolle abwechselnd vom Knie auf die Erde, und von der Erde wieder auf die Knie. Diese ziemlich schwere Arbeit wird oft über eine Stunde fortgesezt, wodurch die Wolle genugsam in einander gefilzt zu seyn pflegt. Die etwan vorhandnen Fehler des neuen Filzes werden aus der Hand mit Wolle gebessert und alles an der Luft zum trocknen ausgebreitet.

Bandweberey der Kalmücken. Die zu den Hütten oder auch sonst nöthigen Gürtbänder werden von den Kalmückischen Weibern selbst auf eine sehr langsame Art gewürkt. Der Aufzug wird über einen runden Stock, den ein Knabe hält, gewickelt und mit dem einen Ende an einen Baumstam oder die Hütte gebunden; den Einschlag zieht die Würkerin mit einer Spule mühsam durch, indem sie einen Faden nach dem andern aufhebt; und ein kleiner Kam dient zum schlagen. Einige Weiber haben doch in Astrachan und bey den Tataren feiner spinnen und würken gelernt, und machen grobe und ganz schmale Camelote. — Die Stricke werden aus Pferdehaaren und aus Kameelwolle, ohne weitläuftige Anstalten geflochten.

Geschäftig. der Männer bey den Kalmücken. Das Kalmückische Mannsvolk hat gegen die Weiber gerechnet wenig eigne Geschäfte. Wenn man aber betrachtet, daß nach

der

der Kalmückischen Lebensart und Verfassung alle Männer als Kriegsleute, zu betrachten sind, welche zu Beschützung ihrer Heerde und
Familie auf alle Fälle stets bereit seyn müssen; so ist ihre Muße so
unbillig und tadelhaft nicht.   Man muß auch gestehn daß die Kalmücken nicht, wie viele andre heidnische Völker, die Weiber wie ihre
Sklavinnen ganz allein vor sich arbeiten lassen.   Sondern sie sind,
wann es andre Geschäfte erlauben, in verschiednen Hausarbeiten, besonders beym aufschlagen der Hütten und packen, ihren Weibern gern
behülflich. Das Brennholz zu hohlen und zu zerhauen, Vieh zu schlachten
und vorräthiges Fleisch zum dörren zu zerschneiden, die Hütten auszubes-
sern oder zu erneuern, Stricke aus Haaren zu flechten, die Heerde
zu treiben, zu behüten und zu tränken, sind alles Geschäfte welche dem
männlichen Geschlecht überlassen zu seyn pflegen. Auch liegt dem
Mann die Verfertigung und Besorgung des Reitzeugs und der
Waffen ob.

Die Kalmücken sind überhaupt sehr wohl zu Pferde und im
reiten viel verwegner und geschickter, als die Tataren, welche gemeiniglich wie Bauern auf den Pferden sitzen.   Sie stehn sehr kurz in
den Steigbügeln und haben sonderlich davon krumme und einwärts
stehende Füsse.   Das Weibsvolk ist eben so rasch zu Pferde als die
Männer und man sieht junge Mädgen mit den Jünglingen in die
Wette jagen.   Das Kalmückische Sattelzeug (S. auf dem Titelkupfer) besteht bloß aus einem Sattelgerippe, das von teutschen Sätteln
wenig unterschieden ist, und worauf ein ledernes Polster gehört.
Unter den Sattel werden zwey glatte Leder und dazwischen ein Filz-
polster, zu unterst auf das Pferd aber noch ein Filz gelegt.   Von
Stangenzäumen wissen sie nichts.

Die Waffen der Kalmücken, (so wie der meisten asiatischen
Völker) bestehn noch immer hauptsächlich aus Lanzen (Dshidda),
Pfeil und Bogen (Saadak), Dolchen (Kinshol) und gekrümten
Säbeln (Uldä).   Doch sind die meisten wohlhabenden Kalmücken
mit Feuergewehr (Buuh) versehn und bedienen sich dessen hauptsäch-
lich auf der Jagd.   Sie haben am liebsten gezogne Büchsen, an
welchen nach Kasackischer Art bewegliche Hörner zum Aufstützen des
Laufs befestigt sind, (S. Platte 3), vermittelst welcher der auf der
Erde liegende Schütze genau richten kann.   Die es genau nehmen,

tragen

Waffen der Kalmücken. tragen ihre Büchse auf Reisen in einem Futtral von Dachsfellen (*). Von Pfeilen (Sumun) führen sie verschiedne Arten, nämlich: ganz hölzerne mit einer kolbigten Spitze, welche auch um die Schwere zu vermehren aus Knochen gemacht zu seyn pflegt, und womit nur kleine Thiere geschossen werden; ferner leichte Jagdpfeile mit einem schmalen Eisen; Pfeile mit einem dünnen, meisselförmigen Eisen, welches mit seiner Schneide durch Panzerhemden schlägt, und endlich grosse Kriegspfeile mit einem starken, spitzigen Eisen. Alle diese Arten werden drey oder vierfach mit Adlersfedern befiedert, wozu man hauptsächlich die Schwänze dieser Vögel (am liebsten die weissen) wählt, weil die Schwingfedern den Pfeilen eine schiefe Richtung geben würden. Die verschiednen Arten von Pfeilen pflegen in besondern Abtheilungen des Köchers zu stecken, und dieser wird von Juften oder anderm Leder verfertigt, bekömt eine platte Gestalt, mit allerley Platte 6. Blechen zur Verzierung, und muß auf der rechten Seite des Sattels, so wie der Bogen in seiner ledernen Scheide auf der linken, an einem den Leib des Reuters umgebenden Gürtel hängen.

Die Pfeile werden von den Kalmücken selbst verfertigt. Ein kleines Messerchen dient ihnen und ihres gleichen statt eines Hobels, indem sie einen kleinen Kloben mit einer Hohlkehle auf den Pfeilstock legen, das Messerchen in einen schrägen Kerb dieses Klobens der bis auf die Hohlkehle durchgeht, einsetzen und also ihre Pfeile sehr glatt und rund behobeln. — Die theuersten Bogen (Numun) werden von Steinboks-Hörnern, Fischbein oder Ziegenhorn zusammen geleimt. Gemeine macht man aus Ahorn, oder aus zusammen geleimten Platten von Ulmen und Tannenholz, und überzieht sie oft mit Leder oder Birkenrinde.

Wohl-

(*) Man könnte die Dachsfelle, welche der Feuchtigkeit sehr dauerhaft widerstehn, vielleicht nicht ohne Wahrscheinlichkeit für die unter den Orientalisten noch streitige Felle erklären, womit Moses die Stiftshütte deckte. Denn dieses in allen ofnen Gegenden Asiens sehr gemeine Thier, konnten die Israeliten in der Wüsten durch die Jagd am häufigsten erlangen.

Wohlgerüstete Kalmücken halten sich Panzerhemden (Köö) Waffen der welche nach orientalischer Art aus einem Nezwerk von eisernen oder Kalmücken. stählernen Ringeln bestehn. Sie sind hauptsächlich durch den Handel mit den Truchmenen und Usbeken, ingleichen durch die Kriege mit China unter sie gekommen. Die schönsten sind von persianischer Arbeit, ganz aus polirtem Stahl, und werden auf funfzig Pferde und drüber geschäzt. Die volle Rüstung besteht aus einem runden stählernen Helm, mit vergüldeter Scheitelspitze, von welchem rings um den Hals bis auf die Schultern, vorn aber nur bis auf die Augbraunen ein Netz von Ringen herabhängt; ferner aus dem Panzerhemd mit Aermeln, welche bis aufs Handgelenk fallen und noch mit einem Zipfel die Hand decken, den man zwischen die Finger einklemt; und endlich aus zwey angeschnalten stählernen Armschienen, welche vom Ellenbogen bis ans Handgelenk die äussere Seite des Arms bedecken und zum Auffangen der Hiebe im Handgemenge dienen. Solchen theuren Panzern, so wie auch schönen Säbeln, pflegen die Kalmücken und auch Tatarische Völker, gleich wie ihren Leib=Pferden, gewisse Nahmen beyzulegen. — Es giebt auch schlechte Panzer, die vor sechs bis acht Pferde eingetauscht werden können. Die aus Blechschuppen zusammengesezte, sind in China und bey den Mongolen am gebräuchlichsten.

Die Soongaren wusten sich selbst aus wildem Erdsalpeter Schießpulver (Schirroi) zu verfertigen. Sie kochten die Salpeterblumen in einer starken Lauge von Pappel= oder Birkenasche, liessen sie ordentlich anschiessen und zerstiessen diesen Salpeter mit zwey Theilen Schwefel und eben so viel im Kessel gebrannter Strauchkohlen, worauf sie alles durchnezten und im Kessel über einem Kohlfeuer so lange rührten, bis es sich zu körnen anfieng.

Kleine zu den Waffen, Pferdezeug und andern Nothwendig=Kalmücki-keiten erforderliche Eisenarbeit, ingleichen sehr gute Messer, werden sche Schmie-von Kalmückischen Schmieden (Darchan) verfertigt. Ihre Hütte de. ist zugleich ihre Werkstatt und das ganze Handwerkszeug (Serlebü) Platte 5. so leicht, daß es ein Knabe tragen kann. Ein mäßiger behauener Klotz von einem Zwieselast, der platt auf der Erde liegt, trägt den kleinen Amboß. Die Esse ist ein Grübchen, welches mit einigen Steinen umsezt ist, wozwischen eine thönerne Röhre liegt, durch welche das Gebläse seine Würkung thut. Die Bälge sind zwey lederne

Erster Theil.   T   Schläuche

Kalmücki-sche Schmie-de.

Platte 5.

Schläuche mit einer engen Röhre; jeder hat oben eine Oefnung, die mit zwey glatten, an einander paſſenden Hölzern eingefaſt iſt, welche mit der einen Hand bequem geöfnet und zuſammengedrückt werden können. Ein Gehülfe ſizt zwiſchen dieſen Schläuchen auf den Hacken und drückt die Bälge abwechſelnd gegen die Erde. Wenn er die Oefnung eines Balges in die Höhe hebt, ſo treten die Hölzer zugleich voneinander, damit ſich der Sack mit Luft füllen kann; im Nieder-drücken wird die Oefnung zugleich geſchloſſen und die Luft durch die Röhre getrieben. Ein Schmidt mit ſeinem Gehülfen, beyde bis auf den Gürtel nackend, verrichten auf dieſe Art alle kleine Schmiedearbeit auf der platten Erde und brauchen ſo wenig Plaß, daß die Frau ihre Hälfte der Hütte, zu Verrichtung der häußlichen Arbeiten, vor ſich frey behält.

Es ſollen noch izt unter den Kalmücken Büchſenſchmiede ſeyn, welche die Läufe mit unſäglicher Arbeit aus Drath und groſſen Angelhaken zuſammen ſchmieden, weil das alſo bereitete Eiſen vor ſchmeidiger und beſſer geht.

Kalmücki-sche Silber-arbeiter.

Man findet auch einige Silberſchmiede (Altatſchi) unter den Kalmücken, welche kleinen Weiberſchmuck, als Ohrringe, ingleichen Schälchen für die Gößen und Altarkännchen (Bumba) worinn das heilige Waſſer aufbehalten wird, auch kleine Gößenbehältniſſe oder Kapſuln, aus Silber, Kupfer oder Meßing, zierlich genug zu ver-fertigen wiſſen. Sie verſtehn auch nach buråtiſcher Art (*) mit Feilhammern rauh gemachte Eiſenplatten, mittelſt aufgelegter und mit dem Plätthammer eingetriebner Silberbleche, von beliebiger Figur, zu damaſciren; Sie verzieren hölzerne Theekannen mit ſilbernen oder meßingenen Reifen und Blätchen, welche etwan die Geſtalt verſchiedner Thiere ausdrücken; u. w. dergl. m. iſt.

Kalmücki-sche Tiſchler und Drechs-ler.

Solche unter den Kalmücken, die in allerley Holzarbeit be-ſonders geſchickt ſind, werden Modotſchi genannt. Einige derſelben verfertigen hauptſächlich die zum Gerüſt der Filzhütten nöthige Stük-ke; andre ſchnißen hölzerne Gefäſſe und Schaalen, am liebſten aus Maſerklößen, die ſie ſo glatt arbeiten, als wenn ſie von der Dreh-bank

(*) Gmelins ſibir. Reiſe I. Theil. S. 407.

bank kamen; auch wissen sie Sattelhölzer und Flintenschäfte so geschickt Kalmücki- auszuschnitzen, daß sie selbst für Russen viel zu thun bekommen und sche Tischler viele Sattelhölzer in die Rußischen Städte zu Markte bringen können. undDrechs- ler.

* * *

Von den ernsthafteren Beschäftigungen der Kalmücken wende Jagdlust ich mich zu ihren Lustbarkeiten. Eine Hauptergözlichkeit und zugleich der Kalmü- ein Nahrungsgeschäft aller Nomadischen Völker ist die Jagd, und cken. die Kalmücken üben fast alle Arten derselben aus. Die Vogelbeize ist hauptsächlich ein Zeitvertreib der Fürsten und Vornehmen zur Som- merszeit. Sie richten dazu am meisten den Habicht (Charzega) und dessen seltne, fast ganz weiße Spielart (Tuigun), ferner den in allen freyen, südlichen Steppen auf niedrigem Baumwerk nistelnden Schweymer-Falken (Falco Lanarius Kalm. Itâlgó) und einige Sor- ten von Adlern (Falco fuluus Kalm. Bürkut und F. hypoleucus (*)) auch verschiedne kleine Raubvögel ab. Sie sind geschickte Kenner der zur Jagd dienlichsten Falken und zähmen sie, fast nach Art der euro- päischen Falkeniere, durch Hunger und Schlaflosigkeit. Den Schwey- mer nehmen sie hauptsächlich aus den Nestern; Habichte aber fangen sie im Winter, mit einem lose über der Erde aufgehängten Nez, un- ter welchem eine lebendige Taube angebunden ist, worauf der Habicht streichend stößt und sich in das hängende Netz verwickelt: — Der Geierfalk (Schonkar) und der Wanderfalk (Naatschin) sind beyde in den Gefilden, welche die Kalmücken izt bewohnen, nicht zu finden, und nur deßwegen selten in Gebrauch. Doch suchen die vornehmen Kalmücken dergleichen von den Baschkiren zu erhandeln, in deren Ge- bürglande ein erwünschter Aufenthalt dieser edlen Raubvögel zu seyn pflegt. Auf der Jagd trägt gemeiniglich der Fürst mit seinen Vornehmen die kleinern Stoßvögel gekapt auf der Faust. Wenn das Wasserwild, aus Furcht vor den Raubvögeln, sich nicht erheben will, so scheucht man es mit sausenden Pfeilen (Orturmà) welche an der Spitze eine hole knöcherne Zischkugel, und kein Eisen ha- ben, damit sie im Wasser nicht zu Grunde gehn. — Adler wer- den entweder zwischen zwey Reutern auf einer mit Filz überzognen

T 2

Stange

(*) Jean-le-blanc *Buffon. hist. nat. des oiseaux Vol. I. p. 124.*

Jagdluſt der Kalmü-cken.

Stange, oder von einem Mann, mittelſt eines groſſen Krückholzes auf dem Steigbügel getragen, und hauptſächlich auf Wölfe oder wilde Ziegen loß gelaſſen.

Auf Wölfe iſt ſonſt die Parforcejagd am gewöhnlichſten, da eine Anzahl wohlberitner Kalmücken den aufgejagten Wolf über die freye Seppe verfolgt und wenn er eingehohlt iſt, mit ihren gewöhn-lichen kurzen und dicken Reitpeitſchen todtſchlägt. Auf eben dieſe Art vertilgen auch die Baſchkiren und Kirgiſen dieſes ihren Heerden ſo ge-fährliche Raubthier. Es giebt Pferde, die aus einem natürlichen Muth, bey ſolchen Jagden, wie Furien auf den Wolf loß gehn und ihn mit den Vorderfüſſen ſchlagen. Ja ich habe im ſibiriſchen Ge-bürge tatariſche ſo edler Art geſehen, daß ſie aus Muth ſogar auf ei-nen gehezten und fliehenden Bären loßgiengen. Von Hengſten, die frey in der Heerde gehn, iſt dieſe Herzhaftigkeit nichts ſeltnes.

Die Kalmücken halten zu dieſer Jagd auch Hunde, welche von der natürlichſten Raſſe der Haushunde zu ſeyn ſcheinen, bey ih-nen aber zu einer ſchönen Geſtalt ausgeartet ſind, und faſt ſo ſchlank als Windſpiele, mit behangnen Ohren, Schenkeln und Schweif ausfallen.

Füchſe und Dachſe werden von den Kalmücken mit Rauch aus ihren Hölen getrieben; kleine Thiere aber mit Fallen gefangen. Für Rothwild und Geflügel, worunter Schwäne und Gänſe, wegen ihrer Gröſſe, am angenehmſten ſind, muß die Kugelbüchſe dienen.

❦   ❦   ❦

Luſtbarkei-ten der Kal-mücken.

Wenn die Kalmücken an einem Orte lange ruhig ſtehn, ſo ergötzen ſie ſich mit allerley zum Zeitvertreib und zur Uebung dienen-den Spielen und Luſtbarkeiten, welche ſonderlich auch bey feſtlichen Ge-legenheiten ausgeübt zu werden pflegen. In der warmen Jahrszeit verſuchen ſich die jungen Leute im Ringen, oder Bogenſchieſſen nach einem Ziel. Es werden Wettrennen zu Pferde angeſtellt, wobey es ziemlich halsbrechend zugeht und doch auch Mädgens ſich ſehn laſſen. Von allen dieſen Uebungen, ſonderlich wenn ſie feyerlich angeſtellt werden, wird im Abſchnitt von den Feſten umſtändlicher geredet wer-den. Das Ringen (Abaldánß) hat ſonderlich ſeine feſtgeſezte Re-geln

geln bey den Kalmücken. Die Hauptsache besteht darinn, daß einer den andern ohne Eifer und vorsezliche Verlezungen auf die Erde und zwar auf den
Rücken niederzulegen suchen muß, um als Sieger zu gelten. Die Ringer
entkleiden sich bis auf ihre lange, leinene Beinkleider und auch diese werden
von unten herauf bis über die halben Lenden aufgewickelt. Bey förmlichen
Ringspielen stehn hinter jedem Ringer zwey bis drey Secundanten, als
Zeugen, damit nach den Regeln verfahren werde, auch einer mit einer Kanne kalten Wassers, um, wenn das Gefecht lange dauert, seiner Parthey den Rücken damit abzufrischen. Wenn die Ringer gegen einander auftreten, so neigen sie sich, nehmen beyde Hände voll
Staub und lassen ihn wieder fallen; gehn darauf in völliger Positur
einige Zeit im Kreise gegen einander herum, um sich aufs vortheilhafteste zu fassen. Das gewöhnlichste ist, daß einer den andern mit
der Rechten hinten beym Gurt ergreift und den andern Arm bis zur
bequemen Zeit frey zu behalten sucht. Keiner von beyden giebt den
geringsten Laut von sich, und es gilt auch nicht sich im Eifer zu
übernehmen; sonderlich darf keiner den andern bey der Kehle oder dem
Haarzopf anpacken, oder ihn durch krazen, stossen u. s. w. verlezen.
Geschieht etwas dergleichen, so werden die hizigen Ringer durch die
Secundanten ausseinander gebracht, und der Thäter äusserst beschimpft.
Das Ringen dauert oft sehr lange und einer lüftet den andern gar
oft fruchtlos beym Gurt in die Höhe, ohne ihn aus dem Gleichge-
wicht bringen zu können; ja mancher weiß im Fallen den Vortheil
zu gewinnen und sein Gegenpart, den er nicht losläßt, über sich weg
zu Boden zu werfen. Wer solchergestalt völlig ausgestreckt auf den
Rücken zu liegen komt, muß dem andern den Sieg zugestehn.

Das Bogenschiessen geschieht theils nach einem Ziel, die Ge-
nauigkeit, theils nach einer grossen Entfernung im Bogen oder in
die Luft, um die Stärke des Bogenschützens zu beurtheilen. Im
Krasnojarischen, stehn zwischen dem Kadatbach und dem Tengrikul
oder Gottessee, zwey Steine, die noch bey den Tataren, unter dem
Nahmen O'gad adatergan-tasch berühmt sind, viertthalb Schuh über
hundert und eilf rheinl. Ruthen auseinander, zum Denkmahl eines
berühmten Bogenschützen unter den Kirgisen, dem es izt auch die ge-
übtesten unter den Tataren nicht gleich thun können. Von einem
Kalmückischen Saissan ist mir, durch Augenzeugen versichert worden,
daß er einmahl zur Wette auf Verlangen seines Fürsten, ein Pferd

T 3   von

Luſtbarkei-
ten der Kal-
mücken.
von einem kleinen Abſtand, mit einem Pfeil mitten durch den Leib alſo durchſchoſſen, daß es auf der andern Seite mit dem ganzen
Holz herausgefahren.

Oft ſtellen auch, ſonderlich bey feſtlichen Gelegenheiten, ganze
Nachbarſchaften miteinander ein Trinkgelag an, welches nicht ſelten
halbe Tage lang dauert. Ein jeder bringt ſeinen Beytrag von Branntwein und rauſchender Stutenmilch herbey und der ganze Vorrath
wird mitten in den Kreiß der unter freyem Himmel niederſitzenden
Geſellſchaft geſezt. Ein Vorſchenker muß ſich beym Getränk, mit der Schaale in der Hand, auf die Hacken niederſetzen. Die Mädchen, welche ſich um
die Verſamlung einfinden und ihre Stimmen hören laſſen wollen, fangen
alsdenn an Liebeslieder zu ſingen, und der Vorſchenker wartet mit
voller Schaale, bis der in den Liedern häufig vorkomende Ausſpruch:
Tſchi minnih (Du der meine) oder Innak tſchi minnih (Du mein
Liebling) gleichſam das Zeichen zum trinken giebt, da denn die Schaale demjenigen, an welchem die Reihe iſt, dargereicht wird und ohne
Wiederrede muß ausgetrunken werden. So wird mit Singen und Rund-
trinken ſo lange fortgefahren, bis alles Getränk verzehrt iſt, und niemand ſteht auf, oder taumelt umher, oder darf mit Geſchrey Unord-
nung machen.

Tänze.
Platte 2.
Bey langen Winterabenden ergözt ſich das junge Volk, in
den reichen Hütten, wo es ſich Beſuchsweiſe verſammelt, mit Tän-
zen, Singen und Muſik. Die züchtigen Tänze, welche am meiſten
von unverheyratheten Mädchen, die einzeln auftreten, vorgeſtellt werden, beſtehn bloß in taktmäßigen, weichlichen Gebärden und Leibes-
bewegungen, wobey die Tänzerinn ſich kaum von der Stelle bewegt
und nur den Tact mit den Füßen anzeigt. Das junge Mannsvolk
aber tanzt auch Paarweiſe mit allerley lächerlichen, auch wohl unzüch-
tigen Bewegungen, nach mohriſcher, ſpaniſcher und tatariſcher Art.
Ueberhaupt aber gebrauchen die Kalmücken, gleich den Armeniänern,
die Hände und Arme im tanzen am meiſten und die Füſſe weniger
noch, als die Tatären.

Muſik.
Die beſten Muſikanten ſind die Mädchen und faſt alle verſtehn die Laute (Dommer) zu rühren, welche das gewöhnlichſte In-
ſtrument und mit Paarweiſe gleichſtimmigen Saiten, von Drath oder
Sehnen, bezogen zu ſeyn pflegt. Sonſt haben die Kalmücken noch
folgende

folgende musikalische Werkzeuge: eine Art Stockfiedel (Biwa) welche statt des Cörpers einen ausgehölten Cylinder hat, worüber an dem einen Ende eine Blase gespannt ist, die den Steeg nebst denen an einem langen Halse gespannte Darmsaiten trägt (Pl. 4. A.). Der Bogen dazu ist ein gedoppelter Strang von Pferdehaaren, der mit beyden Enden an ein Stöckchen gebunden und mit der Hand gespannt werden muß. Diese Pferdhaare sind zwischen den vier Saiten des Instruments dergestalt durchgezogen, daß sie auf einmal zwey davon, welche gleichstimmig seyn müssen, berühren. — Ferner ist eine Art von Geige (Churr), mit zwey Saiten, nach Art der Kirgisischen Kobüs, eingeführt (Pl. 4. B.); selbige hat einen ovalen Bauch, dessen Klangboden die Höhle oben nur bis zur Hälfte bedeckt, und einen langen Hals an welchem zwey oder mehr Saiten über einen Steeg gespannt sind. Der Bogen sowohl, als Saiten, können aus Pferdehaaren seyn und geben einen, dem heischern, klingenden Schrey der wilden Schwanen etwas ähnlichen Laut. — Eine Art von Hackbrett (Jättagänn) mit Darmsaiten welche auf einem bis sechs Spannen langen und eine starke Hand breiten, unten ofnen Kästchen gespannt sind, und mit untergestützten Klözchen, die man hin und her verschiebt, gestimt werden müssen, haben die Kalmücken mit den Krasnojarischen Tataren in Sibirien und mit den Mongolen, so wie ihre meisten andern musikalischen Werkzeuge gemein. Es wird mit der einen Hand gespielt und mit einem Finger der andern Hand, nach jedem Tact, der zulezt gerührten Saite eine zitternde Schwingung mitgetheilt. Einige Stücke spielt man auch mit beyden Händen und das Instrument klingt dann wie eine schwache Harfe. — Die Rohrflöte, welche die Tataren Kurá, die Kalmücken aber Zurr nennen, erfordert die meiste Kunst und Uebung. Sie wird aus dem holen Stengel grosser Sonnenschirmpflanzen gemacht, und ist eine blosse, mit Gedärm überzogne Röhre, welche an dem dünnern Ende drey eingeschnitne Tonöfnungen hat. Das weite Ende wird, ohne Mundstück an die Oberzähne gesezt und zwischen der Oberlippe und Zunge also eingeschlossen, daß die Zunge eine halbe Röhre bildet, durch welche die Luft geblasen wird, die Zähne aber statt des Kerns in der Flöte dienen. Zu Hervorbringung der Töne wird mit der einen Hand auf den drey Oefnungen der Röhre gespielt, und mit dem Zeigfinger der andern, welche die Röhre hält, zu gewissen Tönen die untere Oefnung geschlossen. In der Hand eines geübten lautet ein solches Rohr

fast

Luſtbarkei-
ten der Kal-
mücken.

faſt wie eine kleine Querflöte und bringt alle Haupttöne hervor. — Anſtatt des Baſſes ſind noch groſſe Brumeiſen (Tömmör - Churr) bey den mongoliſchen Völkern nicht ungewöhnlich, die man auch in China kennt; und unter den eigentlichen Mongolen haben einige die bey den alten berühmte Doppelflöte (*Tibia biuia*) von den Chineſern angenommen. — Die Geiſtliche Muſick wird am gehörigen Ort beſchrieben werden.

Geſänge.

Die Melodie der Kalmücken, beſonders ihre zärtliche und verliebte Muſick, hat ſolche langgezerrte klägliche Töne und ſolche Diſſonanzen, daß ſie ein gutgewöhntes Ohr mit noch faſt mehr Wiederwillen, als alte franzöſiſche Muſick, anhört. Auſſer ſehnenden, verliebten und klagenden Geſängen, deren auch noch täglich viele unter ihnen gedichtet werden, haben ſie viele weitläuftige Heldenerzählungen und ungeheure Ritterfabeln, welche bey der Laute, mit einer wenig abgewechſelten, gedämpften Stimme, nach verſchiednem, dem Inhalt gemäß verändertem Tact, aber ſehr monotoniſch, hergeſungen werden, und in Strophen abgetheilt ſind. Eine ſolche, ſehr bekannte und beliebte Romanze iſt unter den Kalmücken von den Thaten des Helden Dſhangor-Batur (*) ſehr gäng und gebe. Dieſer Wunderheld, der von den Kalmücken in die Zeit, da die Menſchen, unter dem Weltregierenden Burchan Debungarre noch viele tauſend Jahr lebten, geſezt wird, iſt in dem langen Heldengeſang erſt nach ſeinen ganzen Aufzug, Weſen, Rüſtung u. ſ. w. und dann ſeine Thaten und Siege über viele Ungeheuer, beſungen. Von der Art der Dichtung kann man ſich aus der in des Hrn. Adjunkt Georgi Reiſen (S 289.) gedruckten mongoliſchen Erzählung eine Vorſtellung machen. Künftig theile ich am Ende dieſer Samlung auch noch ein andres Muſter der Tibetiſch-mongoliſchen Poeſie an denjenigen Stücken der Heldengeſchichte des noch berühmteren, und von den Chineſern als Göße verehrten Geſſür-Chan mit, welche ich aus dem mongoliſchen habe überſetzen laſſen. Hier will ich nur ein paar verliebte und einige Klaglieder der Kalmücken herſetzen, um wenigſtens eine Probe ihrer Verſe zu geben, die ohne Sylbenmaaß, ohne ordentliche Reime zu beobachten

---

(*) Dſhango oder Tſchango bedeutet im mongoliſchen Kraft oder Stärke, woraus vermuthlich dieſer erdichtete Nahme entſtanden. Aber mit Unrecht möchten einige den Nahmen Tſchingis davon ableiten.

ten, nur in gewissen Cadenzen und ähnlich klingenden Endungen harmoniren.

Ein Klaggesang einer neu verehelichten jungen Frau an einen formaligen Liebhaber, ist folgendes:

Chasaartâchân Charraani,
Chabschoolchodu jaachodok bui?

Chairladak Innakgien Tûllââduh
Sobochu du jaachodok bui?
Damchan ûgâ schûrtûksân darki tschin bâlâ bi?
Damchan ûgâ innakliksân Innak tschinni bâlâ bi?
Aemââltâchân Râhrâ tschin azâhkoni jaachodok bui?

Aebârâânân keksenn Uehlâduru sobochu duh jaachodok bui?
Jrtâm Barridschi, umschiksân Jrtâgâllichrschin bâllâ bi?

Innakladschi sannaksân Innaktschin bâllâ bi?
Golduch tschin unguksân Gollien Chargâi:
Uichan golschikladschi innaklaksân Innakrschin bâlâ bi?

Ein gezäumtes der schwarzen Rosse,
Wie wärs eins unter sich zu kriegen?
Zu seinem allerliebsten Freunde einmal aus Liebe
Wie wärs sich damit zu bemühn?
War ich nicht dein angebetetes Bildniß ohne gleichen?
War ich nicht deine verliebteste Geliebte ohne gleichen?
Deinen gesattelten Braunen auch drüber mager zu machen, wie wärs denn?
Sich aus eignem Trieb einmal zu bemühen, wie wärs?
Wir hielten Treue, und kontest du dich nicht auf die meinige berufen?
War ich nicht deine einige geliebteste Geliebte?
Du an jenem Fluß aufgewachsner Fluß-Kieferbaum!
War ich nicht deine biegsame liebende Geliebte?

Die Erfüllung ähnlicher Sehnsucht eines verliebten Mädchen wird im folgendem Liede besungen:

Ussun önggötâ Borôndââ unnâetschi,
Sâmookânâr sangnadschi irâwâatschi nadaan
Thabtschildu urguksân Chargaidun adli

So reutst du auf dem schönen Fahlen her!
Wie treflich in Betragen komsts du hier bey mir an.
Du wie in der Presse schnurgrade aufgeschoßner Kiefernbaum;

Erster Theil.　　　　U　　　　Challinggi

Challinggi nammaigän bolgä-
butschi, tschi minni!
Söddölükfän söddän tailgadschi
sootulä, tschi minnih!

Süßkän bijären iräwudschi, tschi
nadaan

Aeilinien Kümmegi adschiklad-
schi sootalä minnih,

Alläfan minnih, kürrät irä-
wutschi, tschi nadaan,

Urgim mori, Narrani gar-
rältäh minnih otbola,

Fäfägien baidältä minnih,
ödong charraaltschi, sootalä
minnih;
Uritchen kürrät iräwutsch, tschi
nadaan.

Meyne aber nicht mich berauscht
zu finden, du der meine!
Als ich in tiefen Gedanken über
meine geträumten Träume so
faß, ach du Meiner,
Da kömst du in Person zu mir
heran;
Als ich in Gedanken schon beschloß
meine Nachbarn um Hülfe zu
bitten,
Da kömst du, der meine, von
woher? getrabt zu mir heran.
Ach dein Anblick ist mir wie das
Morgenroth der Sonne, Du der
meine!
Deine Schönheit ist gleich den
Blumen, du meiner; ich saß
mich in Gram zu erholen,
Und unvermuthet triffst du hier ein
bey mir.

Hier ist noch ein andres verliebtes Liedchen, zu welchem das
Kalmückische nicht ist aufgezeichnet worden:

Ach du mein unvergleichlichster Liebling!
Wie eine Zierde an der Pfeiltasche, du mein Liebling!
Meiner Seele einiger Vorwurf, du mein Liebling!
Ohne Zorn, ohne Falsch, sanftmüthig, du mein Liebling!
Ohne Stolz, ohne lächerlichen Zwang, du mein Liebling
Du dessen Herz mit dem meinen ein Kern ist!
Wer hat was an dir zu tadeln?
Thuts jemand, so ist es aus Neid.
Ach laß die sagen was sie wollen,
Die Tadler leben zu ihrer eignen Schmach.
Am Himmel leuchtet die schöne Sonne und der Mond;
Auf der Erden sieht man dich und mich, uns beyde allein.
Also wollen wir uns auch nie von einander entfernen,
Sondern die Wonne des Lebens mit einander geniessen.

Ein

Ein Klagegesang eines Mädchens über ihren im Feldzuge gebliebnen Geliebten, mit Einflechtung der Worte des Sterbenden, ist mir folgendergestalt übersezt worden:

Dein gelbfahler Gaul,
Fällt in der Gegend des Ssall=flusses ermattet!
Du fällst, tapferer Jüngling, du der Meine!
Dir werde der Mond zum Gefährten.

Der Sterbende.

Das Adlergefieder, mein Haargeflechte,
Nehmt von mir und bringts unverlohren der Meinigen;
Ach, wenn ihr ankomt, so thut meiner Zärtlichsten
Die traurige Nachricht auf keine ängstende Weise zu wissen!
Und lasset sie die mit goldgeschriebne Schodba (Seelmesse),
Für mich noch zwölf Jahre lang lesen!

Das Mädchen.

Ach ja, den für dich bestimten Fahlen,
Hab ich schon für Deine Seelmessen verwendet!

Der Sterbende.

Wenn ihr im Rückzug an meine Liebe denkt,
So zieht doch ja nicht bey meiner Zärtlichen vorüber!

Das Mädchen.

Dein Ausbleiben schrieb ich der grossen Entfernung zu;
Aber ach, es ist um mein verliebtes Herz geschehn.
Ach hätte dich noch einst, an die drey Hügel des Sammar=Sees,
Dein schöner Gelbfahler zurück gebracht!
Rüstiger Jüngling, ach Du sonst der Meine!
Kann ich dich wohl je aus dem Sinne verlieren?
Ach säh ich dich noch einmahl wieder!

Nachstehende Strophe soll die Sehnsucht eines von den Seinigen entfernten Kalmücken ausdrucken:

Gleich des Morgens, wenn die Lerche ihre Stimme erhebt,
Und ich ihre Lieder höre,
Fallen mir die Meinigen unaufhörlich in die Gedanken!
Ach, mein im Bogenschiessen so geübter Vater!
Ach, meine fürs Gemüth so annehmliche Mutter!
Muß es denn nun schon bey den Gedanken bleiben?

Gedan-

Gedanken sind nur Betrüger;
Sinnliche Empfindungen allein sind Wahrheit;
O lasset, meine Freunde, euch dies gesagt seyn!
Der Natur Fügungen sind gewaltig,
Die Zukunft unsres Schicksals ist verborgen,
Von selbst fügen sich ungehofte Seegen,
Und Umsturz, Veränderungen sind der Welt Lauf!

Zulezt will ich zwey, auf ganz neuerliche Begebenheiten gerichtete Klaglieder hersetzen, und zwar beyde auf den Abzug der
Wolgischen Horde:

Das Wasser des grossen Weltmeers,
Wenns noch so getobt hat, stillt sich wieder;
Das ist der Lauf der Welt und auch noch zu vergessen.
Ihr weissen Heerden mit dem Zeichen der Schäbinär!
Du Fürst Schereng im Vortrup, als Wegweiser,
Auf deinem edlen gelbfahlen Pferde reutend,
Drauf Fürst Zebek folgend mit seinem Haufen;
Ach, Ubascha Chan entführt uns nun die Torgoten!
Da ziehn sie über Fels, Stein und Unebnen
Die Heerden fangen an mager zu werden,
Im flüchten über das Land voll Schnee und Frost.
Ach, wie trabet ihr Heerden in den Schnee dahin?
Izt, da eure Rastzeit gekommen war, ziehet ihr dahin.
Warum habt ihr euch mit dem Weissen Chan (*) veruneinigt?
Ihr zwischen dem Jaik und Wolga sonst ruhigen Torgoten,
Wie ziehet ihr so in die Ferne?
Ach du nun von den Torgot verlaßne schöne Wolga (Jdshel)!
Ach, ihr schöne Gewässer Masak! auch nun verwaiset.
Ach! ihr vielen, treflichen jungen Fürsten!
Seyd nun alle fern über den Jaik gezogen.
Ach! du so treflich geschloßner Haufe der Torget
Bist nun vielleicht schon zum Jrtisch (Ertschis) gelanget.
Ach hülflose, traurige Zeit!

Du

(*) Jaghan-Chaian; der Nahme, unter welchem die rußische Monarchin fast bey allen östlichen Völkern bekannt sind.

Du an den Altai hinziehender treflicher Heerzug,
Hast keinen einigen Weiberfürsten!
lebet wohl, ihr den Nachtrup der Horde
Führende Fürsten Aksakal und Kitep!

Das andre:

Oft wenn Himmel und Sterne in Klarheit prangen
Pflegt alles durch Wolken verfinstert zu werden.
Ja, man möchte sich schon mit der Schickung verwünschen.
Nun, werden wohl auf den Bergen die schönen Schimmel an-
fangen mager zu werden.
Was habt ihr Torgoten denn von uns nachgebliebnen gedacht?
Auf den steilen Gebürgen, o wie werden eure schwarze Heerden
dahin fallen?
Ach zieht nur hin mit dem Wunsch uns wieder zu sehn!
O wie werden die schönen Braunen über Bergs und Thäler matt
und mager werden.
Ach gönnt uns, euren Werthen, den Wunsch einst wieder mit
euch vereint zu seyn!
O wie werden auf dem unebnen Sande die fetten Blaugrauen
herhalten müssen?
Ach ihr Bildnisse der Götter! laßt ihr uns denn ganz hülflos?

Doch genug zu einer Probe; vielleicht hat auch dieses schon
manchen Leser ermüdet.

Ich muß noch etwas von den Spielen der Kalmücken sagen. — Belustigun-
Zur Winterszeit ist das Schachspiel und die Carten (Kiső) der algemeine Zeitvertreib des erwachsnen, müßigen Mannsvolkes. Die
leidenschaft des Cartenspiels ist bey ihnen so heftig, als bey irgend
einer Nation; dergestalt, daß sie oft ganze Nächte darüber zubringen
und alles, was sie um und an sich haben verspielen. Sie bedienen
sich der rußischen Carten, aber auf eine ihnen eigne Art. — Im
Schachspiel sind viele, sonderlich Geistliche, sehr geschickt, und dieses
ursprünglich orientalische Spiel ist auch in der Mongoley zu Hause.
Sie folgen darinn völlig den gebräuchlichsten Regeln, ausser daß sie
zum Anfang mit dreyen Figuren ausrücken. Wenn wir Schach
sagen, so sagen sie Schat oder Sch't und nennen das Spiel auch
Schaterä; Mat aber sagen sie wie wir. Sie haben auch eine Art

U 3   von

Beluſtigun-
gen der Kal-
mücken.

von Damenzug (Mingmà), wobey die Steine auf die weiſſen Fel-
der geſezt und die ſchwarzen leer gelaſſen werden; ingleichen kennen
und ſpielen ſie das Tokodiljeſpiel unter dem Nahmen Narr. Die
Kalmückiſchen Knaben pflegen im Sommer, wie die europäiſchen
Gaſſenbuben, mit Hackenknochen (Aſtragali) von Thieren zu ſpielen,
die ſie nach der Reihe aufſtellen und darnach werfen.

❦❦❦   ❦❦❦   ❦❦❦

Krankhei-
ten der Kal-
mücken.

Der gröſte Theil des Lebens iſt bey dem hier beſchriebnen Volk
mit Frölichkeit erfüllt, und ſo elend uns ihre Lebensart vorkömt,
ſo glücklich ſchätzen ſie ſich bey dem mäßigſten Auskommen ſelbſt. In
ordentlich gebauten Häuſern zu wohnen, kömt ihnen ſo unerträglich
vor, daß ſelbſt ihre Vornehme, die nach alter Weiſe erzogen ſind,
einen Abſcheu davor haben. Ja, wenn ſie in Städten zum Beſuch
ſind, können viele nicht einmal die eingeſchloſſene Luft der Stuben lange ausſtehn, ſolche ausgenommen, welche ſchon viel Verkehr mit
Ruſſen gehabt haben. Bey ihrer Lebensart hat zwar der gemeine
Theil des Volks im Winter viel Elend, Kälte und ſelbſt Hunger aus-
zuſtehn. Allein ſie machen ſich dieſe Jahrszeit einigermaſſen dadurch erträglich, daß ſie in ſüdlichere Gegenden ziehn, wo die Kälte
gemäßigter und nicht von langer Dauer iſt. Und bey allem Elend,
welches die Armen unter den Kalmücken drückt, kehrt doch ſelten der
Kummer und niemals die Verzweiflung bey ihnen ein. Es kommen
auch viele, bey ihrer der Geſundheit ſo wiedrig ſcheinenden Nahrung,
zu einem hohen, muntern und dauerhaften Alter und ſelbſt Krankheiten ſind unter ihnen ſo gemein und gefährlich nicht. Vierzig und
funfzigjährige ſieht man ſparſam mit grauen Haaren, und Greiſe von
80 bis hundert Jahren ſind keine ſehr groſſe Seltenheit, auch noch
gut zu Pferde. Ihre einförmige, ungekünſtelte Nahrung, der Genuß
einer freyen Luft, abgehärtete, derbe, blutreiche Körper, ſtete Bewegung und Sorgloſigkeit, ohne ſchwere Arbeit, ſind natürliche Ur-
ſachen dazu.

Eine ihrer gefährlichſten und fürchterlichſten Krankheiten iſt
ein zuweilen im heiſſen Sommer endemiſch oder gar epidemiſch graſſi-
rendes, hitziges und bösartiges Fieber (Chaloon-Oebötſchin) heiſſe
Krankheit), welches mit ſchwerer Raſerey begleitet zu ſeyn pflegt.
Es ſcheint von der campirenden Lebensart, wobey ſie in der kalten

Nacht-

Nachtluft halb nackend liegen, und vom vielen Genuß des Fleisches, welches ihnen noch dazu oft ganz verdorben zur Speise dient, auch vielleicht vom faulen Gestank des Fleisches, das in ihren Hütten dörret, veranlaßt zu werden und hat viel Aehnlichkeit mit dem Lager-fieber. Es tödtet gemeiniglich den achten Tag, ohne Flecken zu zei-gen, und wo es in einer Nachbarschaft oder Familie einreißt, gilt es gemeiniglich mehrern Personen das Leben. Daher pflegt sich jederman von solchen angesteckten Familien zu entfernen. Man hat jedoch versucht, daß es durch kühlende, säuerliche Getränke und Enthaltung von Milch und Fleisch, sehr wohl genesen werden könne. Die Soon-garischen Aerzte verordnen dawider Rhabarber, eine Aderlässe und eine niedrige Diät bey dünnen Brühen.

Im Herbst werden auch zuweilen Fieber mit Petechen bey anscheinlich geringer Malignität, bemerkt; der Herr D. Wier in Sarepta sahe einmahl einen Kalmücken voll wahrer Petechen, der noch Arzney bey ihm zu holen und sich damit, vor dem Eißgang, über die Wolga setzen zu lassen, die Kräfte hatte.

Von der rechten Pest, welche die Kalmücken Oehlör-öberschün nennen, haben sie nur erzählen gehört. Allein die Blattern (Jazät oder Jarra) sind ihnen so schrecklich, als uns die Pest. Diese gera-then nur selten unter sie; wenn die Ansteckung aber erfolgt, so rafft die Krankheit viele weg. Sobald sie sich an einem Kranken deut-lich äussert, verlassen ihn die seinigen mit Hütte und Bett, und wenn sie nicht jemand, der die Blattern schon ausgestanden hat, miethen können, ohne andre Hülfe, als daß sie zuweilen von der Windseite zur Hütte nahen und Nahrung für den Kranken von fern hinstellen. Knaben, welche die Blattern bekommen, verkaufen sie oft den Russen vor wenige Rubel. Oft aber halten sie auch eine andre hitzige Krank-heit für Blattern, und verlassen den Patienten in der ersten Furcht. Die mitten unter den Russen wohnende Stawropolische Kalmücken werden mehr damit heimgesucht, und doch ist auch bey diesen die Krankheit öfter tödtlich, als geneßbar. Durchgängig aber tödten die Blattern vor dem Ausbruch; erfolgt dieser glücklich, so stirbt kein Kalmück leicht davon. Die Seuche war doch auch unter den Soonga-ren nicht unbekannt und ihnen zuweilen höchst schrecklich. Dahingegen fürchteten sie sich nicht vor den Masern (Ulanöd Oebötschün), die fast alle Kinder bey ihnen bekamen und davon nie starben.

Wechsel-

Krankhei-ten der Kal-mücken.

Wechselfieber (Besegä) sind im Frühling und Herbst unter den Kalmücken gemein. Die gute Natur allein, nebst scharfer Diät und fasten, müssen selbige überwinden. Eine sympathetische Cur unter den Soongaren war: eine lebendige Schlange durchzubeissen und etwan drey Fingerlang vom Schwanze ganz hinter zu schlucken.

Seitenstechen (Särdeng) sind keine seltne Krankheit bey den Steppenvölkern. Die Kalmücken haben eine sonderbare und oft heilsame Cur dawider: die Rippe des Patienten, wo der Schmerz ist, fasset der Arzt zwischen den Fingern und bewegt sie aus allen Kräften so lange hin und her, bis der Kranke Linderung spürt. Die Wolgischen Kalmücken legen auch zerstoßnes Küchenschellenkraut (Pulsatilla) auf die schmerzhafte Stelle, welches als ein Blasenziehendes Mittel heftig würkt und Gal-ebessün (Feuerkraut) genannt wird. Wenn die Krankheit nicht den siebenden oder neunten Tag tödtet, so kömt kein Patient davon um.

Apoplexie (Mandshi) ist eine zwar seltne aber doch nicht unbekannte, nie aber vor dem Funfzigsten Jahr erhörte Krankheit unter den Kalmücken. Die Soongaren hatten von den Bucharen gelernt vom Schlage gerührte Leute in eine frischabgezogne Bärenhaut drey Tage lang fest eingewickelt zu halten, dabey Brühe von Bärenfleisch zu geben und nachmals den Kranken durch zwey Leute rütteln und umher schleppen zu lassen.

Epilepsie nennen die Kalmücken Sjüüder, und meynen nichts sey dawieder so kräftig, als geistliche Beschwörungen. Doch geben sie dawieder Moschus, wenn sie ihn haben können. Beydes sind auch ihre Mittel in periodischen Rasereyen und melancholischer Wuth, die sonderlich unter den Weibsleuten, von Unordnungen der Reinigung, nicht selten entstehn. Das abergläubische Volk hält alle damit behaftete Personen, für besessen und läßt die Geistlichkeit mit Exorcismen dawider zu Felde ziehn. Die Kranken aber werden auch dabey, in der besten Absicht, oft ganz unbarmherzig gepeitscht und grausam behandelt.

Chanjä adun heist der Husten, dem die Kalmücken durch ihre Lebensart sehr ausgesetzt sind. Sie glauben aber, er entstehe daher, wenn sie mit ihren Hütten lange auf einer Stelle verweilen. Blutpusten (Sugba) wird bey ihnen für unheilbar gehalten und nur

Pferde-

Pferdemilch und recht gelbe Ziegenmilch dafür empfohlen. Wieder Schwindsucht (Zaadshi Obörtschin) wissen sie gar nichts zu gebrauchen.

Um Bauchflüsse zu stillen trinken die Kalmücken das Zusammenziehende Kochsel von Ahornsaamen: in Verstopfungen aber, oder um sich sonst zu laxiren, ist ihr erstes Hausmittel süsse Milch, oder geschmolzne Butter im warmen Wasser, oder auch fette Brühe von Wälßköpfen, wenn sie solche haben können.

Mit der Hautwassersucht oder ödömatösen Schwellungen sieht man, sonderlich unter den Vornehmen und der Geistlichkeit, die ein unthätiges Leben führen, nicht wenige, und auch einige mit der Bauchwassersucht geplagt. Jene nennen sie Ussun-Batcha, diese Belegi, und wissen sich in beyden nicht zu helfen.

Hautgeschwüre (Chatiga) sind nichts seltnes. Merkwürdig aber und unter den altaïschen Soongaren sowohl, als bey den Torgoten bekannt und gefürchtet ist die Beule, welche von der Luftseuche (*) entsteht und Momo genannt wird. An der Wolga ist selbige nicht so gemein, als in der soongarischen Steppe; doch kömt viel Vieh, hauptsächlich Pferde, daran um, wenn es gleich nach Ablauf des hohen Wassers in die Niedrigung getrieben wird. Durchgängig ist dieser Zufall im Sommer und Herbst am gewöhnlichsten. Unter den Menschen werden die Männer, welche mehr in freyer Luft sind, öfter als die in und bey ihren rauchenden Hütten lebende Weiber damit befallen. Die Soongaren rathen dawider, auf der Beule ein Stückchen von einer chinesischen Räucherkerze (Küdshi) verbrennen zu lassen und dann mit einer kupfernen oder eisernen Nadel in den schwarzen Punkt, welcher sich in der Mitte zeigt, so tief zu stechen, bis der Patient den Schmerz empfindet. Es muß aber vor Verfluß des zweyten Tages Hülfe geschehn, sonst sind diese Mittel ohne Würkung. Die Torgoten kannten dieses Mittel nicht und ihre Geistliche hatten davon den Vortheil, daß die Laien bey ihnen und die Vornehmen sonderlich beym obersten-Lama Schuz suchten und sich, obwohl fruchtloß, durch Auflegung der Hände, einige hergemurmelte Gebete

Erster Theil. X

(*) S. Gmelins sibir. Reise im 4ten Theil S. 143. folg. Pallas Reise 2ter Theil S, 308. folgg.

Gebete und Anblasen einseegnen liessen. Sie erzählen noch von gewissen, sonst häufig aus dem Tybet gebrachten Schlangenhörnern, die sich auch am obern Don finden sollen und sogenannte Schlangenzungen (Glossopetrae) zu seyn scheinen; damit soll die Beulen dieser Art und andre Geschwelle aufzuritzen sehr heilsam seyn. Ein Augenzeuge hat mir schriftlich gemeldet, daß die Beule dieser Seuche, an frisch aufgehauenen Pferden, aus einem zähen, wäßrigen Schleim zu bestehn scheine. Beym Vieh stellt sie sich gemeiniglich am Brustblatt und in den Weichen ein, und tödtet oft denselben Tag, da sie sichtbar wird. Die Kalmücken essen aber das Fleisch der davon crepirten Pferde ohne Schaden und schneiden nur die Beule aus.

Von beschmitzenden chronischen Krankheiten werden die Kalmücken, wegen ihrer Unsauberkeit und Geselligkeit, am meisten heimgesucht und diese Unpäßlichkeiten steigen bey ihnen langsam zu einer fürchterlichen Grösse, ehe selbige den Bau ihrer festen Cörper zerstöhren. Sie sind aber auch, durch gehörige Mittel, bey ihnen leichter, als bey Europäern zu heilen. Keine unter diesen Krankheiten ist gemeiner, als die Krätze (Chammoo), eine unfehlbare Folge der Unreinlichkeit, des unthätigen Lebens im Winter und des häufigen Genusses gesäuerter Milch. Sie curiren selbige mit einer Salbe die sie aus Quecksilber und Butter machen. Auf hartnäckige krätzige Ausschläge oder Flechten legen sie auch wohl einen blasenziehenden Aufschlag von den kleinen, an der Wolga gemeinen, gelbbunten Meloiden (Zoochor Chorchoi, der blinde Wurm), welches die Blasenfliege der alten griechischen Aerzte ist. Die Buräten und Mongolen gebrauchen eine Totur von einer grossen Euphorbienwurzel (Kunubußsu) wovon aber die Haut sehr aufschwillt.

Die geile Seuche (Mereß) ist sonderlich bey den fürstlichen Hoflägern gemein, sonst aber unter den Kalmücken würklich bey weitem nicht so gewöhnlich, als man glauben sollte, obwohl sie auch vielleicht in geringerm Grade bey vielen versteckt seyn und sich unter andern Gestalten äussern mag. Die Soongaren nannten selbige Chotton=jarra (bucharische oder Stadt=pocken) weil sie durch die Bucharen unter sie gekommen war. Diese brachten ihnen auch ein gewöhnliches Mittel dagegen, welches aus neun Pillen von Quecksilber, Zinnober und andern Quacksalbereyen bestand, deren täglich eine genommen werden muste und wovon der Speichelfluß entstand.
Wollte

Wollte dieser binnen vier Wochen nicht erfolgen oder heilte er den Kranken nicht gänzlich, so wurde dieser mit Zinnober und Tabak geräuchert. Unter den Torgoten verkaufen die handelnden Tataren dawider nur Sassaparillenwurzeln (Scharaldschin-em) und zwar um drey Kopeken die Drachme.

Krankheiten der Kalmücken.

Der unreine Harnröhrenfluß (Sochò oder Saku) ist den Kalmücken auch nicht unbekannt; sie glauben zwar, daß selbiger von unreinem Beyschlafe entsteht, meynen aber, er sey nur alsdenn eine Folge davon, wenn man gleich darauf mit den Füssen auf feuchtem Boden steht. Ihre Mittel dawider sind die vorerwähnten und in leichten Fällen gar keine.

Ein besondrer und bey der Kalmückischen Lebensart unheilbarer Aussaz äussert sich am ganzen Leibe mit rothen flachen Flecken in der Haut, welche mit der Zeit bersten und eytern, und wobey der Kranke lange Zeit ohne andre Zufälle bleibt, endlich aber auszuzehren anfängt. — Noch ein andrer Aussaz oder vielmehr eine böse Art von Tinea capitis, welche den Kopf und die Ohren mit weissen Schürfen überzieht und wovon Flecke in den Kopfhaaren eine röthliche Farbe annehmen, soll zuweilen bemerkt werden; ich habe kein Beyspiel davon zu sehen Gelegenheit gehabt. — Einen geringen, nicht seltenen Grad von Elephantiasis hingegen, wobey alle Frühjahr der eine oder andre Arm aufschwillt, die Haut berstet, die Nägel schuppigt und knotigt werden, habe ich an verschiednen Personen beiderley Geschlechts im besten Alter gesehn, und die Kalmücken geben abergläubischer Weise als die Ursach davon an, daß der Patient einmahl Holz in der Hand gehalten, welches vom Donner gerührt war; wornach die Krankheit denn auch benannt worden ist.

Wegen des Rauchs in den Hütten und des unausstehlichen Brandes der Sonne auf der gelblichen Steppe und auf dem Schnee, sind die Augenentzündungen eine sehr gewöhnliche Plage der Kalmücken, und viele tragen um die böse Würkung der leztern zu verhüten, ein schmales, rinnenförmiges Sieb von Pferdhaaren (Sarabtschi) quer über die Augen, welches sehr kühl und zuträglich ist und im sehen wenig hindert. Der Rauch gewisser Steppensträucher, sonderlich der Tamarisken, soll den Augen gar nicht schädlich, ja nicht einmahl empfindlich und auch auf der Zunge süß seyn; und der vom sogenannten Torlot (Polygonoides *Tournefortii*), einem auf den Flugsandhügeln

der

Krankhei-
ten der Kal-
mücken. der südlichen Steppe nicht ungewöhnlichen Gesträuch, soll nicht nur
süßlich, sondern sogar entzündeten Augen heilsam werden, wenn man
ihn in der Hütte eingeschlossen eine Zeitlang verträgt.

❧ ❧ ❧

Kinderge-
bähren und
Weiberun-
päßlichkei-
ten der Kal-
mücken. Hier lassen sich füglich noch die dem weiblichen Geschlecht
eigenthümliche Zufälle, die Umstände der Geburten und einige Kinderkrankheiten erzählen. Die Kalmücken sind nicht nur sehr wollüstig,
sondern auch fruchtbar, so daß man wenig unfruchtbare Ehen und in
den meisten Hütten mehr als ein, ja gemeiniglich drey, vier und mehr
Kinder spielen sieht. Man kann daher leicht schliessen, daß sie sich
in anderthalb Jahrhunderten, da sie in der wolgischen Steppe ruhig
gewohnet, gar sehr vermehrt haben müssen. Da wenig unverehlichte
Mädchen und junge Wittwen unter ihnen übrig bleiben, Polygamie
sehr selten, und doch die Zahl der unbeweibten geistlichen Mannspersonen die sich bey fremden Weibern belustigen, sehr beträchtlich ist
so müssen wohl die Mädgen auch bey den Kalmücken sparsamer gebohren werden. Allein bey keiner der mongolischen Nationen ist es
jedennoch erhört, daß eine Frau mehrere Männer ehelichen sollte; wie
wohl von den Tybetanern versichert wird. Die Ueberzahl des Manns-
volks würde bey den Kalmücken noch merklicher seyn, wenn nicht so
viele Zufälle mit Pferden, und öftere Scharmützel unter den Fürsten
sowohl, als mit den Nachbarn, manchen das Leben kosteten; welches
denn, nebst dem Kummer, Elend und Hungersnoth der Armen, wobey sonderlich viele Kinder umkommen müssen, auch die Proportion
der Vermehrung dieses Volks in etwas mindert.

Wenn ein kalmückisches Weib gebähren soll, so pflegen sich die
Weiber ihrer Bekanntschaft zu ihr zu versammeln. Vor allen Dingen
pflegt sie ihren Götzen aufzustellen und ein Lämpgen (Sulla) vor demselben anzuzünden. Am Fußende des Lagers der Gebährerin wird in der
Hütte eine starke Stange, welche durch den Rauchfang hinaus geht,
mit dem untern Ende in die Erde und oben am Rauchfang unbeweg-
lich befestigt. Die Gebährerin erwartet auf dem Lager ihre Stunde
und die umstehenden geben genau Acht, ob sie grosse Angst und ge-
fährliche Minen blicken läst. Wenn die rechten Wehen kommen, richtet sich die Gebährerin vom Lager auf, sezt sich am Fußende vor ob-
gedach-

gedachter Stange, an welche sie sich mit beyden Händen festhält, auf die Hacken; Hinter ihr aber sezt sich eine andre Frau, welche sie mit beyden Armen unter der Brust umfaßt und drückt. Eine Manns- person hängt sich an die Stange und drückt mit den Füssen in die Arme der sich daran haltenden Gebährerin, welche durch Verdre- hungen des Körpers und andre Bewegungen zur Geburt möglichst behülflich ist. Auf diese Weise soll die Geburt gemeiniglich sehr gut und leicht von statten gehn. Wenn aber durch eine wiedernatürliche Lage des Kindes eine schwere Geburt entsteht, so giebt es auch einige er- fahrne Weiber unter ihnen, welche die Wendung versuchen. Unter den Soongaren soll es sogar männliche Aerzte gegeben haben, welche in den schwersten Fällen das Kind mit einem Messerchen zerstückten. — Die Kalmücken nennen sonst auch alle schmerzhafte Geburten, wobey die Gebährerinn fürchterliche Mienen, verdrehte Augen und verwirrte Sinnen äussert, gefährlich und glauben, daß der Einfluß einer Art böser Geister (Almus) dabey im Spiel sey. In solchen Fällen läuft geschwind eine Mannsperson mit einem Prügel um die Hütte herum, und schreyt aus allen Kräfften, indem er mit dem Prügel ein Luft- gefecht macht, so oft er kann: Garr Tscherkürr! (fort Teufel!) die übrigen Anwesenden aber nehmen ihre Götzen und Rosenkränze zur Hand und beten nach bestem Vermögen, ohne eine andre Hülfe für die nothleidende Gebährerin zu suchen. Stirbt gar in der Geburt das Kind oder die Mutter, so ist ein mörderischer Almus daran Schuld gewesen. Erfahrne Zauberinnen (Udugun), wovon ich an seinem Orte weitläuftiger reden werde, sollen hiebey oft gute Dienste leisten; wenn nämlich die Natur und Einbildungskraft noch helfen kann. Der Vater und andre Bekannten pflegen der Zauberey mit Schiessen und öfterem (*) Pat ruffen zu Hülfe zu kommen. Die Geistlichkeit aber giebt sich nicht gern mit solchen Fällen ab und dient Vorneh- men höchstens mit gewissen Amuleten, worunter Strümpfe und Ab- laßzettel eines gewissen beym Dalai-Lama bestellten lebendigen Götzen Zausching, eines Widersachers dieser Almus Kobolte, die vornehm- sten sind. — Hat eine Frau bey der Geburt schon einmahl dergleichen

(margin note: auf Kindergebähren und andre Wei- berschwach- heiten.)

X 3

chen

(*) Pat und Om pat om! ist eine mächtige, böse Geister vertreibende Formul des Kalmückischen Aberglaubens, welche der Götze Ot- schirbani erfunden hat.

Kinderge-
bähren und
andre Wei-
berschwach-
heiten.

chen schwere Zufälle gehabt, so läst man bey nachfolgenden Geburten immer zur Vorsicht eine Zauberinn kommen und die Geister- vertreibende Vorkehrungen machen. Die Soongaren hielten auch Erde,
welche man während eines Erdbebens, dergleichen um das altaische
Gebürge nicht gar selten sind, mit der Hand augenblicklich aufgenommen hat, auf die Zunge der Gebährerin gelegt, für ein gutes Mittel
die Geburt zu befördern und die Nachgeburt auszutreiben.

Sobald das Kind gebohren ist, müssen alle Mannspersonen
aus der Hütte. Die Nabelschnur wird etwan zwey Zoll lang, auf
einem Bretchen, mit einem neuen Messer, welches der Wehmutter
dafür eigen bleibt, abgeschnitten und mit einer von Darm oder Sehnen
gedrehten Schnur unterbunden. Die Nachgeburt aber muß auf der
Geburtsstelle, innerhalb der Hütte, tief in die Erde vergraben werden.
Einige sollen die Nabelschnur nur drehen und gar nicht verbinden.
Das Kind wird gleich in Salzwasser abgewaschen und in Pelzlappen
oder andre Lumpen eingewickelt, unter das Gesäß aber eine löffelför-
Platte 3. 5. mige Röhre gelegt, welche den Unrath aus der Wiege abführt. So
lange das Kind nicht gehn kann, wird es in der Wiege, welche wie
eine länglichte Schachtel platt gestaltet ist, bey Tage stets über diesen
Löffel gesezt, (S. Platte 3. 5.) und des Nachts ein ähnlicher Löffel
untergelegt.

Die abgeheilte Nabelschnur (Ky) pflegt den Kindern nach
drey Tagen abzufallen und wird von den Müttern sorgfältig verwahrt.
Von einer männlichen Erstgeburt pflegt selbige von dem abergläubischen Volk sonderlich hochgeschäzt zu werden und soll in Rechtshän-
deln, als ein Amulet getragen, grosse Tugenden besitzen. Während
der drey Tage aber, da selbige noch nicht abgelöst ist, hütet sich ein
jeder Kalmückischer Vater Feuer aus seiner Hütte wegzugeben.

Ein Weib wird nach der Geburt drey Wochen lang unrein
geachtet und vom Manne nicht berührt, darf auch weder essen kochen,
noch mit andern aus einer Schaale essen, bis sie sich in der Jurte,
durch waschen mit warmem Wasser, am ganzen Leibe gereinigt hat.
Auch bey der monathlichen Unpäßlichkeit sind die Weiber unrein; bey
Mädgen aber wird darauf nicht Acht gegeben. Die gewöhnliche und
längste Schonzeit, da eine Wöchnerinn auf dem Lager liegt, ist von
sieben Tagen. Gemeine Weiber aber machen sich gleich auf, verrichten kleine Geschäfte, rauchen ganz vergnügt Tabak und sezen sich,

wenn

wenn die Horde eben zieht, wohl in den ersten Tagen, mit dem Kin- **Kinderge-**
de in den Armen, zu Pferde. Gleich nach der Geburt giebt man **bähren und**
einer Wöchnerinn nur sehr kleine Portionen Schaafsleisch, die nach- **andre Wei-**
mals vermehrt werden; dabey aber viel Fleischbrühe (Schulun) zu **berschwach-**
trinken, die auch der ärmste Mann seinem Weibe in diesem Fall zu **heiten.**
verschaffen sucht. — Die Vornehmsten halten ihren Säuglingen Am-
men; gemeine Weiber säugen ihre Kinder selbst und zwar so lange,
bis sie durch eine neue Niederkunft verhindert werden. Daher sieht
man Knaben bis ins vierte und fünfte Jahr hinaus, wenn sie schon
längst herum laufen, noch an der Mutter saugen. Indessen aber werden die Kinder auch schon vom ersten Jahr an zu harter Speise gewöhnt. Nur in den allerersten drey Tagen nach der Geburt bekommen
die Neugebohrnen nicht der Mutter Brust, sondern ein Stückchen rohes
Schaffett zum Saugen in den Mund.

Die Kinder der Kalmücken zahnen leicht und im zweyten Jahre.
Der Kinderkrankheiten sind wenige; aber von der schlechten Nahrung
und von angeerbtem venerischem Gift, sterben nicht wenige. Die
englische Krankheit ist ein sehr seltnes Uebel bey ihnen, doch habe ich
ein Beyspiel des äussersten Grades davon gesehn. Von Würmern
sind die Kinder nicht frey, aber sie kranken nicht leicht davon. Band-
würmer haben viele, auch im erwachsnen Alter und glauben sie seyen
dem Menschen, der damit behaftet ist, nothwendig, so, daß wenn
man sie ganz abtreiben wollte, eine Zehrung entstehn würde.

Um die Materien nicht zu trennen, will ich hier noch von **Arzneykunst**
der Arzneykunst (*) unter den Kalmücken und von einigen bey **der Kalmü-**
ihnen üblichen Hausmitteln reden. **cken.**

Bey den Soongaren sind, so wie izt noch bey den Mongolen und Buräten, die natürlichen, warmen Bäder ein Hauptmittel
wider viele Krankheiten gewesen. Es befinden sich aber, nach dem
Bericht

(*) Eine Arzney heist im Tangutischen Em, und dieses Wort haben
auch die Mongolischen Völker angenommen, und den Arzt Em-
tschi genannt.

Arzneykunst
der Kalmü-
cken.

Warme Bä-
der.

Bericht Soongarischer Aerzte und Geistlichen, um und an dem grossen altaïschen Geburge in der Soongarey überhaupt sieben warme Bäder (Arschan, heilige Wasser).

Das berühmteste war Ottuk=sarien=Arschan, welches eben die rechte, dem Körper erträgliche und angenehme Wärme hat, und selbst vom Chan und den Fürsten besucht wurde. Es befindet sich eine Tagreise zu Pferde von dem Bache Boro=tala südwärts, und zwey Tagreisen nordlicher, als der zum Ili rinnende Bach Talki.

Chongor=obo=arschan, wird mehr als ein Dunstbad, nämlich als eine Höle voll Dampf, worinn man schwitzen konnte, beschrieben; es lag eine Tagreise über den Korgosfluß, etwan 30 Werste vom Ili nordwärts, nicht weit oberhalb dem Bach Uscharley.

Endughton=arschan befindet sich eine Tagreise vom Boro=talabach, zwischen Bergen Endugüton genannt, beym Ursprung des Bachs Ergetula=atai, der aus diesem Geburg entspringt und in den Alak=Tugul=noor (bunte Kälbersee) fließt.

Kurinka=arschan quillt am Geburge Kurinka westwärts, nicht weit vom Ursprung des Korgosflusses, zwischen fünf Hügeln.

Mussari=arschan ist in der grossen Geburgkette Mussart, einem südwestlich laufenden Arm des grossen altaïschen Geburges, nicht weit vom Bach Mustak, der von Süden her in den Tököß fließt, anzutreffen.

Zaghan=ussuni=arschan (Weißwasser Badequell) war eine halbe Tagreise vom Tuskul noor südwärts.

Elodtu=bom=arschan springt unter einem Felsen am See Sütkul. Von diesen Bädern verordneten die geistlichen Aerzte ihren Kranken bald dieses, bald jenes, und schrieben selbigen vor, an welchen Tagen, in welcher Stunde, wie viele Tage nach einander, und wie tief sie baden sollten.

Die unter den Tungusen, Buräten und Mongolen unter russischer Herrschaft berühmte und gebräuchliche warme Bäder (*), deren sich drey am Baikal und zwey im hohen daurischen Geburge, zwischen den

Ursprüngen

_____

(*) Georgi Reise 1 Theil S. 77. 93. ingleichen Pallas Reise 3ten Theil S. 440. 447.

Ursprüngen des Tschikoi und Onon befinden, sind schon aus andern Arzneykunst Nachrichten bekannt. Es soll deren auch einige in der Chinesischen der Kal-Mongoley geben, wovon ich aber kein Verzeichniß habe erhalten mücken. können.

Unter den Torgoten waren wenig rechte Aerzte zu finden; die Soongaren hatten etwas mehr, größtentheils von den Bucharen und aus Tybet erborgte Kenntnisse. In hitzigen Krankheiten fühlen sie den Puls (Sudossu barachu), besehen auch den Harn und kosten ihn bey Vornehmen. Ihre Purgiermittel sind in hitzigen Zufällen, Rhabarber (Schara-modon), auch sonst die Ignazbohne, welche sie unter dem Indianischen Nahmen Bilahwa erhalten und noch einigen, aus Indien kommende Simplicien, die sie Sana Bluß, Alilja und, Serbstan nennen, wovon ich aber keines gesehn habe. Clystiere (Emel) geben sie zuweilen bloß von warmen Wasser, auch wohl von einem purgirenden Decoct, mittelst einer Blase und Rohr. Und wenn diese nicht würken, so werden Zapfen von untereinander zerlaßnem Salz und Zucker (Schap) die in einen drey Zoll langen Cylinder gebildet sind, eingebracht. In kalten Zufällen, sonderlich die von Verkältung und Nässe entstehen, sind schweißtreibende, gewürzhafte Mittel ihre Zuflucht; darunter habe ich bey ihnen länglichte Moschat-nüsse (Dsadi), Pfeffer (Burschain Zezek), Zimmet (Schangpa), kleine und grosse Cardamomen (Chagula und Sugmel), Neglein (Lispi) und Saffran (Gurgum) üblich gefunden. Verschiedne Wacholderarten und Sewenbaum sind unter dem Nahmen Artschin (mongol. Arza) zum räuchern und innerlich berühmt. Als ein Ma-genstärkendes Diätmittel suchen die gemeinen Kalmücken die Rhapon-tikwurzeln (Badshjona) fleißig auf. Wider das Fieber trinken ei-nige das Decoct von dem Astragalus tragacantoides. Saamen vom Bilsenkraut (Urä) werden von den Aerzten, als schmerzstillend, verwahrt. Auf frische Wunden wird das Pulver eines grauen Steppen-lichens (Schagä-buduk) gebraucht; wenn sie klein, so wie auch auf Geschwären, müssen die Blätter von Plantago media (Zura-ebessün) dienen. Von ihren blasenziehenden Mitteln ist schon vor-hin Erwähnung geschehn. Auch der Gebrauch der Cauterien, oder vielmehr die Mora ist den Kalmücken nicht unbekannt. Sie nennen selbige Kitschigna, und bereiten eine dazu dienliche Wolle von den Blättern einer rauhen Artemisia, welche sie stampfen, oder auch von den wolligten Blättern der Centaurea sibirica. Wenn man selbige

Erster Theil.   Y   gebrau-

Arzneykunst der Kalmücken. gebrauchen will, wie bey äusserlichen Schmerzen und Gliederreissen nicht selten geschieht, so wird der Ort mit Laim bestrichen und eine aus der Wolle gedrehte und angesezte Wieke auf der schmerzhaften Stelle verbrannt. — Aderlassen und Schröpfen können die Kalmükkischen Aerzte ebenfalls. Zur Aderlässe (Zusobchu) haben einige eine Art Schläpper (Chanòr) andre eine kleine Fliete; dergleichen auch, etwas stumpfer, zum Schröpfen gebraucht und ein grosser kupferner Schröpfkopf (Loncho) zum Ausziehn des Bluts aufgesezt wird.

Viele Haus= und Arzneymittel der Kalmücken, so wie der alten europäischen Pharmacie, sind im Thierreich zu Hause. Darunter wissen sie keines höher zu rühmen, als die Galle des auch am altaischen Gebürge und im Tybet lebenden Thieres Dom, welches, so viel sich aus der Beschreibung urtheilen läst, die Hyäna ist, deren Galle auch schon bey den alten Aerzten in Ruf war. Menschen= und Bärengalle ist ihnen nicht minder schäzbar; und Menschenfett soll ein sehr gutes Wundmittel, so wie das Fleisch wider Blähungen und Zukungen heilsam seyn. — Schlangenfleisch wird in Augenkrankheiten, Lähmung und Gonorrhöe, Wolfsfleisch für den verdorbnen Magen, Wolfszunge wider die Entzündungen im Halse und an der Zunge, die Zunge oder das lecken vom Hunde aber, zur Heilung der Schwäre, gepriesen. Schaaf=testikeln sollen zum Beyschlaf reizen; Vipernfett soll eine im Fleisch steckende Pfeilspitze auslösen; Hirschtalch wird auf Wunden, Schweineschmalz auf grindigten Köpfen angerathen. Ziegengehirn heilt den Aberbruch; Schaafsgehirn ist bey Drehungen des Gehirns und wider Schwindel gut. Gehirn von Steppenziegen oder Antelopen dient wider den Durchlauf. Schlangenhaut kann auf bösen Grind, und Mäusehaut zum eröfnen verborgner Abscesse aufgelegt werden. Für einen verdorbnen Magen, und Leberschmerzen ist Koth vom wilden Schwein nüzlich. Das Fleisch von Wasserratten soll wider Nierenweh und die Hautwassersuche; das von Murmelthieren, wider den unreinen Saamenfluß; das von Ottern und Biber, wider Rükkenschmerzen und Schwachheit im Ehestand; Fischfleisch, wider das Halsweh, und deren Galle für trübe Augen dienen. Diese schöne Mittel sind aus einem übersezten Mongolischen Arzneybüchlein, welches ich bey den Kalmücken erhielt, zu einer Probe ihrer Heilkunde gezogen; vieler andern elenden Anzeigen nicht zu gedenken.

II.

II.

Von den Mongolen und Buråten.

Aus dem, was ich bisher von den Kalmücken und ihrer Lebensart gesagt habe, kann man sich, kleine Abänderungen ausgenommen, eine ziemliche Vorstellung von den Mongolen und Buråten machen; so ähnlich sind sich diese verbrüderte Nationen. Das wichtigste, wodurch sich die beyden lezteren von den Kalmücken unterscheiden, will ich hier kürzlich zusammenfassen und darinn vollkommen dieselbe Ordnung beobachten, welcher ich im vorhergehenden gefolgt bin.

Von der Mongolen und Buråten Leibesbeschaffenheit.

Die Gesichtsbildung beyder Völker ist so vollkommen Kalmückisch, daß ich mich dabey nicht aufhalten darf. Es giebt unter den Mongolen mehr wohlgebildete Gesichter, als unter den andern verbrüderten Völkern, aber sie haben ein mehr weibisches Ansehn, als die Kalmücken, sind auch etwas schlechter mit dem Bart versehn und haben dünnes Kopfhaar. Die Buråten sind fast so unbärtig, wie die Tungusen, mit andern östlichen Sibirischen, ingleichen den Nordamerikanischen Völkern. Sie bleiben oft bis ins Alter am ganzen Kinn vollkommen glatt, obgleich sie das Haar nicht austilgen. Ein Burát der in mittelmäßigen Mannsalter bärtig wird, ist eine Seltenheit, und am Leibe bleiben sie beständig glatt und kahl. Das Ansehn dieses Volks ist daher überaus weibisch und sie sind auch meistentheils kleinlich von Statur und so schwach, daß oft fünf bis sechs Buråten mit allen Kräften nicht so viel ausrichten, als ein einiger Russe zu leisten vermögend ist. Dieser Mangel an Kräften ist es nicht allein der die Unnatürlichkeit einer bloß animalischen Nahrung und deren Undienlichkeit zu Unterhaltung der körperlichen Vorzüge des Menschen, in den Buråten und übrigen sibirischen Nomaden beweist. Alle diese Völker haben auch, in Vergleichung ihrer Größe, ungemein leichte Körper. Knaben von einem Alter, dergleichen man unter rußischen Bauerkindern kaum mit beyden Händen aufrichtet, kann man bey diesen Völkern ohne Mühe mit einer Hand beym Halskragen in die Höhe heben und schwebend halten. Auch erwachsene Buråten sind, gegen

Russen

Gemüths-
art u. Sit-
ten.

Ruſſen gerechnet, von einer bewundernswürdigen Leichtigkeit und dieſes ſo merklich, daß ihre Pferde, welche überhaupt nur geringe Kräften haben, wenn ſie unter einem rußiſchen Reuter völlig ermüdet ſind, ſich wieder erholen wenn ein Buråt darauf geſezt wird (*).

In der Gemüthsart ſcheinen die Mongolen den Kalmücken die ähnlichſten zu ſeyn. Sie ſind eben ſo munter, aufmerkſam und ſcharfſinnig, aber minder betrügeriſch. Sie ſind zwar feiger; hingegen auch geſitteter, als jene, weil der Umgang mit den Chineſern auf der einen und mit den gutartigen bauriſchen Ruſſen auf der andern Seite einen nähern Einfluß auf ſie gehabt hat. — Dahingegen ſind die Buråten, deren Sitten auch noch nicht einmahl durch die lamaͤiſche Götzenlehre und Geiſtlichkeit verbeſſert worden, und die noch gröſtentheils in kalten, gebürgigten Wildniſſen, von geſittetem Umgang entfernt leben, die gröbſten, einfältigſten, furchtſamſten, und zugleich die übelartigſten und unflätigſten vom ganzen Mongoliſchen Stam. Ihre Mundart iſt auch am raukeſten und durch die Verwechslung der Conſonanten, worunter die meiſten bey ihnen guttural und naſal ſind, am meiſten abweichend.

Unterſchied
der Klei-
dung.

Die männliche Kleidung der Mongolen iſt der Kalmückiſchen ganz gleich, auſſer daß ſie wegen der Nachbarſchaft und des Handels ſich mehrentheils in Chineſiſchen Zeugern kleiden und auch die Mützen, oder wenigſtens die gewöhnlichen Quäſte, ſo wie auch die Sommerhüte, und die ihnen nöthigen Kleinigkeiten, von den Chineſern kaufen. Am Gürtel pflegen ſie auſſer dem Tabaksbeutel, Feuerzeug und Meſſer, auch einen zierlichen mit Falten, faſt wie unſre Piſtolendecken, gezierten Beutel von Kitaika oder Seidenzeug zu tragen, worinn ſie beſtändig eine hölzerne, gedrehte Trinkſchaale bey ſich führen.

Die

(*) Die Lappen, welche ihre Lebensart und Nahrung den aſiatiſchen Nomaden ähnlich macht, ſind auch von einigen für leichter, als andre Menſchen, beſchrieben worden; und da ich die unleugbarſte Erfahrungen hierüber an dem Buråten zum öftern wiederholen können, ſo kömt mir dieſe Eigenſchaft auch an den Lappen glaubwürdig vor. M. P. Hogſtröm in ſeiner Beſchreibung Laplandes (Kopenh. und Leipz. 1748. S. 159) hat zwar daran zweifeln wollen, allein das Gegentheil durch keine Erfahrungen bewieſen.

Die kleinen Tabakspfeifen, deren sie sich bedienen, sind chinesisch und Unterschied im Kopf nicht grösser, als ein Fingerhut; desto öfter haben sie das der Klei-Vergnügen selbige zu füllen.   dung.

Ihre Weiber tragen durchgängig, auch im altäglichen Anzug, über dem Unterkleid oder Pelz das bey den Kalmücken nur zum Puz gewöhnliche Obergewand, ohne Aermel. Sie machen es gemeiniglich aus dunkelblauen Kitaika, dessen Farbe man oft vor Schmier kaum mehr unterscheidet. Es wird vorn nach der Länge mit Knöpfchen zugeheftet, unten herum aber, etwan eine Spanne vom Saum, mit Stichen etwas in Falten zusammen gezogen; welches auch mit allen Weiberpelzen nicht nur bey den Mongolen und Burâten, sondern auch bey den sibirischen Tataren gewöhnlich ist. Am Schoß des Uebergewands pflegen sie zum Zierath einige Reihen Corallen zu befestigen, auch ihr kleines Nähzeug, nebst einem Messerchen anzuhängen. — Wenn sie sich schmücken, so ist die Kleidung, bis auf die grössere Platte VII. a. Sauberkeit, fast eben dieselbe; zugleich aber zieren sie sich mit Stirnbändern, welche mit Corallen besezt sind und recht unter der Mütze unt den Kopf gebunden werden. Um den Hals hängen sie ein vielfaches Geschmeide von Corallen, wozu ihnen die von den Chinesern aus Leim bereitete und in Oel getränkte rothe Corallen die angenehmsten sind. An eben dieses Geschmeide hängen sie einige meßingene oder silberne Buckeln oder Capseln, worinn die meisten geweyhte Amulete, welche von den Geistlichen ertheilt werden, tragen und solche auch bey der altäglichen Tracht an den Hals hängen. — Die Haarflechten lassen sie vom Kopf an mit einem holen Bausch loser Haare, welche ein darinn befestigter Knopf von einander hält, spielen, und verwahren die Flechten selbst in Scheiden von schwarzem Taffent oder Kitaika. — Ihre Halbstiefeln machen sie von selbst gegerbten, sämischen Leder, welches mit Erlenrinde braungelb gefärbt ist, und nähen sie mit zierlichen Streifen aus. —

Die Tracht der Mädgen hat vor der Kalmückischen nichts Pl. VII. b. auszeichnendes, als daß sie in den Haarflechten, die an der Seite des Kopfs sitzen, Corallennuster befestigen, welche bis auf die Schulter herab hängen. Ihre Mützen haben nichts unterscheidendes.

Die Burätischen Weiber richten sich in allen Stücken nach der izt beschriebnen mongolischen Mode. Aber ihre Unsauberkeit giebt der tungusischen wenig nach, und läßt die Mongolinnen bey der Ver-

Y 3   gleichung

gleichung gar ſehr gewinnen. — Auch das Mannsvolk der Burãten
hat in der Tracht ſo wenig eigenthümliches, das ich nur in den
Sommer-Mützen einen Unterſchied habe bemerken können, welche von
ſcharlachrothem Tuch, rund und in Geſtalt eines kleinen Sonnenſchirms,
der aber nicht viel gröſſer als der Kopf iſt, gemacht zu ſeyn pflegen.
Und auch dieſe ſind nicht allgemein, ſondern viele behelfen ſich mit
Tunguſiſchen Mützen, die aus einem Rehkopf, woran die Ohren und
Augenöfnungen zu ſehn ſind, genäht werden und der wohlfeilſte Kopf-
zierrath ſind, den man in Sibiriſchen Wildniſſen hat erfinden können.

Der gröſte Theil der Mongolen, die unter der Chineſiſchen
Oberherrſchaft ſtehn, und alle Stämme dieſes Volks, welche den ruſſiſchen Scepter erkennen, nebſt denen ſüdlich vom Baikal wohnhaften
Chorinziſchen und Selenginſkiſchen, an Viehzucht reichen Burãten,
wohnen in Filzhütten, welche denen oben beſchriebnen Kalmückiſchen
auf das genaueſte ähnlich ſind. Die innere Ordnung derſelben, alles
Hausgeſchirr und Gerãthſchaft verrãth den gemeinſchaftlichen Urſprung
dieſer Völker eben ſo ſehr, und das wandernde Hirtenleben macht ſie
einander vollkommen gleich. — Allein die an der nordweſtlichen Seite
des Baikals feſtgeſezte Burãtiſche Stämme, die mongoliſche Geiſtlichkeit mit ihren Tempeln und der ärmſte Theil derer China unter-
würfigen Mongolen machen in der Bauart und Einrichtung einige
Ausnahme.

      Die Geiſtlichen unter den Mongolen beyder Reiche haben ſeit
vielen Jahren angefangen ihre Götzen und abgöttiſchen Verſamlungen
nicht mehr, wie die kriegriſchen und unruhigen Kalmücken, in wan-
delbaren Hütten, ſondern in ordentlich gebauten Tempeln zu halten,
deren Lage und Beſchaffenheit im 2ten Theil wird erörtert werden. Bey
dieſen Tempeln, welchen ſie eine angenehme und in aller Abſicht vor-
theilhafte Lage zu geben wiſſen, ſind vor die höhere Geiſtlichkeit und
Häupter der Stämme gemeiniglich ordentliche Wohnungen gebaut,
wo ſie ſich um die Zeit der bey ihnen gewöhnlichen, monathlichen Bettage, und zu Begehung ihrer Feſte verſamlen. Die geringern Geiſtlichen wohnen dabey in ihren Filzgezelten, welche ſie innerhalb eigner
dazu eingefaſter kleiner Gehöfte (Chaſcha) auf erhöhten Bretterbo-
ben, um über der Erde trocken zu ſtehn, aufſchlagen. — Einige
Geiſtliche haben ſogar bey ihren Kapellen ihre feſte Wohnungen auf-
geſchlagen, weil ſie in der Nachbarſchaft Jahr aus Jahr ein vor ihre
                                                           Heerden

Heerden gute Weide haben; und selbst das Hoflager (Oergö) der Chinesischen Mongolen und ihres geistlichen Oberhaupts ist zu einem solchen unveränderlichen Wohnplaz geworden.

Lebensart u. Wohnungen.

Im südostlichen Theil der Mongoley sind ganze Stämme dergestalt verarmt, daß sie sich mit dem Ackerbau zu nähren genöthigt worden sind, welchen China überhaupt unter den Mongolen möglichst einzuführen sucht. Diese wohnen demnach bey ihren Ackerländern in elenden von Flechtwerk oder Holz erbauten und mit Koth beworfnen Hütten und besitzen so wenig Vieh, daß sie nicht mehr ihre Wohnpläze zu verändern nöthig haben. Sie bauen Waizen (Zagan-Buda), Gersten (Arbai) und Rocken (Oros) und schlagen einen Heuvorrath auf den Winter. Nahe an der Chinesischen Mauer und im Gebiet verschiedner im Chinesischen Daurien angelegter Städte, besonders um Naun oder Tschitschigar, sind viele arme Mongolen, zum Theil mit Dauren vermischt, Kolonienweise zum Ackerbau angesezt und werden auf Kosten der Chinesischen Regierung mit Arbeitsvieh und Getraide unterstüzt, sogar daß auch in diesen Gegenden Vorrathshäuser unterhalten werden, aus welchen man dem Volk bey erfolgendem Mißwachs zu Hülfe kommen kann. Und überhaupt haben die Mongolen izt schon einen grössern Hang und wegen ihrer ziemlich allgemeinen Armuth einen stärkern Bewegungsgrund zu einer stätigen Lebensart, als die Kalmücken, welche reich an Vieh sind und noch kein grösseres Glück als ihre Wildnisse kennen. Auch haben die noch herumschweifenden Mongolen einen grossen Theil ihrer Nahrung von Reiß, Meel und Thee, welche sie von den Chinesern gegen Vieh und Pelzwerk eintauschen.

Die Buräten, welche sich unter rußischer Herrschaft, im Jrkutskischen, Balaganskischen, Wercholenskischen und auf der Insel Olchon aufhalten, haben wegen der Nässe und Rauhigkeit der Gegenden, zwar noch nicht den Ackerbau mit dem Hirtenleben und der Jagd, welche in ihren Wildnissen noch sehr ergiebig ist, vertauscht, sich aber doch schon grossentheils zu einer minder unbeständigen Lebensart gewöhnt. Sie verändern ihre Wohnungen und Standpläze nur nach der Jahrszeit und haben feste Winterdörfer, nach Art der gebürgischen Baschkiren, welche sie nur im Sommer verlassen, um sich mit ihrem Vieh in Futterreichen Gegenden aufzuhalten. — Ihren Winterdörfern geben sie durch den Schuz der Gebürge und der Waldungen

Lebensart u. Wohnungen. dungen eine wärmere Lage, und bauen sich mit Hütten an, die fast nach rußischer Landesart, aus liegenden, in den Ecken gekreuzten Balken, klein und niedrig aufgezimmert, statt des Dachs aber mit Erde oder Mist beschüttet sind. Diese Hütten (Bulgahum) werden gemeiniglich viereckigt, selten sechseckigt angelegt, und haben, ausser der Thür, nur ein viereckigtes Rauch = und Lichtloch in der Mitte der Decke. Vor der Thür machen sie, zum Schuz wider die Kälte, oft einen krummen Gang, vier bis 5 Schritt lang, und vor diesem noch eine Thür; aussenher aber eine Laube und Flechtwerk, zum Schuz für das Vieh. In der Hütte müssen Kuhhäute statt der Teppiche rund um den mittlern Feuerplaz dienen. — Im Sommer ziehen einige mit Filzgezelten (Dair) an den Bächen und in den kühlen Gebürgthälern herum, andre behelfen sich in einer graßreichen Gegend, wo ihr Vieh Weide genug hat, mit elenden, geflochtnen und mit Kuhmist beworfnen Hütten. Im Grunde bleibt ihre Einrichtung indessen immer der ursprünglichen mongolischen und kalmückischen so ähnlich, als es ihre Landschaft und der Himmelsstrich, unter dem sie wohnen, erlauben will.

Viehzucht in der Mongoley. Demnach ist immer noch die Viehzucht bey den Buräten und Mongolen der vornehmste und gewöhnlichste Bestand. Auch diese aber hat sich, so wie ihre Heerden selbst, nach dem Einfluß des östlichen Klimats und nach ihrem geburgigten Vaterlande richten müssen. — Da dieses einem langen und strengen Winter ausgesezt ist, so müssen sich ihre Heerden zu selbiger Jahrszeit kümmerlich behelfen. Und doch überläst man sie der Natur und bekümmert sich um keinen Heuvorrath auf den Winter, ausser einer geringen Versorgung die man den Lämmern spart.

Nichts verdient mehr bewundert zu werden, als daß die zweybucklichten Kameele, deren besonders die Selenginskischen und Chorinzischen Buräten, so wie auch die Mongolen eine ziemliche Anzahl besitzen, bey einer so lang anhaltenden und strengen Kälte, welcher alles hohe, östliche Land jenseit des Baikals ausgesezt ist, gedeyen können. Diese Thiere, welche hier etwas kleiner als in warmen westlichen Ländern fallen, gehen den ganzen Winter ohne alle Bedeckung und Pflege auf den Inseln und Niedriaungen der Flüsse herum, und haben zu ihrer Nahrung nichts als Weidenruthen, die sie bis aufs Holz abfressen. Daß aber dieses Futter ihnen eben nicht angemessen sey, sieht man

zur

zur Genüge an ihren mit der blossen Haut bedeckten Knochen, welche Viehzucht im Frühjahr überall hervor stechen. Von ihren Buckeln bleibt alsdenn in der Mongolen nichts, als niederhängende, mit langen Zotten bewachsne Hautlappen, und sie sehn besonders gegen das Ende des Aprils, wenn noch keine Pflanzen ausgeschlagen sind, recht jämmerlich aus. Gleichwohl überstehn sie nicht nur dieses Ungemach, sondern leiden auch nicht einmal von der im April und May gemeiniglich hier noch einfallenden Kälte und Schneeluft, obgleich sie schon in der Mitte des Aprils das gefilzte Haar schwartenweise zu verlieren anfangen, und zu Ende dieses Monaths, wie auch den ganzen May hindurch, einige Zotten an den Gelenken und am Halse ausgenommen, ganz kahl gehn.

Ich kann nicht umhin, bey dieser Gelegenheit eines besondern Verhaltens zu erwähnen, dessen sich die Mongolen und daurische Tungusen bey Kameelen, welche ihr Junges nicht säugen wollen, bedienen. Es ereignet sich zwar ein solcher Fall sehr selten, weil die Kameele alle andre Hausthiere an Liebe zu ihren Jungen übertreffen. Dennoch geschieht es zuweilen, daß sie ein Junges, das sich noch nicht selbst ernähren kann, verstossen, ohne daß sich eine andre Ursach, als vielleicht ihre Schwäche davon angeben läst, zumal da sich bey den westlichen Hirtenvölkern, wo die Kameele einer wärmern Luft und bessern Futters geniessen, nie dergleichen begeben soll. Um nun bey einem solchen Kameel die mütterliche Zärtlichkeit wieder rege zu machen, haben die östlichen Nomaden folgendes, vermuthlich zufällig entdecktes Mittel. Sie binden das junge Kameel an einen eingeschlagnen Pflock, und die Mutter einige Klafter davon an einen andern. Darauf sezt sich jemand, der auf der mit härenen Saiten versehenen Geige Chur (S. oben Pl. 4. B.) zu spielen gelernt hat, hin und stimt die kläglichste Melodie an, die nur zu erdenken ist und deren Ton mit der Klagestimme eines jungen Kameels viele Aehnlichkeit hat. Während derselben wird das alte Kameel zuerst wie aufmerksam, blickt unabläßig nach seinem Füllen, läst endlich grosse Thränen aus den Augen fallen und sucht sich loßzureissen. Alsdenn darf man es nur frey lassen, so wird es das Füllen wieder säugen und nicht leicht verlassen. — Diese fabelhaft klingende Anwendung der Musik ist nicht nur in Daurien wohl bekannt, sondern auch von einem der Personen welche mich auf meiner daurischen Reise begleiteten, und zwar nahmentlich dem Studenten N. Sokolof auf der Gränzpostirung Kulussutai

Viehzucht lussutai, zwischen dem Argun und Onon, durch den Augenschein bestå-
in der Mon-tigt worden. Die schon alte Bemerkung, welche auch heutiges Ta-
golen.   ges bey Karawanen bekannt ist, daß die Kameele durch Musik er-
muntert werden, wird das unglaubliche dieser Erscheinung vermindern helfen.

Die Pferde der Mongolen und Buråten sind kraftlos, klein
und schlecht. Sie sehn im Frühling noch fast elender und abgemer-
gelter aus, als die Kameele. Diejenigen, welche nicht in warmen
Thålern und Flåchen, zwischen kahlen, sonnigten Gebürgen überwintern können, haben für ihre Pferde im Winter keinen andern Unterhalt, als die im nordöstlichen Asien überall in Wåldern und Sümp-
fen gemeine Strauchbirke. Sonst sind die dortigen Pferde mehrentheils licht von Farbe, sehr flüchtig und beherzt, leicht zur Arbeit zu
zåhmen, und bis zum lezten Rest von Kråften, so wie die Baschkirischen, willig. — Bey den Chorinzischen Buråten sieht man Heerden von vielen Hunderten, worunter kein einiges schwarzes, braunes
oder dunkelfårbiges Pferd ist. Es sind lauter Schimmel, die aber in
alle sonst gewöhnliche Farben spielen, oder auch sehr bleiche Schåcken
von verschiedner Art vorstellen. Die Ursach ist nicht sowohl oder doch
nicht allein das Clima, sondern die Wahl der Beschåler, welche
gemeiniglich nach Angabe ihrer Zauberer den Gözen geweyht werden,
und dazu vorzüglich milchweiß von Farbe zu wåhlen sind, trågt
dazu das meiste bey.

Das dortige Rindvieh ist von måßiger Gestalt, aber sehr
gedrungen und dauerhaft. Die überflüßigen Stiere werden nicht nur
zum Ziehn und Tragen der Hütten und des Hausraths bey Verån-
derung der Lagerplåtze, sondern auch zum reiten gewöhnt und dienen
hauptsåchlich den Weibern und den Knaben oder Mådgen, welche die
Heerden hüten, zu welchem Ende sie mit besondren, auf den scharfen
Rücken passenden Såtteln belegt und mit einem durch die Nase gezognen Stricklein, welches man nur hin und herwerfen oder anhalten
darf, regiert werden.

Beyde Völker halten keine andre Schaafe, als die mit polster-
förmigem Fettschwånzen versehene Art. Sie gedeyen, wegen der ofnen
Gebürge, fast überall und werfen sehr oft zwey Låmmer. Am Selenga und allen diesseits dem daurischen Scheidegebürge (Ja-
                                                          bienoi-

blenoi Chrebet) gelegnen Gegenden, wo der Schneefall ziemlich stark Viehzucht und die salzigen Gründe nicht so häufig sind, fallen sie klein, über= in der Mon= treffen ein rußisches Schaaf an Größe wenig, und haben nur ganz golei. kleine und unansehnliche Fettschwänze. Hingegen werden auf den schönen, fast in allen Gründen Salzblumen zeigenden Steppen von Dåurien, zwischen dem Onon und Argun, wo auch so wenig Schnee fällt, daß das Wollen=Vieh den ganzen Winter hindurch überflüßige Weide hat, Schaafe gezogen, welche die größten Kirgisischen Widder fast übertreffen und gewiß vor die ansehnlichsten in ihrer Art gelten können. Doch wachsen auch diesen die Fettschwänze nicht zu einer sol= chen Größe, als bey den Kirgisischen und Kalmückischen, vermuthlich weil sie mehr auf Bergen, als in Salz= und Wermuthflächen weiden und vielleicht auch die kalte Gebürgluft an der Fetterzeugung und Erschlaffung der Theile hinderlich seyn mag. — Man sieht auch bey den mongolischen Hirtenvölkern fast keine andre, als weiß geschäckte oder weisse Schaafe, mit schwarzen, braunen, gefleckten oder gespren= kelten Köpfen. Die Wolle derselben ist grob und wird nur zu Be= reitung ihrer Filze gebraucht und mit scharfen Messern abgeschoren. Unter den schwarzen Låmmern fallen sehr schöne Felle, die im Chine= sischen Handel, mit andern gemeinen Sorten, häufig und zu guten Preisen abgehn.

Die Mongolen halten auch sehr viel Ziegen, welche klein, aber sehr haarreich sind, und fast nur deßwegen so stark gezogen wer= den, weil sie leicht fortkommen, sich stark vermehren, und in jenen kalten Gegenden mit ihren Fellen zu wohlfeilen und dauerhaften Pel= zen dienen. Weil nur ungehörnte Böcke zur Zucht gelassen werden, so sind gemeiniglich alle Ziegen ungehörnt. Man bemerkt auch nicht selten Zwitter, die vom Bock aus Schaafen gebohren sind und leztern doch ähnlicher sehn.

Ich könnte von der Nahrung der Mongolen und Buråten schwei= Gewöhnli= gen, weil fast nichts bey ihnen von den Kalmückischen Gebräuchen che eßbare merklich unterschiednes bemerkt wird, wenn nicht die in ihrem Vater= Wurzeln. lande gewöhnliche wilde Wurzeln, die sie mit zur Speise samlen, erwähnt zu werden verdienter. — Die Zwiebeln von der gemeinen und zinoberrothen Türkischen=Bund=Lilje (Lil. pomponium mongol. Tumusu) und von den Feuerlilien (Lil. bulbiferum mongol. Sarån) sind nebst den Wurzeln des Natterzungenkrauts (Polygonum vi-

Z 2

viparum

Gewöhnli-
che eßbare
Wurzeln.

viparum mongol. Mykir) die gewöhnlichſten. Jene werden am meiſten roh gegeſſen, und auch zum Brey getrocknet. Leztere ſamlen
auch die Buräten, wie die Tunguſen, aus den Hölen (Urgan) gewiſſer Feldmäuſe, welche ſelbige nebſt den Sanguiſorben und andern
Wurzeln zu ihrem Wintervorrath häufig einſamlen. Ein Pulver von
ſibiriſchen Pöonienwurzeln (Tſchegna oder Tſchina) wird von den
Mongolen und Tunguſen, zum verdicken des Thees und der Brühen,
als Meel gebraucht.

Die Buräten eſſen zwar das Fleiſch von Thieren nie ungekocht,
allein ſie haben von den Tunguſen und andern Jagdvölkern Sibiriens
gelernt das Mark aus den Knochenröhren des gefällten Rothwildes
roh und oft ganz warm, als einen Leckerbiſſen zu verzehren. — Auch
werden die Hoden von geſchlachteten Lämmern, Kälbern oder jungen
Widdern vor etwas nicht nur wohlſchmeckendes, ſondern auch fruchtbar machendes und zur Liebe reizendes gehalten, und daher ganz
blutig und warm verzehrt. Gemeiniglich gönnt ein Burät dieſen
Leckerbiſſen ſeinen Knaben, die ihn nicht umkommen laſſen.

Mongoli-
ſcher Thee.

Die Kalmücken bedienen ſich des gekochten Thees (Zai) nur
mäßig, und oft nur zum Wohlſtand. Die Mongolen und Buräten
hingegen ſchweifen darinn über alle Gränzen und machen aus dieſem
Getränk einen groſſen Theil ihrer Nahrung. Der Theekeſſel komt
bey ihnen faſt nie vom Feuer, und ſie würden das lezte verkaufen,
um ſich den aus China zugeführten, in Tafeln gepreſten Ziegelthee
und Tabak anſchaffen zu können, bey welchen beyden Stücken ſie
manche Tage alle andre Speiſen entbehren. Dieſer Ziegelthee, welcher in den nordlichen Provinzen von China aus den Blättern eines
wilden Strauchs, die den Vogelkirſchenblättern faſt ähnlich ſeyn, bereitet, in Waſſer gerottet, nachmals mit dem Gallert von Thierblut gebunden und in Formen gepreſt iſt, wird in der Selenginſkiſchen Gegend zu ſechzig bis achzig Kopeken eine groſſe Tafel und in
entfernteren Gegenden noch theurer an die Liebhaber verkauft. Man
ſchlägt ein Stück von einigen Lothen davon ab, zerſtöſt es und läſt
in einem Keſſel mit Waſſer, (welches vorher ſchon einigemahl auf-
ſieden muß, und worinn man ein gutes Loth der gleich zu erwähnen-
den Salze hat auflöſen laſſen) ſtark kochen, wobey das Kochſel mit
einer Schöpfkelle fleißig geſchöpft, ausgegoſſen und vermengt wird,
damit das Kraut nicht oben zu ſchwimmen komme, weil ſonſt der

Thee

Thee nicht dick und stark genug wird. Nach hinlänglichem Kochen sezt Mongolisch alles Kraut zu Grunde, und alsdenn wird unter den Thee, um sich der Thee ihn nahrhafter zu machen, Milch, Butter oder Fett aus Hammelschwänzen, auch wohl etwas Meel eingerührt. — Das Salz dessen sich die Mongolen und Buräten am liebsten im Thee bedienen, ist dasjenige natröse Erdsalz, welches in der Mongoley an den Ufern vieler Bittersalzseen und unzähliger Salzgründe über der Erde austritt, und auf mongolisch Chudshir genannt wird. Sie wählen vorzüglich dasjenige, welches gar kein Kochsalz, und die gröste Proportion Natrum, oder natürlich Alkali unter wenigem Glaubersalz führt; alle andre kommen ihnen nicht so schmackhaft vor und machen den Thee nicht so dick und seifenhaft. — Die im Selenginskischen und Nertschinskischen wohnende Russen, welche sich an diesen Theetrank so gewöhnt haben, daß sie ihn noch weniger, als die Mongolen, entbehren können, und die darüber den gesunden russischen Quas zu kochen verlernen, nehmen gewöhnlich Kochsalz dazu und mischen ihn in Fastenzeiten mit Hanföhl und Meel, ohne sich daran zu kehren daß schon die Theetafeln mit Thierblut bereitet worden sind. — Allein die mongolischen Völker finden den urinösen Beygeschmack kalischer Salze so annehmlich, daß sie lieber, wenn sie obgedachtes Chudshir in ihrer Gegend nicht haben und von ihren entfernten Nachbarn eben nicht hohlen wollen, lieber die scharfe Asche von faulem Birkenholz oder der braunen untern Rinde von Birken, die sie auf einer Pfanne brennen und Schulta heissen, unter ihren Thee rühren mögen. — Es ist gröstentheils dem unmäßigen Gebrauch dieses zusammenziehenden, kalescirenden und die Verdauungskraft schwächenden Getränks zuzuschreiben, daß dieses Volk durchgängig von geringer und hagrer Gestalt und von Ansehn etwas ungesund ist. Ja es entstehn zuweilen würkliche Krankheiten daraus, und diejenigen, welche sich aus einem verderbten Geschmack der Schulta unmäßig bedienen, hat man endlich an unheilbaren Blutflüssen sterben gesehn.

Wer unter ihnen nicht das Vermögen hat den Chinesischen Ziegelthee zu kaufen, oder seinen Vorrath verzehrt, ehe neue Zufuhr kömt, weiß sich mit dortigen, wilden Geburgkräutern zu helfen, deren viele im Gebrauch sind. Am gewöhnlichsten ist eine grosse Art Steinbrech (Saxifraga crassifolia mongol. Badàn), die Sanguisorbenwurzel (mongl. Schüddu), das Kraut von Preisselbeeren (Vitis idaea)

Zum Thee gebräuchliche Kräuter.

oder

Zum Thee
gebråuchli-
che Kråuter.

oder von Pyrola rotundifolia; das Laub der gebürgischen Art von Tamarisken (Tamarix germanica, mongol. Balgu), einige Arten von Fingerblatkraut (Potentilla rupestris u. fruticosa, mongol. Chatalsa), und das gemeine Süßholzkraut (Glicyrrhiza hirsuta, mongol. Nachalsa); ingleichen wird ein wie Himbeeren riechendes schönes Farnkraut (Polypodium fragrans, mongol. Gerik) das an hohen Felsen wächst und auch dem feinsten europäischen Geschmack gefallen könnte, auch noch und in Daurien eine daselbst gemeine Clematis (*) zu Thee gekocht. Die Saamen vom blasigtem Bilsenkraut (Hyoscyamus physalodes, tungusisch Tschória) sind, soviel ich weiß nur bey den daurischen Tungusen im Gebrauch, und werden geröstet und fast wie unser Coffee gekocht.

Vermischte
Bemerkun-
gen.

Pl. VII. C.

Die Anstalten beym abtreiben des Milchbranteweins, sieht man bey den Buråten und Mongolen genau so, wie sie oben sind beschrieben worden, und nur sehr wenige unter den Buråten haben die Tungusische Art angenommen, da über den Milchkessel ein hohler hölzener Zylinder festlutirt wird, in welchem ein Zwergboden, der durch seine mittlere Oeffnung die Dünste in den obern kühlen Raum aufsteigen läst, den zusammenrinnenden Branntwein auf sich samlet und durch eine Röhre ableitet.

Bey der Buråtischen Art Felle zu gerben habe ich nur diese besondre Behandlung angemerkt, daß sie die Felle, nachdem sie mit Milch bereitet, mit Kienzapfen oder Mist, auch wohl in ihren Hütten unter dem Dach geräuchert, darnach mit einem Gemüse von zerstoßnem Gehirn und Leber eingeschmiert und wieder ausgekrazt sind, zulezt noch mit roher Leber rein und sauber machen; welches sonderlich bey såmischem Leber erforderlich ist, woraus die Weiber ihre ausgenähte Stiefeln verfertigen.

Die grössesten Filze werden bloß durch Weiber und zwar auf folgende leichtere Art bereitet. Die benezte Wolle wird mit dem Filz, worauf sie ausgelockert worden, fest auf eine runde, glatte Stange gerollt und die ganze Rolle in rohe Håute eingenåht, so daß nur die beyden Enden der Stange hervorragen. Alsdenn wird vermittelst zweyer

(*) S. den 3ten Theil meiner Reise, S. 735. Pl. Q. Fig. 2.

zweyer Seile, die mit Schlingen um die Enden der Stange gelegt Vermischte sind, ein Stier vorgespannt, und also diese Rolle auf einem ganz eb- Bemerkun- nen, grasigten Plaz so lange hin und her gewalzt, bis der neue Filz gen. fertig ist. Dazu pflegt genug zu seyn, wenn dieses zwölf bis fünf- zehn mahl einen Bogenschuß weit geschieht.

Die Buräten haben Schmiede unter sich, welche nicht allein Eisen zu verarbeiten, sondern sogar in kleinen Handöfen zu schmelzen verstehn. Vormals soll es deren viel mehrere gegeben haben. — Noch izt sind Künstler genug unter ihnen, welche Gürtelplatten, Zierathen an Reitzeug und andre Dinge auf Eisen, mit kalt eingetriebnen Sil- berblechen sehr sauber damasciren und diese bratskische Arbeit in ganz Sibirien bekannt und beliebt gemacht haben (*).

Es bleibt mir nur noch einiges von den Jagden der östlichen Mongoli- mongolischen Völker zu sagen übrig. Die Einwohner der gebürgigten sche Jagd. Gegenden bekümmern sich nicht um die Falkenjagd, weil ihr felsig- tes Land dazu nicht geschickt ist. Aber sie können im Winter ei- nen reichen Fang an allerley edlem Pelzwerk, sonderlich in den wal- digten Wildnissen haben, wo sich noch Luchse, Steinkatzen (Manul), Vielfrasse, Ottern, Bären, Zobel, Grauwerk häufig genug aufhalten. Die Menge von allerley Rothwild, Elenn, Hirschen, Rennthieren, Re- hen, Moschusthieren, in ofnern Gegenden von Steinwiddern (Argali), und in den freyen, zwischen Gebürgen weit ausgebreiteten Ebnen von Steppenziegen (Dseren) und wilden Halbeseln (Dschickätei) ist noch grösser. — Hauptsächlich auf diese Steppenziegen, doch auch auf ander Wild, ist eine unter den Mongolen berühmte Klopfjagd (Ablachü) gebräuchlich. Sie wird am liebsten in ofnen Gegenden, wenn aber grosse Jagdgesellschaften beysammen sind, auch wohl im waldigten Wildnissen angestellt. Die Mongolen versammeln sich dazu im Spät- jahr, wenn die Pferde bey vollen Kräften sind, in Partheyen von Hundert, ja Zweyhundert und mehr Reutern, die noch Handpferde mit sich führen, ihre Hunde bey sich haben und mit Bogen und Pfei- len wohl versehn sind. Wenn kein vornehmer, oder deren mehrere unter

---

(*) Man sehe die umständliche Beschreibung ihres Verfahrens in Gmelins sibir. Reise ersten Theils, Seite 407.

Mongoli-
fche Jagd.

unter ihnen sind, so wählen sie einen Anführer der Jagd, und setzen selbige in bequemen Gegenden oft mehrere Tage nacheinander, mit dazwischen genommenen Ruhzeiten, fort.   Die Tage, da gejagt werden soll, schicke man, zum aufspüren des Wildes, bey Aufgang der Sonne einige mit guten Augen versehene Leute voraus, welche von den Höhen und freyen Berggipfeln sich nach Wild umsehn und wann sie dergleichen ansichtig geworden, auf ihrer Warte halten, bis die Jagdparthey nachkömt, welcher sie durch Schwenkungen mit dem Pferde und andre Zeichen den Ort wo sich das Wild befindet, und wie man sich zu vertheilen hat, anzeigen :   Alsdenn zerstreuen sich die Jäger in kleine Truppe und endlich einzeln, doch nie über sechzig bis achzig Faden voneinander, so daß alle zusammen einen Bogen machen, mit dessen Flügeln sie das Wild zu umzingeln oder gegen ein Gebürge oder Fluß einzuschliessen suchen.   Lezteres ist sonderlich bey den daurischen Steppenziegen gebräuchlich, welche gejagt nie freywillig ins Wasser gehn.   Sobald man merkt, daß sich das Wild vor den Jägern scheut, oder sonst hinter Anhöhen und durch Gründe sich unvermerkt genähert hat, wird auf ein gegebnes Zeichen von allen Seiten im Galop auf das Wild loßgestürmt, mit Geschrey und besondern

Platte 7. d.

klingenden Pfeilen (Dsi) welche ein auf drey Zoll breites dünnes Eisen, und darunter einen hohlen knöchetnen Knopf haben, dasselbe stutzig gemacht, und so viel als man kann davon erlegt; da den oft noch Wild, welches man nicht vorher gesehn, durch den Umschweif, den die Jäger genommen haben, aufgetrieben wird und mit in die Jagd geräth.

Alles übrige, was ich von den Kalmücken in der ersten Abtheilung dieses Abschnitts gesagt habe, paßt auf beyde zulezt beschriebne Völker so vollkommen, daß es nicht wiederholt werden darf; und ich mich also zu Beschreibung der Civil-Einrichtung, der weltlichen Obrigkeit und zu den Gesetzen der Kalmücken und ihrer Brüder wenden kann.

Dritter

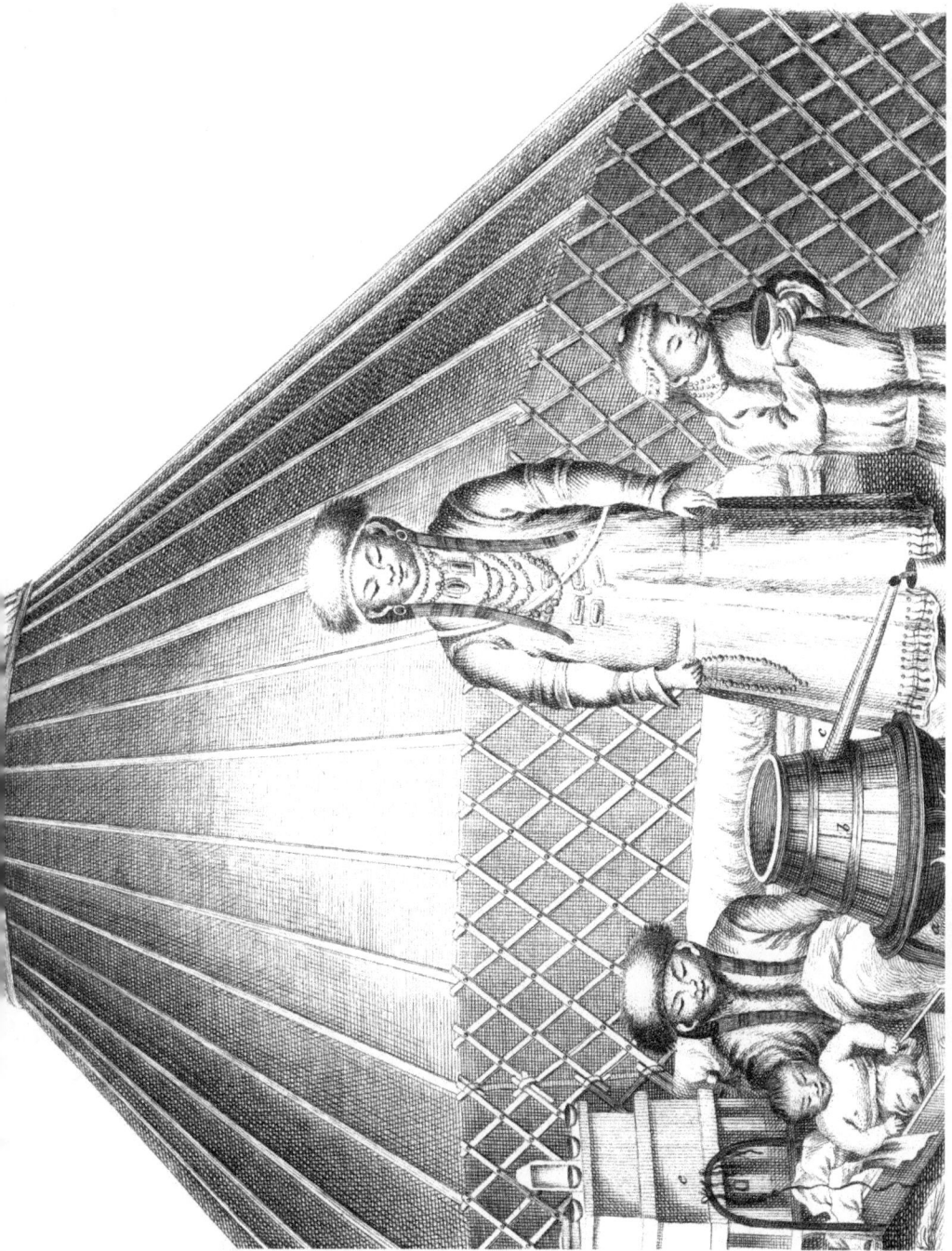

Dritter Abschnitt.

Von der Civil- und Kriegs-Verfassung der Kalmücken und Mongolen, Gesetzen und Gericht.

I.

Ueber die Civileinrichtung und Obrigkeit, hauptsächlich unter den Kalmücken.

Es ist in der That merkwürdig, daß eine Nation von Nomaden, die eine der menschlichen Freyheit recht angemessene Lebensart führt, von undenklichen Zeiten her der unumschränkten fürstlichen Gewalt ist unterthan gewesen. Die Mongolischen Völkerschaften sind hievon, wenigstens in Asien, das einige Beyspiel, und haben unter sich weder in schriftlichen Geschichten, noch in uralten Traditionen die geringste Spur einer vormaligen ungebundnen Lebensart, die den tatarischen Nomaden so eigen und so verderblich ist. Sie bekennen vielmehr von jeher Chanen und Fürsten unterthänig gelebt zu haben, deren einmahl festgesezte, feirlichst und fast göttlich geachtete Herrschaft erblich fortgepflanzt wird, und sie sind mit dieser Einrichtung so zufrieden, daß man wenige unter ihnen finden wird, welche nicht gegen ihre angeerbte Fürsten die äuserste Treue und den eifrigsten Gehorsam zu bezeigen in allen Fällen bereit seyn sollten.

Obrigkeit der Kalmücken.

Erster Theil.   A a   Die

Die Kalmücken ſcheinen ſchon zu Tſchingis-Chans Zeiten, durch dieſe Liebe zu ihrem rechtmäßigen Fürſten begeiſtert, die gewaltſame Oberherrſchaft des mongoliſchen Beherrſchers am unwilligſten getragen, ſich immer aufſäßig bezeigt, und das Joch der uſurpirten Gewalt eines von fremdem Geblüt entſproſſenen Fürſtenſtams zuerſt abgeſchüttelt zu haben. Und ſeitdem haben ſie die Treue gegen ihre Erb-Fürſten, auch unter den blutigſten Kriegen wieder die Mongolen und Chineſer, erhalten und würden vielleicht dadurch im Orient unüberwindlich geweſen ſeyn, wenn nicht zuerſt die ſchlechte Politik ihrer Beherrſcher, das Volk unter viele Söhne zu theilen, und dann die innerliche Zwietracht ihrer Fürſten und Vornehmen, ihre Macht geſchwächt und endlich den Untergang derſelben verurſacht hätte. — Diejenigen Kalmückiſchen Haufen, welche früher in die Wolgiſchen Gegenden gezogen waren, haben ihre alte Einrichtung und Fürſten unter allen mongoliſchen Völkern, bis auf ihre Entweichung, noch am unverrückteſten erhalten, und ſollen mir alſo in Beſchreibung der Civilverfaſſung dieſer Völker vorzüglich zum Muſter dienen.

Bey den Kalmücken ſowohl, als Mongolen, wird ein Fürſt der einen abgeſonderten Haufen Volks (Ulus) eigenthümlich und als der Aelteſte von ſeinem Stam regiert, Taidſhi (*) genannt; alle übrige männliche Erben, ſie mögen unmittelbar von der fürſtlichen Familie und Brüder des regierenden Fürſten, oder von Nebenlinien die in entfernterem Grade mit der Fürſtlichen verbrüdert ſind, entſproſſen ſeyn, führen bloß den Ehrentitul Nojom (Herr). Die mächtigſten unter den Kalmückiſchen und mongoliſchen Fürſten haben ſich ſonſt theils von ihrem geiſtlichen Oberhaupt dem Dalai-Lama, theils von ihren mächtigern Nachbarn dem Rußiſchen und Chineſiſchen Beherrſcher
den

(*) Nichts iſt ungereimter, als die von den franzöſiſchen Ueberſetzern dem Abulgaſi angedichtete Ausdeutung des Worts Taidſhi, durch einen Sänger oder jemand der eine angenehme Stimme hat (*Hiſt. geneal. p. 150.*). Nach einer auf der Kayſerl. Bibliothek in Peters-burg verwahrten teutſchen Ueberſetzung, die den Prof. Kehr zum Verfaſſer hat, lautet dieſe Stelle, ſo wie viele in der franz. Ueber-ſetzung verfälſchte Paragraphen, ganz anders: „Tayſchi, heiſt es da-ſelbſt, „bedeutet in der Chatayiſchen Sprache ſoviel als einen guten Aufſeher oder Wächter„.

den Chanen = Titul beylegen lassen, und der Titel Chuntaidschi (Schwa- Obrigkeit
nenfürst) welcher vielen Soongarischen, Choschotischen und Mongoli- der Kal-
schen Fürsten eigen gewesen ist, wurde unter diesen Horden, da sie ^{mücken.}
noch frey und von keiner auswärtigen weltlichen Macht abhängig
waren, allein vom Dalai = Lama ertheilt, und gab den Rang über
die gemeinen Fürsten und die Rechtmäßigkeit der Macht, welche sich
solche über die minder mächtige anmaßten.

Der gewöhnlichsten Ordnung nach pflegt ein Fürst (Taidschi)
die Regierung seines Volks (Ullus) oder seiner Unterthanen (Albatu)
dem ältesten Sohn zu hinterlassen. Denen übrigen wird eine kleine
Anzahl Familien, als eine Entschädigung, zu ihrem Unterhalt zuerkannt,
über welche sie zwar eben sowohl, als der Fürst über sein Volk,
die Herren (Nojons) sind, aber doch bey der Ulus des regierenden
Fürsten unabgesondert in einer gewissen Abhängigkeit und Vasallität
verbleiben und ihm in Kriegs = und Friedensverordnungen billige
Folge leisten. Stirbt die älteste Linie aus, so folgt der Aelteste vom
nächsten Zweige in der fürstlichen Hoheit, worinnen, so viel es seyn
kann, sehr genau verfahren wird. Aber nicht nur in diesen Fällen,
sondern auch unter der ununterbrochnen Erbfolge einer Linie, geschieht
es nur gar zu oft, daß unruhige Brüder oder Fürsten von der Nebenlinie, wie es bey der unstäten Lebensart dieser Völker sehr leicht ist,
sich durch die Entfernung oder bey günstigen Gelegenheiten, der
Oberherrschaft des Fürsten entziehen, durch freywillige Ueberläufer und
kleine Räubereyen ihr Volk vermehren und selbst nach und nach mächtig
werden, ja gar endlich oft den Meister über den Stamhalter ihres
Hauses spielen. Und dieses ist der Grund aller Zertrennungen und
der meisten bürgerlichen Kriege unter den Kalmücken gewesen, wozu
viele Fürsten noch dadurch beygetragen haben, daß sie ihren jüngern
Söhnen in dem Besitz mit dem Aeltesten gleicher oder doch sehr starker Erbtheile hinterliessen; denn es hängt lediglich von einem Fürsten
ab, wie er die Unterthanen unter seine Söhne vertheilen will, und diese
Theilung geschieht oft sobald die Söhne herangewachsen sind, dergestalt daß sich der Vater einen willkührlichen Antheil vorbehält, welchen
die Söhne erst nach seinem Tode unter sich theilen, und auch dabey oft
einander in die Haare gerathen.

Ein Taidschi oder Nojon hat über seine Unterthanen (Albatu)
eine unumschränkte Gewalt; er kann sie nach Willkühr verschenken

und

Obrigkeit der Kalmücken.

und vermachen, mit ſchweren Leibesſtrafen belegen, ihnen Naſen und Ohren abſchneiden oder Gliedmaſſen abhauen laſſen; nur nicht öffentlich tödten, weil es die Religion der Lamen verbietet, und daher müſſen die Fürſten ſolche von ihren Unterthanen, die ihnen verhaſt oder gefährlich ſind, nur heimlich ſuchen aus dem Wege zu räumen. Der Tribut (Albin), den die Unterthanen dem Fürſten erlegen müſſen, hängt auch lediglich von ſeiner Willkühr ab, und nur die geiſtliche Cleriſey (Chubrak), das Volk, welches dem Dalai Lama und andern Götzen von vorigen Fürſten geweyht iſt (Schäbinäre) und die Abſtämlinge der fürſtlichen Familie oder was ſich von weiſſen Knochen (wie die Kalmücken ſagen) herzuſeyn rechnet, iſt von Abgaben befreyt. Billige Fürſten ſuchen darinn ihre Unterthanen zu ſchonen und gemeiniglich wird auch die Abgabe nach dem Vermögen eines jeden eingerichtet; Aber leichtſinnige und arme Oberherrn drücken ihr Volk aufs äuſſerſte und haben ſowohl davon, als für ihre Grauſamkeiten, wenn ſie nicht ihre Groſſen in den Harniſch bringen, nichts anders zu fürchten, als daß ihnen viel Volk entläuft und ſich zu andern Fürſten von der Verwandſchaft ſchlägt.

Bey den Wolgiſchen Kalmücken hatten einige Chane über die unabhängigen Taiſchen oder Fürſten ihrer Horde (Nutuk), auſſer in Angelegenheiten, welche die allgemeine Ordnung und Sicherheit betrafen oder von der ruſßiſchen Obrigkeit eingeſchärft wurden, wenig zu befehlen. Ajuka und Donduk Ombo allein haben durch ihre Uebermacht die Nebenfürſten der Wolgiſchen Horde in einer mehr bedeutende Vaſallität zu erhalten gewuſt. Eben ſo gehorchte man unter den Soongaren dem Chuntaidſhi nur weil er der mächtigſte, und in ſeiner Macht vom Dalailama anbey beſtätiget war. Ein jeder untergeordneter Fürſt blieb dem ohngeachtet Herr über ſeine eigne Unterthanen, und ſelbſt unter des Tſchingis Herrſchaft behielten die kleinern Beherrſcher die Gerichtsbarkeit über ihr Volk. Der Soongariſche Chuntaidſhi und die Torgotſchen Chane, bis auf den leztentwichnen Ubaſcha, wählten ſich nach eigner Willkühr einen Gerichts-Rath (Sarga) aus ihren Vaſallen und Edlen (Sajiſſan), in welchem die vornehmſte Lamen oder Geiſtlichen unbezweifelten Siz und Stimme hatten und alſo weniger, als die andern Beyſitzer, die des Chans Creaturen waren und von ihm ab- und eingeſezt werden konnten, von dieſem abhiengen! Die Zahl aller Beyſitzer dieſes Gerichts, wovon der Chan ſelbſt das Haupt war, blieb ſo wie bey den Soongaren, alſo auch bey den

Tor-

Torgoten, nach einem alten Gebrauch auf achte festgesezt. Selbige hiel-Obrigkeit ten ihre Versamlungen in einer besonders dazu bestimten ansehnlichen der Kal-mücken. Hütte, wo auch das Gesezbuch verwahrt wurde. Dieses Gericht nun verwaltete nicht nur die Regierung über das erbeigne Chanische Volk, sondern fertigte auch die nöthigen öffentlichen Befehle, an die unter-geordneten Fürsten ab und nahm von den Unterthanen dieser leztern Appellationen an, die denn je nach dem Grade der Macht des regie-renden Chans geltend gemacht wurden. Die Schlüsse und Befehle des Raths musten dem Chan zur Genehmigung vorgelegt werden, und erhielten, wenn er sie gut hieß, durch seine Unterschrift oder durch Unterdruckung seines Sigills (Tamga), das in der Verwahrung der getreusten Saissans zu seyn pflegte, und mit rother oder schwarzer Farbe abgedruckt wird, die Bekräftigung. Unter einem schwachmüthi-gen Chan also regierten die Beysitzer der Sarga (Sargatschiner) durch ihn, und in gegenseitigem Fall war das Gericht und dessen Autorität völlig in der Hand des Chans.

Auf eben die Weise hat auch ein jeder regierender Fürst (Taid-schi) seinen Rath oder Sarga zur Handhabung der Gerechtigkeit und Schlichtung der Rechtshändel unter seinen Unterthanen. Dieser Besteht ebenfalls aus den vornehmsten und verständigsten Saissanen und auch fürstliche Verwandte werden dazu vom Fürsten gewählt; ei-ner der Oberpriester der Ulus hat allein das unausschließliche Recht mit als Oberrichter (Sargatschi) zu sitzen. Unter den Oberrichtern stehn gewisse Unterrichter oder Vögte (Jergatschi), welche in Ver-schickungen gebraucht werden, kleine Händel unter dem Volke schlich-ten, Verklagte vor Gericht bringen und bey Vollziehung eines Urtheils gegenwärtig seyn müssen. Eben so viele gemeine Gerichtsboten sind unter dem Nahmen Daraga verordnet, welche zur Einsamlung fürst-licher Gefälle ausgeschickt werden.

Nach der oben bereits erwähnten, bey Einsetzung des Vice-chans Ubascha 1762. beliebten neuen Einrichtung der chanischen Sar-ga, konnte ein jeder regierender Fürst dazu einen beendigten Saissan als Beysitzer ernennen, um sein eignes Interesse wahrzunehmen. Zu dem Ende wurde die Zahl der Beysitzer vermehrt. Die von den Fürsten einmal ernannten Beysitzer aber konnten nicht mehr abgewech-selt werden, genossen ein Gehalt von der Rußischen Regierung, ent-schieden nach den meisten Stimmen, wobey der Chan nur den Aus-

schlag

Obrigkeit
der Kal-
mücken.

schlag geben konnte, doch auch seine eigne Beysitzer hatte, und sollten
sich in unentschiednen Fällen an das Reichscollegium der auswärtigen
Angelegenheiten wenden. Wollte ein Fürst seinen Deputirten zum
Obergerichte abwechseln, so sollte er darüber bey eben diesem Colle-
gio Ansuchung thun.

Ausserdem war vorhin schon bey der Wolgischen Horde rußischer Seits ein Officier von Staabs- oder Generals-Range, unter dem
Nahmen Pristaf, verordnet, welcher andre Officianten und kundige
Dollmetscher bey jeder Ulus und kleine Commanden von Kasaken unter sich hatte, und auf die Bewegungen und Absichten der Fürsten
ein wachsames Auge haben, kleine Händel mit rußischen Unterthanen
beylegen, auch den Fürsten die Kayserlichen Verordnungen bekannt
machen und zur Ausführung bringen lassen muste.

Dieses erwähne ich nur beyläufig, da es nicht zur ursprünglichen, kalmückischen Einrichtung, wie die alte Sarga, gehöret.

Zu Unterhaltung der Ordnung bey dem, der Viehzucht wegen,
zerstreut herum wohnenden Volck, wird eine Ulus oder fürstliches
Antheil (*) in verschiednen Abtheilungen und Unterabtheilungen
durch sogenannte Saissane, welche gleichsam den Adel unter den mongolischen Völkern vorstellen und durch noch geringere Aufseher (Achcha) im Zaum gehalten. Der Haufen, über welchen ein Saissän zu
gebieten hat, wird Aimak genannt, und besteht aus anderthalb, bis
drey und mehr hundert Feuerstellen (Orkö), welche gemeiniglich zu
vierzigen unter die Aufseher (Achcha oder Dämütschi) vertheilt sind,
und sich immer in einer gewissen Nähe zusammenhalten. Bey den
Soongaren wurden diese Aufseher über vierzig, so wie izt noch bey
den Mongolen, Schulünga genannt. Die Dorfschaften oder Nach-
barschaften, welche immer auf einem Plaz beysammen ihre Filzhütten
(Gärr) aufschlagen, und ihre Heerden zusammen weiden, pflegen
aus etwan zehn oder zwölf Familien zu bestehn, und werden Chotton oder
Chottun genannt, welches etwan einen Hof oder Kreiß bedeutet, weil
sie

(*) Ulus bezeichnet eigentlich, nach der mongolischen Sprache: Volk,
wird aber gemeiniglich das ganze Eigenthum eines Fürsten an Unterthanen zu benennen gebraucht.

ste sich am liebsten in dieser Figur lagern: Der älteste im Chottun, dem die Aufsicht der Beywohner aufgetragen ist, wird Chottuni-Acha genannt und hat eine Art von Ansehn unter den ihm untergebnen Gemeinen. Obrigkeit der Kalmücken.

Jeder Saissan hat unter sich einen Sjumx, der wie ein Landreuter auf Befehl des Saissans, wenn der fürstliche Daraga kömt, die Vermögensteuer von jedem Feuerplaz (Oerkö) seines Aimraks eincaßiren muß. Diese Steuer wird nach der Kenntnis, die ein Saissan von dem Vermögen seiner Untergebnen haben muß, eingerichtet und beträgt etwas mehr oder weniger als den Zehnten von allem Vieh. Ein Theil dieser Abgaben wird denen Saissanen selbst und an die Beysitzer des Obergerichts, als ein Ehrengehalt, abgegeben; Der größte Antheil aber macht die Einkünfte des Fürsten aus. In ausserordentlichen Fällen, die dem Fürsten Kosten verursachen, z. E. bey Gelegenheit der grossen Jahresfeste, oder wenn jemand aus der fürstlichen Familie verheirathet wird, oder auch wenn nach dem Hintritt einer fürstlichen Person, ingleichen bey sonst öffentlich anzustellenden Gebeten, viele milde Gaben an die Geistlichkeit nöthig werden, so wird eine besondre Steuer an Vieh, Milch, Butter und andern Victualien, noch über die bestimten Abgaben, eingefordert. Wenigstens haben die armen Kalmücken alsdenn doch einen Antheil am Schmause, wenn die guten Teutschen in vielen Gegenden, für die an manchen Höfen gebräuchlichen Prinzeßinnen-Steuern höchstens den Fürsten speisen sehn und das Abfeuern der Gesundheiten, nebst der Musik, zum Lohn ihres sauern Schweisses, hören.

Viele von fürstlichem Geblüt entsproßne Saissanen sind es, obberegter massen, durchs Erbrecht und können ihre Aimraks, (die einigen, bey der Chanischen Horde, auf Tausend und mehr Familien stark ertheilt waren), unter ihre Kinder theilen. Sonst aber kann der Fürst auch Gemeine, wegen ihrer Verdienste, zu Saissanen ernennen und würkliche wieder absetzen; daher findet man Saissanenfamilien in der äussersten Armuth.

Ein Saissan hat, ausser der Steuereinnahme und Aufsicht, die kleine Gerichtsbarkeit in seinem Aimak zu verwalten. Er vollzieht die fürstlichen Befehle, berichtet, wenn etwas wichtiges in seinem Gebiet vorfällt, an das Hoflager, schlichtet die vorkommende, kleine Händel

Obrigkeit der Kal- mücken.

bel, unterhält die Ordnung und sieht darauf, daß sich die ihm unter- geordnete Familien nicht zerstreuen. Der Saissan muß von der Aus- führung seiner Leute Rechenschaft geben und vor Räubereyen oder Diebstähle, die aus seinem Aimak herzurühren scheinen, oder gar durch die Spur bewiesen werden können, haften. Um sein Ansehn zu un- terstützen kann ein Saissan kleine Leibes= und Vermögensstrafen zuerken- nen und hat in billigen Fällen von seinen Untergebnen allen Gehorsam zu fordern. Der Aimak muß seinem Saissan Fleisch, Milch und der- gleichen liefern, auch wenn er Panzer, Waffen und andre zur Rü- stung nöthige Stücke für sich gekauft hat und nicht bezahlen kann, da- für gut thun. Aus Begünstigung der Fürsten, werden den Saissanen zuweilen zur Belohnung gewisse Auflagen, die sie von ihrem Aimak, als eine ausserordentliche Steuer erheben können, geschenkt. — Die vornehmsten und treusten Saissanen mächtiger Fürsten, sonderlich un- ter den Soongaren und bey den Torgotschen Chanen, wurden mit dem Titel Darchan (*) beehrt, und hatten über alle andre Saissanen den Rang.

Bey den rußischen Städten, in deren Nachbarschaft die Kal- mücken umherziehn, wird von jeder Ulus ein Marktmeister (Boo- dokschi) gehalten. Es sind gemeiniglich verarmte Verwandte eines Richters oder Saissans, denen man diese Stellen als einen kleinen Unter- halt giebt. Alle Kalmücken die aus der Ulus Vieh, Häute oder an- dre Dinge in die Städte zum Verkauf bringen, müssen sich bey die- sem Boodokschi stellen und für jedes Stück Vieh, für jedes Rinder= Schaaf= oder Lamfell, sogar für Sattelhölzer, Filze, Haarseile und was dieses Volk sonst zu vertauschen pflegt, einen bestimten, aber ge- ringen Abtrag an Geld erlegen. Dafür ist der Marktmeister verbun- den auf gestohlnes Vieh, acht zu geben und seinen Leuten in vorfallen- den

---

(*) Nach einer in der französischen Uebersetzung ausgelaßnen Stelle giebt Abulgasi in der oben angeführten Uebersetzung des Prof. Kehr, von dem Titel Darchan folgende Erklärung: „Darchan ist ein solcher, „von welchem man keine Abgaben nimt und der, zu welchen Thü- „ren er aus und eingehen will, von niemand verhindert werden „kann. Wofern er böse oder schändliche Thaten begehn sollte, so „wird bis auf neunmahl nicht nachgefragt. Ueber diese Zahl aber „kann Untersuchung gegen ihn erfolgen.

den Stadthändeln bey der rußiſchen Obrigkeit Recht zu verſchaffen. Obrigkeit
An ihn werden auch die von dem Fürſten nach den Städten in Ge- der Kalmü-
ſchäften abgefertigte Boten (Eltſchi) gerichtet, und er muß hingegen cken.
aus den Städten alles, was an den Fürſten oder Rath gelangen ſoll,
übermachen; daher er, wie die fürſtlichen Boten, das Recht hat bey
allen Unterthanen ſeines Fürſten, auch im Nothfall bey fremden Uluſſen Poſtpferde (Ullah) zur Abwechslung unentgeltlich zu nehmen,
die bey den Kalmücken auch denen in Kronsgeſchäften reiſenden Ruſſen
nicht verweigert werden. In Aſtrachan wird itzt mit eben dieſen Aufträgen
ein Saiſſan, den man einem Agenten vergleichen könnte, von einem
jeden Fürſten der Wolgiſchen Horde unterhalten.

Ein jeder, der ein gerichtliches Amt bekleidet, wäre es auch
nur der Marktmeiſter, muß, wenn er einen rechtlichen Ausſpruch zu
beſchicken hat, zuvor morgens das ziemlich lange Gebet Charra Re-
lä welches der Götze Mänſuſchari eingeſezt haben ſoll, ſtill vor ſich
leſen oder herbeten.

Es giebt bey den Kalmücken und Mongolen nicht nur Geſetze der
viele Gewohnheitsgeſetze, ſondern die Fürſten haben auch un- mongoli-
ter ſich zu verſchiednen Zeiten, ſeit Tſchingis-Chans Regierung, ſchen Völker
geſchriebne Geſetze errichtet, welche (eine monarchiſche Verfaſſung vor-
ausgeſezt) der natürlichen Billigkeit wo nicht ganz gemäß ſind, doch
gewiß ſehr nahe kommen. Das alleräͤlteſte Geſetzbuch (Zaatſchin
Bitſchik), wornach zwar nicht mehr gerichtet wird, das aber doch,
ſo viel mir davon bekannt geworden, manche Merkwürdigkeit enthalten muß, habe ich mir nicht verſchaffen können. Nach demſelben
war die Unzucht die mit Beyſchläferinnen der Pfaffen (dergleichen
ſich die mongoliſche Geiſtlichkeit am meiſten bedienet) getrieben wurde, völlig ungeſtraft. Wer in Ehebruch mit einer Fürſtin betreten
wurde, hatte nur eine Ziege und ein Böcklein zur Buſſe zu erlegen; denn
das Geſezbuch ſtellte voraus, daß ein Gemeiner ſich nie an eine Fürſtin wagen würde, wann er nicht dazu gereizt worden. Für gemeinen Ehebruch muſte der Thäter dem Hörnerträger ein vierjähriges
Pferd, und die Ehebrecherinn dem Richter ein dreyjähriges ſtellen.
Wer einen Fremden bey ſeiner Sklavin ertappte, konnte demſelben alles

Erſter Theil.	Bb	aus-

Geſetze der
mongoli-
ſchen Völ-
ker.

auszieben, Pferd, Geld und was er bey ſich hatte nehmen und ihn
nackend fort jagen; die Sklavin aber blieb ungeſtraft.

Aus eben dieſem alten Coder ſcheinen ſich auch verſchiedne, noch heut zu Tage rechtskräftige Gewohnheitsgeſetze herzuſchrei-
ben, deren ich hier einige erwähnen will. — Sobald ein Jüngling herangewachſen iſt und für ſich ſelbſt ſchaffen kann, ſteht er nicht
mehr unter der Gewalt ſeines Vaters und kann ſich, wenn es ihm
gelüſtet, mit Abforderung eines Antheils der Heerde, von ihm gänzlich
trennen, um unmittelbar des rechtmäßigen Fürſten Unterthan zu
ſeyn. — Wenn ſich Kalmücken raufen, und einer zerrt den andern
beym Haarzopf oder reißt ihn gar aus, ſo iſt das um deßwillen ein
ſträfliches Verbrechen, weil der Zopf dem Fürſten gehört oder gleichſam das Zeichen der Unterthänigkeit ſeyn ſoll; hat aber jemand um
den Schopf noch loſe, ſpannenlange Haare (Schalba-tábbák) ſo kann
ihn ein jeder ungeſtraft dabey zauſen, weil das als ſein eignes und
nicht des Fürſten Haar betrachtet wird. — Ein Weib darf, wenn
ſie auf ihrem eigenthümlichen Plaz in der Hütte, nämlich rechts vom
Eingange hinter dem Feuerplaz, am Fußende des Wirthslagers, ſitzt,
von niemand angetaſtet werden, ſie mag einen Fremden ſchimpfen, ja
mit Holz oder Hausgeräth nach ihm werfen, wie ſie will. Wagt ſie
ſich aber im Streit von ihrem Plaz weg oder gar aus der Hütte,
ſo verliert ſie ihr Recht, und kann dreiſt für die Beleidigungen gezüchtigt werden. — Wenn eine Weibsperſon zum Fürſten geht und um
Erlaſſung einer ihr oder den ihrigen aufgelegten Strafe bittet, ſo werden
gemeiniglich, aus Achtung gegen das andre Geſchlecht, die kleinen
Strafen erlaſſen, gröſſere aber auf die Hälfte vermindert. Denn ein
Weibsbild wird bey den Kalmücken immer geſchont und alle Weibern geſchehene Beleidigungen ſchärfer gerügt.

Das neuere, unter den Kalmücken noch heut zu Tage allgemein angenommene und vor ohngefähr 150 Jahren geſchriebne Geſetzbuch, verdient wohl hier ganz mitgetheilt zu werden. Es lautet, nach
einer der vollſtändigſten Abſchriften, die ich habe erhalten können,
überſezt folgender maſſen:

Glück und Heil aus der Höhe!

Zu den Füſſen der Burchanen (Götzen) Schaktſchamunih
und Sunkabat bringet Ehre und Anbetung! zu den Füſſen der zwei
Patriarchen des Tibetiſchen Reichs bringet Dankſagung!

Nahmen

Nahmen der Chane, Taidſhen und Nojonen welche dieſes Geſezbuch bekräftigt haben:

Erdeni Saſſaktu Chan.	Ajooſchi Chattun Baatur.
Tuſchetu Chan.	Erdeni Batur Chuntaidſhi.
Ubaſcha Dallai Nojon.	Kündelüng Ubaſcha.
Dallai Chong Nojon.	Güüſchi Chan.
Bäsän Nojon.	Derlök Taidſhi.
Daitſching Chuntaidſhi	Schüker Daitſching.
Jäldäng Nojon.	Jeldäng Taidſhi.
Mergen Nojon.	Daitſching Choſchootſchi.
Erdeni Chuntaidſhi.	Otſchirtu Taidſhi.
Daibung Chuntaidſhi.	Märgän Daitſching Tſchüüker.
Tängri Tojen.	Bäsän Taidſhi.
Mädädſhi Taidſhi.	Mergen Nojon.
Böö Jäldäng.	Dammarin.

Obgenannte Fürſten der vier und vierzig mongoliſchen und Oerötſchen Stämme, haben dieſes Geſezbuch einmüthig bekannt gemacht, im Tümmer-Lu-Jahre und deſſen mittelſten Herbſtmonaths fünften guten Tage.

Diejenige Fürſten, welche in unſerm Lande den Frieden ſtören, einander bekriegen, einen groſſen Aimak oder ganzen Nutuk niedermachen und berauben; ſollen von den übrigen mongoliſchen und Oerötſchen Fürſten vereint angegriffen und zu Paaren getrieben, ihr Fürſtenthum eingezogen und unter die übrigen ganz vertheilt werden. Den Verbrecher aber ſoll man leben und nackend und bloß frey laſſen; ſein Eigenthum mag zur Hälfte den Beleidigten, und von der andern Hälfte ein Viertheil denen Mongolen und das andre denen Oeröt zu Theil werden.

Diejenigen, welche einander an den Gränzen beunruhigen und kleine Aimacks oder Chottons zerſtören, ohne eben einen öffentlichen Krieg zu führen; die ſollen das geraubte zurück und zur Buſſe hundert Panzer, hundert Kameele, tauſend Pferde und wenns Fürſten ſind, fünf, gemeine aber ein Stück ihrer beſten Sachen hergeben. Dieſe Strafgaben ſollen denen richtenden Fürſten jedes Stammes zu kommen; die in ſolchen Unruhen aber von einem Fürſten zum andern übergelaufnen Menſchen ſollen wieder zurück gegeben werden. — Die

Choit-

Choitbatut von der mongoliſchen Parthey ſollen bey den Mongolen, die von der Oerötſchen Parthey bey den Oeröt verbleiben und alle Ver-wandte jeder Parthey ſollen gegenſeitig zurück gegeben, auch die Ueber-läufer (Zoktui) von den Oeröt wieder ausgeliefert werden.

Wer in un'erm Reich einen ausbrechenden Krieg nicht zeitig entdeckt und hernach überführt werden kann, daß er vorhin darum ge-wuſt, ſoll als ein Feind beſtraft werden. — Diejenige Fürſten, wel-che von Ausbruch eines Krieges benachrichtigt, ihr Volk dennoch nicht zuſammen ziehn und ſich beym gemeinſchaftlichen Heer einfinden, ſollen hundert Panzer, hundert Kameele, tauſend Pferde zur Strafe geben.

Wer Geiſtlichen und Laien Schaden thut, oder ihre Aimak plündert, ſoll um hundert Panzer, hundert Kameele und tauſend Pfer-de geſtraft werden und das geraubte Gut doppelt, vor ſchlechte Din-ge Gutes, vor halbe ganzes wieder geben.

Welcher Fürſt ſich verdächtig macht Leute oder Gut verheelt zu haben, deſſen Buſſe ſoll in 100 Panzern, hundert Kameelen und tauſend Pferden beſtehn. Wer irgend eine Aendrung in den Geſetzen macht, ſoll, wenns ein groſſer Fürſt, 10 Kameele und 100 Pferde, wenns einer wie Mergen Daitſching oder Schüker, fünf Kameele und fünfzig Pferde, der geringſten einer ein Kameel und drey mahl neun Stück Vieh zur Strafe erlegen.

Wenn Edle oder Vornehme in den Aimaks Unruhe anſtiften, ſoll man ſelbige um ein Kameel, nebſt noch 20 Stück Vieh ſtrafen.

Fürſten die ſich im Kriege ſchlecht halten oder gar aus Feigheit die Flucht ergreifen, ſollen zur Strafe 100 Panzer, hundert Kameele, 50 Familien Unterthanen und tauſend Pferde abgeben. Von kleinen Fürſten ſoll man nur 10 Panzer, 10 Kameele, eben ſo viel Familien und hundert Pferde, von Saiſſanen, Sargatſchi und andern Anfüh-rern drey Sklaven, 3 Gezelte und 30 Pferde nehmen; und Kriegs-anführern ſoll überdies der Panzer abgenommen und ſie im Weiber-rock herumgeführt werden. Die Erketen und Uſden (*) ſind, verwir-ken durch Feigheit eine Familie Unterthanen, einen Panzer und acht

Stück

(*) Freywillige Vaſallen und von Abgaben befreyte, welche eigne Unterthanen haben.

Stück Vieh; Panzerträger ihren Harnisch und 4 Pferde; gemeine bey ihren schlechten Panzer und drey Pferde; noch ärmere 2 Pferde; und die geringsten ihren Bogen, Pfeiltasche und Reitpferd. — Wer sich auch nur zu spät beym Treffen eingefunden, soll im Weiberrock herum geführt werden.

Wer einen Fürsten aus feindlichen Händen errettet, der soll in der Ulus desselben Darchan seyn; wer aber den Fürsten im Gemenge verläst, soll getödtet und seine Haabe Preiß gegeben werden. Wer Saissanen oder Sargatschiner aus der Gefangenschaft frey macht, wird wie der Befreyer eines Fürsten belohnt. Man muß aber dem, der sich einen solchen befreyt zu haben rühmt, wenn es auch der Befreyte bestätigen sollte, nicht ohne gültige Zeugen glauben; so wenig als die Beschuldigung eines, der seinen Fürsten im Stich gelassen haben soll.

Wer einen feindlichen Haufen sieht und nicht Anzeige davon thut, dessen Haabe soll geplündert und er mit den seinigen zum Sklaven gemacht werden. Sieht er nur eine kleine Parthey und verschweigt es, so hat er die Hälfte des seinigen verwirkt. Wenn lärm wird, soll ein jeder der es vernimt, sogleich bewafnet dem Hoflager seines Fürsten zueilen, bey Strafe alle seine Haabe und seine Freyheit zu verlieren. — Wird eine Horde von Feinden überfallen und geplündert und eine andre Parthey macht sich auf und entreißt den Feinden ihren Raub, so soll die Hälfte davon den alten Besitzern, die andre den Errettern eigen seyn, und die Angehörige derer, die im Verfolgen ihr Leben einbüssen, sollen eine Vergütung erhalten; ja wenn gleich nichts vom Vieh zurück erobert worden, soll doch der verwaisten Familie eine Person ersezt werden. — Wer aber von einem Ueberfall hört und nicht zu Hülfe eylt und den Feind verfolgt, der soll, wenns ein Vornehmer, die Hälfte seines Vermögens, ein mittelmäßiger, neun Stück und ein geringerer fünf Stück Vieh verlieren.

Ein für allemal sollen in unserm Reiche drey Fälle festgesezt seyn, in welchen sich niemand weigern soll unentgeldlich Postpferde zu geben; erstlich, den Gesandten und Boten, welche in Sachen der Geistlichkeit und Religion ausgesandt werden; zweytens, denjenigen welche in Angelegenheiten der Fürsten reisen; und drittens denen, welche einen Krieg oder feindlichen Ueberfall ihrem Fürsten bekannt zu machen nach dem Hoflager eilen. Wer in diesen drey Fällen einer

Stafette

Stafette friſche Pferde verſagt, ſoll zur Strafe 9 mal 9, oder 81 Stück Vieh geben.

Wer hohen Geiſtlichen Händel macht oder ſie ſchimpft, ſoll ebenfalls neunfach 9. Stück Vieh erlegen. Wer geringere Geiſtliche und ſonderlich Lehrer (Bakſchi) ſchimpft und antaſtet giebt zur Strafe fünfmahl 9. Stück; Für Beleidigungen, die geiſtlichen Schülern (Uzuſhiki), und Nonnen angethan werden, 5 Stück; betrift aber die Sache einen Mönch oder Einſiedler, ſo gilt es ein Pferd. Komt es in dergleichen Fällen gar zu Thätlichkeiten; ſo muß die Buße nach Befinden der Umſtände vergröſſert werden. Wer einen geweyhten Prieſter an ſeiner Würde verlezt, verwürkt die Hälfte ſeines Vermögens. Wer einen, der den geiſtlichen Stand verlaßen und in Ehe getreten iſt, verſpottet, ſoll ein Pferd einbüßen; ſind Thätlichkeiten begangen worden, ſo ſey dieſe Strafe doppelt. Wer als Stafette das Pferd eines Geiſtlichen reutet, ſoll eine Kuh hergeben; hat er ein geweyhtes Pferd geritten, ſo verliert er ein Pferd. Hat aber der Damall (Pferdebeſorger) es ihm gegeben, ſo fällt die Strafe auf dieſen. Entſchuldigt ſich die Stafette mit der Unwiſſenheit, ſo lege ſelbiger einen Eyd beßfalls ab. Wenn eine Stafette einen groſſen Fürſten geſchimpft hat, ſo nimm neun Stück, vor Beſchimpfung eines geringen Fürſten fünf Stück Vieh von ihm. Vergreift er ſich gar an ſelbigen, ſo wird die Straffe dreyfach. Schlägt er einen Ulſdèn oder Vorgeſezten heftig, ſo gilt es neun Stück Vieh; etwas minder, fünf Stück; vor bloſſes Schimpfen ein Pferd und ein Schaaf.

Ein jeder Fürſt oder Saiſſan, der, auf ſeinen Reichthum ſtolz, in Worthändeln geringere ſchlägt, ſoll neun Stück; und wenn die Schläge gefährlich ſind, fünfmahl neun Stück Vieh büſſen. Und ſo nach Befinden der Umſtände und dem Rang der Perſonen auch mehr oder weniger.

Diejenigen, welche in Dienſten und Geſchäften ihres Fürſten verfahren müſſen, ſollen von niemand auf keine Weiſe Beleidigung dulden, ſondern Gewalt dagegen brauchen; ja ſollte in dergleichen Schlägereyen ein fürſtlicher Bedienter einen Unterthan ſogar zu Todt ſchlagen, ſo ſoll er darüber zu keiner Verantwortung gezogen werden. Bleibt es nur beym Handgemenge und der fürſtliche Beamte zieht den kürzern, ſo ſoll ihm der beleidigende Theil neun Stück zur Ehrenerſetzung geben.

Wer

Wer aus Scherz und Leichtsinn auf eines andern Vaters oder
Mutters Kopf und Leben flucht, soll ein Pferd verlieren. Wer sich
unter fälschlichem Vorgeben der Staffettenpferde bedient, soll ein gutes Stück Vieh geben. Wenn einer ungemeldet Postpferde reutet
und über einen Tag ausbleibt, soll derselbe ein Schaaf zur Strafe geben.
Wer einer fürstlichen Staffette Hindernisse in den Weg legt, soll ein
Stück Vieh geben. Wer sich in eignen Geschäften unter falschem Vorwand der Stafettenfreyheit bedient, ohne dazu berechtigt zu seyn, soll
als einer, der den landesherrlichen Einkünften Abbruch thut, angesehn
und um neun Stück Vieh, oder auch mit 50 Prügelschlägen und um
5 Stück Vieh bestraft werden. Die Stafetten, welche weit verschickt
werden, sollen, wo sie zu Nacht einkehren, freye Herberge und ein
Schaaf zur Bewirthung geniessen; welcher aber mehr verlangt, wird
strafbar. Richtet ein Bote mit Vorsaz ein Stafettenpferd zu Grunde, so soll er ein Stück Vieh dagegen zur Strafe entrichten; Eben so
wer einer Stafette Herberge und freye Bewirthung zu geben sich weigert. Wer aber mit Gewalt bey einer kinderlosen Wittwe Herberge
nimt, soll im Weiberrock herum geführt werden, es sey denn daß er
gültige Ursachen angeben kann. Wer sich in dergleichen Fällen recht-
fertigen will, von dem ist ein Eid zu nehmen.

Wer die zum Hauptlager des Fürsten bestimte Hüttung
mit seinem Vieh verderbt, soll ein Kameel und 9 Stück ander
Vieh erlegen; Kann er aber seine Unwissenheit betheuren, so soll ihm
kein Unrecht wiederfahren. Wer von des Fürsten Einkünften etwas
entwendet oder an sich zu bringen sucht, soll neunmahl 9 Stück Vieh
einbüssen.

Wer sich mit seinem Lehrmeister, Vater oder Mutter in Handgemenge einläßt und unverschämt aufführt, soll dreymahl neun, in
mäßigen Vergehungen zweymal neun oder auch nur 9 Stück Vieh
verwirkt haben. Wenn sich eine Schwiegertochter gegen den Schwiegervater oder Schwiegerinn zu Wehre sezt, so soll das Gericht drey
mahl 9 Stück von ihr nehmen; untersteht sie sich gar die Schwiegermutter zu schlagen, so gehören dafür, noch über die erstgedachte
Busse, 30, 20, oder wenigstens 10 Schläge mit der Peitsche.

Wenn ein Vater seine Schwiegerkinder in guter Absicht und
zur Zucht allenfalls prügelt, das hat nichts zu sagen. Schlägt er sie
aber bloß aus Wildheit, ohne hinlängliche Ursach, so soll er neun
Stück

Stück, eine Schwiegermutter aber im ähnlichen Fall zweymahl 9 Stück Vieh geben. Setzen sich Kinder gegen ihre Eltern zur Wehre; so soll derjenige, der es sieht, sie vor den Fürsten bringen und anklagen. Sind sie schon groß und verständig; so sey ihre Strafe die ganze Bewafnung eines Kriegsmanns von ihrem Stande, und neun Stück Vieh; dazu soll man sie ganz von ihren Eltern scheiden und trennen. Würde aber ein Vater, in Züchtigung seines Sohnes so weit gehn, daß dieser ihn darüber das Leben nähme, so soll dem Vatermörder, ausser seinem Leben, alles genommen werden.   In andern ähnlichen Fällen, da das Weib unglücklicher Weise den Mann erschlägt, oder ein Weib das andre; soll nach Befinden der Umstände gerichtet und der Thäterin im strengsten Fall Nasen, Augen und Ohren verstümmelt und sie zur Sklavin hingegeben werden. Vor den Todtschlag einer verstoßnen Frau beträgt die Buße fünfmal neun Stück Vieh; vor eine Sklavin nur drey Stück.

Ihr Väter! gebt euren Söhnen ihr Erbtheil nach Gebühr! wenn nachmals ein Vater verarmt, soll er das Recht haben, sich das fünfte Stück von dem Vieh seiner Kinder wieder zuzueignen.

Wenn ein Vornehmer Mann seine Tochter verheyrathet, der soll an Verlobungsgabe (Insa) dreyßig Kameele oder andre Kostbarkeiten, 50 Pferde und 400 Schaafe nehmen; Dagegen soll er den Werth an Aussteuer ersetzen, doch nach eignem Gutbefinden des Vaters. Saissanen über hundert sollen für ihre Töchter nehmen 5 Kameele, 25 Pferde, eben soviel Kühe und vierzig Schaafe; dagegen soll die Tochter zur Aussteuer bekommen zehn Stück genähte Kleider und eben soviel ungenähte, nebst vollkomnem Reutzeug, Hausgeräth, Brautkleid, zwey Reitpferden und zwey Kamelen. Giebt der Brautvater der Tochter einen Knecht oder Magd mit, oder ist die Aussteuer sonst von Werth, so unterbleiben die Kameele. Geringere Saissanen sollen vor die Tochter nehmen 4 Kameele, 20 Pferde, 20 Kühe, 30 Schaafe; dagegen soll die Aussteuer aus fünf genähten und 5 ungenähten Kleidern, einem Pferde, einem Kameel, und Hausgeräth nach Billigkeit bestehn. Ein wohlhabender Gemeiner soll für die Tochter nehmen 15 Pferde, und Kühe, 3 Kameele, 20 Schaafe; zur Aussteuer aber soll ein Pferd, ein Kameel, 4 genähte, acht ungenähte Kleider und Geräth nach Vermögen gegeben werden. Ein Geringer soll zur Brautgabe höchstens zehn Pferde und Kühe und 15 Schaafe verlangen, und die Tochter,

mit

mit einem Pferde, Kleid, Reitzeug und hinlänglichem Hausgeräth
ausstatten.

Wenn eine Jungfer ihr vierzehntes Jahr zurück gelegt hat, ist sie schon zu verheyrathen; unter diesem Alter aber darf sie nur verlobt werden. Giebt sie der Vater früher aus, so soll sie von dem Manne genommen und einem andern jungen Menschen unentgeldlich gegeben werden. Zur Hochzeit soll ein Saissan drey Stück groß Vieh und fünf Schaafe, geringere Vorgesezte 3 Stück groß Vieh und vier Schaafe, Gemeine ein Stück groß Vieh und zwey bis drey Schaafe schlachten dürfen. Die Aufseher über vierzig (Dämütschi) sollen, bey Strafe von 2 Kameelen, 5 Pferden und zehn Schaafen, darauf sehn, daß jährlich vier neue Paare zusammen gebracht werden, von zehn Familien je ein Paar. Man soll dabey sorgen, daß die Braut-gabe richtig nach dem festgesezten Verhältniß entrichtet werde; die an-dern sollen einem unvermögenden Bräutigam mit Vieh zu Hülfe kom-men und dagegen irgend ein Stück aus der Morgengabe nehmen.

Auch ist den Aufsehern über vierzig hiedurch anbefohlen jähr-lich unter ihren Leuten zwey neue Panzerstücke machen zu lassen, um die Zahl der wohlbewafneten zu vermehren. Welcher Dämütschi hierinn nachläßig ist, soll um Kameele und Pferde gestraft werden.

Wann eine verlobte Jungfer in ihrem zwanzigsten Jahr vom Bräutigam noch nicht abgeholt ist; so lasse man selbige dreymahl durch den Brautwerber anbieten. Nimt sie der Bräutigam dennoch nicht, so soll es der Vater dem Fürsten melden, welcher der Tochter einen andern Mann geben wird, und die schon empfangene Braut-gabe mag der Vater behalten. Verfährt er aber ohne Vorwissen des Fürsten, so muß er nicht nur das vom ersten Bräutigam empfangne zurück geben, sondern noch dazu neun mahl neun Stück Vieh als eine Busse erlegen. — Wann eine Jungfer während der Hochzeitszurü-stungen stirbt, soll die Brautgabe ihrem Vater verbleiben; stirbt sie aber vor den Anstalten, so mögen die beyderseitigen Eltern, wegen der schon empfangnen Brautgabe sich theilen und vergleichen. In sotha-niger Theilung der Gaben soll ein Helm gegen ein Kameel oder neun Stück andern Viehes, ein Paar Armschienen 5 Stück Vieh, eine Flinte 5 Stück Vieh, ein Panzer, nebst Helm und Armschienen zehn-mahl neun Stück Vieh, ein guter Säbel neun, ein schlechterer 5 St.

Gesetze der
mongolisch.
Völker.
Vieh, eine Lanze 3 St. Vieh, Bogen und Pfeiltasche dreymal 9 St. Vieh gerechnet werden; und so auch bey Strafgaben.

Wer eine Heyrath rückgängig zu machen sucht, oder die verlobte Tochter nicht herausgeben will, soll nach Befinden an Vieh gestraft werden. Die Eltern der Braut sollen eidlich versichern, daß ihre Tochter noch rein (d. i. nicht schwanger) sey. Beweist sichs nach der Hochzeit und Ausstattung, daß sie vorher von einem andern schwanger geworden; so soll der junge Mann von den Schwiegereltern die zuerkannte Vergütung an Vieh nehmen. Kann aber bewiesen werden, daß der junge Mann selbst vor der Ausstattung geschäftig gewesen, so soll er an die Schwiegereltern eine kleine Buße nach Vermögen leisten.

Für die Ausstattung eines angenommenen Kindes, sollen die Pflegeltern gänzlich sorgen. — Wer ein Mädgen entführt, soll, wenn sie vornehm, sieben Kameele, für eine mittelmäßige fünf, und für die geringste ein Kameel erlegen. — Wer bey einer fremden Horde eine Zeitlang gelebt hat, und wieder wegziehn will, darf von dem daselbst gewonnenen nur die Hälfte mitnehmen.

Wenn eines Hund toll und nicht zeitig auf die Seite geschafft wird, so daß derselbe einen Menschen gefährlich beißt; so soll der Herr des Hundes den Verwandten desjenigen, welcher von dem Biß hat sterben müssen, zur Strafe und Entschädigung den fünften Theil von allem eignen Vieh geben. — So ein toller Mensch jemand umbringt; dessen Verwandten sollen die Hälfte des Viehes, welches dem Tollen gehört, zu sich nehmen. — Wer einen Feind, der ihm den Tod gedrohet, überwinden und tödten kann, hat keine Strafe zu befürchten. Wird ein Mensch in einer Gegend, wo Leute wohnen, in einem Thal oder sonst verborgnen Ort erschlagen gefunden, oder stürzt jemand in eine aufgegrabne Grube und kömt um; so sollen die Leute der Gegend, wo der Todte gefunden worden, oder wer die unglückliche Grube gegraben hat, den nachgebliebnen Anverwandten des Verunglückten ein Kameel und neun Stück Vieh vergüten. Befinden sich aber in der Nähe keine Leute, sondern nur weydendes Vieh; so mögen die Verwandten von solchem Vieh zur Vergütung nehmen. — So ein Vieh das andre umbringt oder beschädigt, dafür kann keine Genugthuung verlangt werden. Wenn auch ein wüthender Hengst oder Bullochs einen

einen Menschen oder ein Vieh umbringt; darüber können die nächst-Gesetze der wohnende Leute nicht zur Rechenschaft gezogen werden. mongolisch. Völker.

Wer in berauschtem Muth eine fremde Hütte auf irgend eine unflätige Art verunreinigt, kann darüber nicht bestraft werden. Wer aber im Trunk jemand erschlägt, soll fünf mal 9 St. Vieh erlegen. Wenn einer nüchtern zum Mörder wird, dem nehmet sein Weib, Wehr, Waffen und alle Haabe; und wenn er zur Genugthuung nicht reich genug ist, so laß den Verwandten des Getödteten von seiner künftig zu erwerbenden Haabe, ja sogar von seinen Erben die gehörige Schuldzahlung nach und nach leisten.

Wer im Gefecht einen gepanzerten Feind tödtet, dem gehört der Panzer; dem, der ihn zunächst unterstützet, lasse man zwischen dem Helm und Armschienen wählen; der dritte Mann nehme was er bekommen kann. Eben das Verhältniß gilt von der Beute eines unbepanzerten. So aber jemand im Getümmel einem andern die gerechte Beute abnehmen will, dem erschießt das Pferd unterm Leibe, nehmt ihm alle Beute die ihm zukam und noch neun Stück Vieh. — Wer einem feigen und unbepanzerten Menschen errettet, der soll von diesem, wenn ers hat, zwey Pferde und ein Stück Waffen nehmen; hilft jemand einem tapfern und wohlgerüsteten aus dem Gedränge, der kann auf irgend ein theures Stück aus der Beute, und acht Stück groß Vieh Anspruch machen. Wer ins Gefecht mit Erlaubniß des Fürsten geht und umkömt, dessen Verwandte bekommen gleiche Belohnung; wer aber ohne Befehl gefochten, dessen Nachgebliebne können nur auf ein theures Stück aus der Beute Anspruch machen.

Wer im Kriege aus Versehen jemand von seiner Parthey ertödtet, der vergüte dessen Nachgebliebnen den Verlust mit neun St. Vieh. Finden sich aber Zeugen, daß er dabey nicht schuldlos gewesen, so soll er dreymahl so viel geben. — Erschießt jemand auf der Jagd aus Versehn, statt eines Wilds, einen Menschen, oder verwundet ihn so, daß er sterben muß, so soll den Anverwandten, zur Vergütung, von des Thäters Eigenthum die Hälfte zu Theil werden. Die volle Vergütung für einen getödteten Menschen soll nach dem Gesez seyn: eine völlige Bepanzerung und Waffen für einen Mann, nebst neun mahl 9 Stück Vieh. — Für Beraubung einiger Gliedmassen ist nach deren Gebrauch und Werth zu vergüten: Für den Daumen 2 mahl

III. C c 2 9

9 St. für einen Mittelfinger 9 St. für die nächften zu 5 St. und
für den kleinen 3 St. Vieh; Für tiefere Fleifchwunden 5 St. für folche
da die Kleider kaum vom Pfeil durchdrungen find, ein Pferd. —
Erfchießt einer bey ähnlichen Gelegenheiten des andern Pferd, fo muß
er zu dem Aaß noch ein Pferd, und will der Eigenthümer das Aaß
nicht, ein befferes Pferd geben.

Wenn an einem Ort, den man verläßt, aus Urfach, weil die
Feuer nicht wohl gelöfcht worden, ein Steppenbrand entfteht und jemand anders löfcht ihn noch bey Zeiten; dem giebt die fchuldige Dorf-
fchaft ein Schaaf dafür. Wer einen Menfchen aus Waffer oder
Feuersnoth rettet, foll 5 St. Vieh zur Belohnung haben. Wer
über folcher Hülfleiftung felbft fein Leben zufezt, deffen Verwandte
follen von denen, die er hat retten wollen, Wehr, Panzer und Waffen
für einen Mann, nebft neun St. Vieh bekommen. — Wer aus Feuer
und Waffersnoth nur Hausgeräth oder Sklaven rettet, foll für einen
Knecht, Panzer oder Filzhütte ein Pferd und, wenn Hausgeräth dabey ift, noch eine Kuh erhalten. — Wer eine Viehheerde vom
Steppenfeuer errettet, foll von jedem Eigenthümer, wann deffen Antheil an der Heerde groß ift, zwey, von der geringern Zahl aber ein
Stück Vieh jeder Art zur Belohnung heifchen. — Wer aber aus
Feindfchaft Steppenbrände angelegt hat, foll aufs härtefte beftraft werden.

Wer ein Kameel ftielt, foll zur Strafe funfzehnmahl 9 Stück
Vieh büffen; für einen Hengft aus der Heerde, zehnmahl 9 Stück,
für eine Stute achtmahl 9 Stück, für eine Kuh, Füllen oder Schaaf,
fechsmal 9 Stück. Davon bekömt der Eigenthümer des geftohlnen das
feinige gedoppelt wieder, der Ueberfchuß fällt dem Fürften anheim. So
oft einer in Diebftahl betreten wird, foll er von neuen aufs ftrengfte
beftraft werden. Für Vieh welches nach dem Zaganfara (Hornungs-
fchein) geftohlen ift, foll auch die Frucht im Leibe, jede mit einem
Pferde, vergütet werden. Giebt ein überführter Dieb die zuerkannte
Strafe nicht gutwillig, fo fordre man Gerichtsleute vom Fürften, da
denn der Schuldige die Strafe doppelt wird erlegen müffen. — Ver-
gleicht fich jemand mit einem Dieb ohne Klage, und es kömt heraus, fo treibt der Fürft nachmals doch fein Antheil ein und der Be-
fitzer erhält den doppelten Erfaz des geftohlnen nicht, den er fonft zu
hoffen gehabt hätte. Fordert jemand mehr zurück, als ihm geftohlen
worden, fo foll er der Hälfte des zu erftattenden gleichfalls ver-
luftig feyn.

Wenn

Wenn die Diebesspur ganz bis zu einer Wohnung führt, so Gesetze der muß deren Innhaber dafür haften. Sind aber keine Nebenumstände mongolisch. und Zeugen zur Bekräftigung des Argwohns vorhanden; so mögen Völker. die Richter nach Befinden urtheilen. Spähet man der Spur nur bis zu einem Aimak nach, ohne die Dorfschaft oder Wohnung bestimmen zu können; so soll der Saissan desselben, nach gehörigem Forschen, schwören, daß er von dem Diebstahl nichts wiße und ihn nicht hege. Einen Dieb sollen dessen Nachbarn selbst angeben, die sein Betragen und Vieh genau zu kennen Gelegenheit haben. Die Aufseher über zehn Familien sollen darüber den Saissanen und diese dem Fürsten Bericht abstatten. Und welcher Oberaufseher nicht redlich hierinn handelt, dem soll eine ganze Panzierung, mit Waffen und 9 Stück Vieh, abgenommen werden.

Wann ein Schuldner seine Schuld zur gehörigen Zeit nicht entrichten will, oder nicht bezahlen kann; so mahne man ihn dreymal und melde es darauf seinem Vorgesezten. Falls er auch auf dessen Befehl nicht zahlte, so soll er ein Pferd verwirkt haben. — Wer sich hingegen eigenmächtig an seinem Schuldner mit Gewaltthätigkeiten vergehet, soll seines Rechts verlustig seyn, und würde jemand seinen Schuldner zur Nachtzeit überfallen, so soll, ausser dem Verlust der Anforderung, noch eine Buße von 9 Stück Vieh seine Strafe seyn.

Unter fremde Heerden verirrtes Vieh soll drey Tage lang frey und verschont bleiben, in welcher Zeit derjenige, welcher ein solches Stück bey sich bemerkt, es bekannt zu machen hat. Alsdenn soll ihm erlaubt seyn, wenn es Pferde sind, auf selbigen auszureuten. Wer aber ein solches Thier nuzt, ohne es vorher bekannt gemacht zu haben, wird um ein dreyjähriges Pferd gestraft. Sollte jemand verirrtes Vieh mit seinem eignen Zeichen (Tamgà) brennen, dessen Strafe sey von 9 Stück Vieh. Wer ein fremdes Vieh zur Unzeit der Wolle beraubt, giebt 5 Stück Vieh; hat er aber die Anzeige vorher gehörig gethan, so ist er nicht straffällig. Verlaufnes Vieh soll vor allen Dingen dem Schülünga gezeigt werden, damit dieser, wenn die Viehsucher (*) kommen, davon Anzeige zu thun wiße. Wer viel Vieh

Cc 3

auf-

(*) Die Viehaufsucher (Kieri) sind Boten, welche diejenigen, denen viel Vieh entlaufen, vom Fürsten erhalten. Sie führen eine Lanze bey

auffaͤngt, ſoll es ſeinem Aufſeher oder den Viehſuchern angeben; thut
ers nicht, ſo mag man zur Strafe noch einmal ſoviel von ihm nehmen;
leugnet ers gar, ſo ſoll er noch neun Stuͤck Vieh daruͤber geben. Giebt
jemand verlaufnes Vieh an andre ab, um es zu verheelen, deſſen
Buſſe ſey dreymal 9 Stuͤck Vieh.

Wenn jemand mit einer verheyratheten Frau Ehebruch treibt,
und es iſt mit Einwilligung der Frau geſchehen, ſo ſoll der Thaͤter
5, und das Weib 4 Stuͤck Vieh an die Richter geben. Iſt das
Weib gezwungen worden, ſo giebt der Thaͤter beyde Strafen. Wer
ſich bey einer Sklavin betreten laͤſt, muß dem Herrn der Sklavin ein
Pferd geben. Geſchieht aber dergleichen mit Einwilligung, ohne daß
Klagen daraus entſtehn, ſo hat das nichts auf ſich. — Wer eine
Jungfer zum Beyſchlaf zwingt, der giebt, wenns zur Klage komt,
zweymal 9 St. Vieh; hat aber die Jungfer eingewilligt, und die
Verwandten derſelben bringen desfalls Klage an, ſo kann der Thaͤter
doch um 9 St. Vieh beſtraft werden. — Wird jemand in Beſtia-
litaͤt mit einem fremden Vieh betroffen, der ſoll dem Beſitzer des
Viehes fuͤnf St. Vieh zur Strafe ſtellen und das beſchmizte fuͤr ſich
nehmen. — So jemand ein fremdes, von wilden Thieren oder ſonſt
getoͤdtetes Vieh aufnimt und unangezeigt verzehrt, muß er zwey Stuͤk
dafuͤr erſtatten.

Wenn zwey mit einander habern, ſo mag ſich niemand
darein mengen; ſtuͤnde jemand dem einen bey, und der andre wuͤrde
uͤberwaͤltigt und unverſehens erſchlagen, ſo ſollen beyde die Panzierung
und Waffen eines Mannes und neun St. Vieh zur Strafe geben.
So viel ſich nur in zweyer Haͤndel miſchen, ſo viele Pferde ſollen zur
Buſſe genommen werden. — Wer ein toͤdtlich Gewehr wieder einen
andern zieht, ſoll deſſelben verluſtig ſeyn. — So ſich zween in Haͤn-
deln mit toͤdtlichem Gewehr einlaſſen und einer wird gefaͤhrlich verwundet; ſo ſoll der Sieger, je nachdem die Wunde gefaͤhrlich iſt, fuͤnf-
mahl 9 St. Vieh oder weniger, ja fuͤr die geringſte Verwundung
wenig.

bey ſich, reuten bey allen Schuͤluͤngas herum und fragen nach auf-
gefangnem Vieh. Welcher Aufſeher keins anzeigt, muß durch Be-
ruͤhrung der Lanzenſpitze mit der Zunge beſchwoͤren, daß in ſeiner
Heerde nichts davon vorhanden.

wenigstens ein Pferd zur Strafe geben. — Wer jemand mit Prügeln und Steinen gefährlich behandelt, gibt zur Strafe Panzierung, Waffen und 9 St. Vieh. Wer mit der Peitsche oder Faust jemand übel begegnet, kann um 5 St. Vieh gepfändet werden. Wer in Händeln eines andern Rock zerreist, giebt zur Strafe ein Füllen; wer einem den Haarquast aufreist, ist um 5 St. Vieh zu bestrafen; wer einem den Bart rauft, büst ein Pferd und ein Schaaf ein. Wer jemand ins Gesicht speyt, mit Erde oder Koth wirft, giebt ein Pferd. Schlägt jemand seinen Widersacher über den Kopf, oder sucht ihn vom Pferde zu reissen, so verwirkt er ein Pferd, und wäre von obigen mehr als eins geschehen, ein Pferd und zwey Schaafe; die gelindeste Strafe in solchen Fällen ist vor Geringe ein Schaaf mit einem Lam. — Wer aber einem Weibe den Quast von der Mütze oder gar die Haarflechten ausreist, der giebt zur Strafe 9 St. Vieh. Wer eine schwangere Person in Liebeshändeln überwältigt und den Abgang einer unzeitigen Frucht verursacht, soll soviel mahl 9 St. Vieh Busse erlegen, als die Frucht Monathe alt war. — Wer einer Jungfer an die Brüste oder sonst an unziemliche Orte greift, sie küst oder betastet, der soll, wenns darüber zur Klage komt, von seinem Ankläger öffentlich an seinem heimlichen Theil einem Schneller leiden. Diese Strafe aber bezieht sich nur auf Mädgen über zehn Jahr; bey jüngern, steht keine Strafe auf obige Vergehungen.

Wenn bey Spiel und Balgereyen, aus Leichtsinn jemand so beschädigt wird, daß er nachmals an den Folgen stirbt; so soll ein jeder, der dabey gewesen, ein Pferd zur Strafe geben. Betrift das Unglück einen vornehmen Mann, so soll von allen, die Antheil daran gehabt, noch eine vollständige Bepanzerung und Wafnung gestellt werden. Wenn zwey mit einander im Spiel balgen, und einer kömt unglücklicher Weise zu tödtlicher Verletzung; so verwirkt der andre 9 St. Vieh, und dreymahl 9 St. wenn er die That zu verbergen gesucht hat. Beschädigt einer den andern im Spiel an Auge, Zahn oder Gliedern und der Schade kann geheilt werden, so ist die That vergeben; bleibt aber der Fehler unheilbar, so ist die Strafe 5 St. Vieh.

So jemand einem Uebelthäter mit Pferden durchhülfe; der soll um siebenmahl 9 St. Vieh straffällig seyn, und um drey mahl 9 St. wer einen ansehnlichen Diebstahl verheelt hat. Vor den allergeringsten aber soll der Heeler zum mindesten ein Schaaf stellen.

Von

Von den Gütern deſſen, der während eines wichtigen Proceſſes ſtirbt, ſoll ans Gericht eine Bepanzerung, Wehr und Waffen, nebſt 9 St. Vieh geliefert werden. Stirbt ein Dieb vor dem Urtheil, von deſſen Verlaſſenſchaft fallen dreymal 9 St. Vieh ans Gericht. — Bey wem verlaufnes Vieh unangezeigt ſtirbt, aus deſſen Heerde ſoll das verlohrne Stück erſezt werden; hat er aber gehörige Anzeige davon gethan, ſo iſt er von aller weitern Verantwortung frey. — Wer ein Wild, das er nicht ſelbſt erlegt, ſich zueignet, ſoll es dem rechten Eigenthümer wieder zu erſetzen gehalten ſeyn. Stellt jemand ein Selbſtgeſchoß auf und thut der ganzen Nachbarſchaft davon Anzeige, ſo kann, wenn auch ein Menſch dadurch verunglückt, von ihm nicht mehr, als höchſtens ein gutes Kleidungsſtück genommen werden. Fällt ein Vieh dadurch, ſo iſt ſelbiges zu erſetzen. Kann man aber jemand überführen, daß er es vorſezlich auf einen Menſchen geſtellt, ſo ſey die Strafe dreymal 9 St. Vieh; und kann der Verwundete geheilt werden, ſo muß er ihm bis zur Geneſung mit Schaafen füttern und ihm ein Pferd geben. Kömt ein vornehmer Mann dadurch vorſezlich ums Leben, ſo ſoll der Thäter geſtürmt und aller Haabe beraubt werden

Wer mehr als zehn Stück Schaafvieh, unter welchen ein Wolf mordet, gerettet hat, ſoll zum Lohn ein geſundes nebſt den getödteten erhalten; ſind es weniger als zehn Schaafe, ſo gehören ihm fünf Pfeile. Wer ein getödtetes Schaaf heimlich zu ſich nimt, verwirkt ein dreyjährig St. Vieh. Wer ein vor Ermattung eingeſunknes Kameel aus dem Koth zieht, ſoll zur Belohnung ein dreyjähriges St. Vieh haben. Bey Pferden iſt, in ähnlichen Fällen, die Belohnung ein Schaaf; für eine Kuh, 5 Pfeile. Wer einen Menſchen aus Mörderhänden rettet oder einem ganz verirrten und verhungerten zurecht hilft, ſoll ſo viel, als dieſer ihm nur geben kann, zum Lohn haben. — Die geringſte Belohnung eines Arztes, wenn ihm vorher auch nichts geboten worden, iſt, nach geheilter Krankheit, ein Pferd. — Wer einem fern von ſeiner Heymath befindlichen, der ſein Pferd auf der Jagd oder im Krieg verlohren und zu Fuß nicht zu den ſeinigen kommen kann, mit einem Pferde aushilft, hat noch eines dazu zu empfangen.

Wer von einem verurtheilten Widerſacher mehr, als die aufgelegte Strafe heiſcht oder ihm gar droht, ſoll ſein Recht verlieren. Kann ein Verurtheilter aus Armuth die Strafe nicht erlegen, und sein Aufseher bekräftigt dessen Unvermögen eydlich, so soll derselbe dem Widersacher zum Sklaven hingegeben werden, bis er für die aufge-legte Strafe gebüsset.

Wer einem durstigen einen Trunk Milch versagt, soll um ein Schaaf strafbar seyn. Wer einem Nachbar den Milchbranntwein mit Gewalt abnimt und austrinkt, giebt ein gesatteltes Pferd zur Strafe. — Wer im Zorn eines andern Wohnung beschädigt, verwirkt ein Pferd. — Wer im Bezirk des Feuerplatzes eines Fürsten einen Pfahl in die Erde schlägt, soll um sechsmal 9 St. Vieh gestraft werden; denn es ist ein Eingriff in des Fürsten Gewalt; Ein gemeiner Mensch verwirkt dadurch wenigstens 9 St. Vieh.

Wer aus Leichtsinn ein Vieh tödtet, soll es ersetzen und ein Pferd zur Strafe stellen. Wer unschuldig einer Dieberey beschuldigt und ver-urtheilt worden, nachmals aber seine Unschuld darthun kann, soll vom Kläger den doppelten Ersaz der Busse zurück nehmen. Falls ein Vieh-dieb, um seinen Streich zu verheelen, Mist, Knochen und dergl. von dem gestohlnen Vieh in ein fremdes Dorf überbrächte; der soll, wenn er entdeckt wird, dem Aufseher des beleidigten Dorfes 9 St. Vieh geben. — Wenn im Winter die Schneespur von gestohlnem Vieh nach einem Dorfe leitet, so soll, wenn der Schülünga gleich die Unschuld seiner Leute beschwören will, wenn keine andre Unschuldsbe-weise vorhanden, das ganze Dorf vor den Diebstahl haften und jeder Einwohner ein Pferd zur Strafe liefern. — Wenn sich von einer Räuberrotte jemand absondert, und von seiner Bande gerichtlich An-zeige thut, so soll er strafloß seyn und geschüzt, seine Busse aber den Mitschuldigen aufgelegt werden. Würde ihn jemand darüber mißhan-deln, dessen Strafe soll eine volle Panzierung und Rüstung und 9 St. Vieh seyn.

Eine Stafette die sich, auf erhaltnen Befehl, nicht gleich aufmacht, verwürkt irgend ein theures Stück und 8 Stück Vieh. Denen Stafetten lasset Reutpferde ohne Händel zukommen; wer sich weigert, soll zwey vor eins geben. Ihr Stafetten! wenn ihr ausge-schickt seyd, so betrinkt euch nicht in Brantwein, sonst wird man euch um 5 Stück Vieh strafen. Nur allein beym Fürsten habt ihr Erlaub-niß zu trinken.

Wer einen aufgenommenen Ueberläufer von fremdem Volk erschlägt, giebt zur Strafe fünfmal 9 Stück Vieh. Wer aber einen

Erster Theil.   D d   Ueber-

Ueberläufer zum Fürsten bringt, bekömt für den Mann ein Pferd zur Belohnung. Wer einen solchen, wenn er von neuem entläuft, ertapt und zurück bringt, kann von dessen Pferd, Waffen, Reitzeug und Kleidern, ja von aller Haabe, bis auf die Knechte und das Leben, die Hälfte für sich nehmen. — Wer ein verstoßnes Weib nehmen will, soll, wenn sie schön ist, ein theures Stück und 8 Stück Vieh, um eine mittelmäßige 5 St. um eine häßliche ein Pferd dem vorigen Mann entrichten. — Das Zeugniß eines Knechts gilt in allen Rechtsfällen nur alsdenn, wenn es sehr einleuchtend ist.

Wer einem andern auf der Jagd das Wild verscheucht oder gar wegschießt, der soll als ein Viehdieb oder nach den Umständen, um ein Pferd, Schaaf, oder fünf Pfeile gestraft werden. Wer ein an= geschoßnes Wild auffängt und verheelt, soll, wenns verrathen wird, fünf Stück Vieh geben. — Wer die von Jägern abgeschoßne Pfeile für sich aufsucht und zurück zu geben weigert, verwirkt ein Pferd. — Wer einen gelernten Stoßvogel, mit Leder an den Füssen, fängt und tödtet, dessen Strafe ist die nämliche.

Bey allen Klagen, sie seyen von welcher Art sie wollen, soll der Ankläger den neunten Theil der auferlegten Strafe empfangen.

Wer Kleinigkeiten, die nicht unterm Schloß verwahrt werden können, als Sattelzeug, Messer, Beil, Feuerstahl, Scheere, Ham= mer, Stricke, kleine Kleiderstücke, u. dergl. stiehlt, soll nach dem Ur= theil die Finger einer Hand verlieren. Will er sich davon loßkaufen, so zahle er vor jeden Finger, 2 grosse, 5 mittlere und 3 kleine Stück Vieh. — Vor den allerkleinsten Diebstahl, als Zwirn, schlecht Geräth, und dergl. ist die Strafe ein Schaaf mit dem Lam, oder aufs min= deste eine Ziege mit dem Böcklein.

Wer eine Sache anhängig macht und nicht hinlänglich bewei= sen kann, soll die Proceßkosten selbst tragen. Wer in seinem Hause den Gerichtsboten (Eltschi) nicht gehörige Nachsuchung thun läst, ver= lieret den Proceß; es sey denn daß keine Zeugen darüber wären und der Vorgesezte des Beklagten über dessen Unschuld den Eyd ablegte.

Wer einen Zauberer oder Zauberinn zu sich ruft und zau= bern läst, dessen Reutpferd und das Pferd des Zauberers soll der Angeber haben. Wer es verschweigt oder gar der Zauberey bey= wohnt, verwirkt sein eignes Reutpferd. — Ein Zauberer, der jemand

etwas

etwas angethan, soll um 5 Stück Vieh bestraft werden. Wenn er jemand mit Thieren, die in Zaubereyen erscheinen, als rothen Enten und Hunden, erschreckt, so ist seine Strafe ein Pferd. Mit gemeinen Schlangen, ausser der bunten Gebürgschlange, jemand Gaukeley vorzumachen, wird zum mindesten mit Verlust zweyer Pfeile oder eines Messers gerüget.

Zusaz zu den vorigen Gesetzen.

Wer unter zehn Tagen ein von Frost getödtetes Stück Vieh zu sich nimt und isset, giebt zur Strafe ein dreyjähriges Pferd. Wer ein Kind oder Mädgen von einem wilden Pferde rettet, soll zur Belohnung wenigstens ein Schaaf haben.

Wer eines angesehenen Mannes Weib entführt und bey sich hält, dessen Strafe ist ein Kameel und neunmal 9 Stück Vieh, und so nach dem Stande abnehmend, bis auf ein Kameel und dreymal 9 Stück Vieh, welches für Entführung eines geringen Mannes Frau die Busse seyn soll. Kann man aber die Entlaufnen nicht wieder bekommen, so soll des Verführers Weib und Vermögen dem beleidigten Theil gegeben oder die Brautgabe von den Verwandten der entführten Frau zurück gezahlt werden. Haben diese das Vermögen nicht; so mag der Fürst entscheiden.

Einen Pflegesohn kann der Pfleger, wenn er ihn nicht mehr leiden mag, ganz kahl von sich schicken. Allein Pflegetöchter können nicht von der Pflegerinn geschieden werden. Wenn sie über zehn Jahr alt sind, so statte sie der Pflegevater gemeinschaftlich mit dem rechten Vater aus, und theile mit diesem auch die Brautgabe.

Nahe Verwandte können sich untereinander nicht verklagen; ja wenn sich auch Geschwisterkinder unter einander bestehlen, die mögen sich selbst vergleichen.

Wenn verlohrnes Vieh aufgefangen und verkauft worden, so kann der Eigenthümer dasselbe, wo er es findet, wieder zu sich nehmen und erlegt dem neuen Besitzer nur die Hälfte des Preises. Wenn sich verlaufnes Vieh über ein Jahr in einer fremden Heerde befunden, ehe sich der Eigenthümer dazu findet; so muß dieser die Hälfte des Werths demjenigen, der das Vieh gehütet, abgeben. Auch der

junge

der junge Zuwachs, der in dieſer Zeit, durch Belegung fremder Beſchäler
oder Bullen, gefallen, verbleibt dem Schuzherrn des Viehes, wenn ſich
die Zahl nicht über zweymal neun Stück beläuft; Iſt ſie aber gröſſer,
ſo kann davon ein Theil mit dem Muttervieh abgefordert werden.

Des Galdan Chuntaidſhï (*) Befehl
iſt dieſer:

Gebietet denen Dämütſchi aller meiner Ottok, daß ſie ihre Leute in
ſcharfer Aufſicht halten und die Steuern zur rechten Zeit, ohne Ver-
nachläßigung einſamlen. Welcher Dämütſchi ſich in ſeinem Amt nicht
wacker verhalten wird, dem ſoll der Proceß gemacht und er nach Befinden mit Haab und Gut ganz herunter gebracht werden. Die älteſten Saiſſane derer Ottok ſollen die Dämutſchi in ſcharfer Aufſicht
halten und ihnen die Befehle bekannt machen, damit ſich dieſe nicht
mit der Unwiſſenheit entſchuldigen können.

Befehlet auch allen Dämütſchi, daß ſie die Armen und Bedürftigen pflegen und ſich ihrer annehmen. Sollte es ihnen an genug-
ſamen Mitteln fehlen, ſo ſollen ſie es dem älteſten Saiſſan in ihrem Ottok
anzeigen und von ihm die Mittel anweiſen laſſen; dieſe ſollen denn,
ohne Anſehn der Perſon, die Nothleidenden verſorgen. Wiſſen aber
auch die Saiſſanen zu ſolcher Verſorgung keine Mittel ausfündig zu
machen, ſo ſoll es durch das höhere Gericht dem Fürſten angezeigt
werden. Würden aber die alsdenn angewieſene Verpflegungsmittel
nicht redlich an die Bedürftigen verwendet, ſo daß dieſe zu klagen
Urſach hätten: ſo ſoll der Oberaufſeher darüber zur Rechenſchaft gezogen werden. Sollte gar ein Nothleidender hülflos umkommen, ſo ſoll
es der Vorgeſezte verantworten und, je nachdem er ſeiner ungewiſſen-
haften Boßheit überführt werden kann, zur gebührenden Strafe gezogen werden.

Damit allen Diebereyen ſo viel möglich vorgebeugt werde; ſo
ſoll je über zehn Familien ein Aufſeher (Achcha) verordnet werden,
der von ſeinen Untergebnen die genauſte Rechenſchaft zu geben ſchuldig
iſt. Habt ihr Spur, daß Leute unter euch ſind, die mit Diebereyen
umgehn, ſo thut darüber getreue Anzeige. Wer ſich darinn einer Nach-
läßig-

(*) Hier iſt der nachmaligen Buſchtu Chan zu verſtehn.

läßigkeit schuldig macht, von dessen Hand wird mans fordern. Die Gesetze der
Diebe aber haltet in Verhaft. Wer zweymal eines Diebstahls überführt
und verurtheilt worden und sein altes Handwerk zum dritten mahle
ausübt, der soll Weib, Kind und alles Vermögen verlieren und zum
Sklaven hingegeben werden. — Uberhaupt soll das Diebesgesindel
zusammen gethan und in einen eignen Ottok formirt werden, der nach
den Reguln andrer Aimaks unter der schärfsten Aufsicht stehn muß.
Solche Uebelthäter sollen überdem vor allem Volk gescholten und ge-
schändet, und ihre böse Thaten öffentlich bekannt gemacht werden;
jeder soll Recht haben sie zu beschimpfen. Niemand beklage sie,
sondern sage öffentlich, daß sie nach Verdienst leiden; so bin ich
euch gewogen!

Bey allem und jedem Proceß soll kein Gericht ausser den be-
stätigten Richtern gelten. Welcher Richter eines unbilligen Urtheils
dreymahl überführt werden kann, soll sein Amt verlieren; und welcher
durch Verzögerung der Untersuchung einem Dieb zu entkommen Gelegenheit, oder gar dazu die Mittel an die Hand giebt, soll um die
Hälfte seines Viehes bestraft werden. — Wer eine gerichtliche Sache,
die ihm selbst auch gar nichts angeht, zum Besten eines andern anhängig macht, soll zur Belohnung von den Strafgaben die Hälfte geniessen.

Wer die Abgaben an den Fürsten nicht zur rechten Zeit entrichtet, von selbigem wird man sie nachmals doppelt eintreiben. Wer
aus seinem Aimak flüchtig wird und in einem andern Schuz sucht,
soll als ein Wiederspenstiger ausgeliefert werden, und seinem Aeltesten
neun St. Vieh zur Strafe geben. Wer den Ueberläufer an seinen
Aimak zurück liefert, hat von dem Aeltesten des Dorfs ein Pferd und
von jedem Beywohner ein Schaaf zum Lohn zu gewarten. — Allem
Alter und Stande, Ruhe und Friede!

Des Galdan Chuntaidschi fernerer Befehl:

Auch alle Rechtshändel zwischen dem Oelötschen und Chotton-
schen Volk (städtischen Bucharen) sollen genau geprüft werden. Wir
wollen diesem nun mit uns verwandten Geschlecht sein Recht als Verwandten wiederfahren lassen, nie Unrecht mit Gerechtigkeit verwechseln,
und ihnen vorsezlich nicht das geringste Leid zufügen. Es soll mit ihnen völlig nach den alten Gesetzen verfahren und genau gerichtet werden.

Geſeße der mongoli-
ſchen Völ-
ker.

den. — Wir wollen Fremdlinge nicht unter uns als Sklaven verkaufen; und wer dergleichen ſiehet, ſoll berechtigt ſeyn Käufer und
Verkäufer, ſamt dem Löſegeld in Verhaft zu nehmen. Wer heimlich Leute verkauft oder kauft, von dem ſoll, wenn es erkannt wird,
zur Strafe der doppelte Werth eingetrieben und der Sklave frey gemacht werden. Wer zuvor Sklaven gehabt hat, ſoll ſie beſitzen,
ihnen aber auch kein Unrecht wiederfahren laſſen. Kann aber ein
Eigenthümer eines erbeuteten Sklaven ſich mit ſelbigem nicht vertra-
gen; ſo ſoll er ihn lieber ganz nackend von ſich jagen, als verkaufen. —
Eigentlich ſollen auch alle Buchariſche Chottons ihre Gerichte unter
ſich ſelbſt hegen; nur die Capitalſachen ſollen von uns entſchie-
den werden.

Sarwwa Manggalam! (*).

Neuerer Zuſaz zum Geſezbuch, unter Bekräftigung ſechs groſſer Geiſtlicher herausgegeben.

Dem geiſt-und weltlichen Stande zur Vorſchrift!

Die Geſetze der Geiſtlichkeit ſind dieſe, und ſind zur Erhal-
tung der Würde dieſes ehrbaren Standes verfaſſet:

Sollten geweyhete Prieſter (Gellong) durch Beyſchlaf mit
dem weiblichen Geſchlecht ihre Würde verletzen und das Verbrechen
wird offenbar, ſo ſoll zur Strafe ein Kameel an den Churrul (**)
abgegeben werden. Wegen Branntweintrinkens ſoll an den, der es
geſehn, ein Pferd verfallen ſeyn. — Wenn ein Gödſüll (Diakon)
eine Beyſchläferin hält, ſo ſoll er dem Churrul ein Pferd, und wegen
Branntweintrinkens ein Schaaf geben. Wenn aber Mandſhi (geiſtliche Schüler) wegen ſolcher Vergehungen angeklagt werden, ſo iſt die
Strafe des gröſſern Verbrechens nur ein Schaaf, für die Unenthaltſamkeit
im trinken aber 5 Kopeken werths. — Wer von dergleichen nicht ablaſſen
will, den ſondre man ganz ab und laſſe ihn in keinem Churrul erſcheinen,
auch

(*) Ein Indiſcher oder Enetkätiſcher Spruch, der ſo viel, als: Alles
werde frölich! bedeuten ſoll. — Der nachfolgende Zuſaz iſt unter
den Wolgiſchen Kalmücken, ſonderlich den Derbeten, entſtanden.
(**) Die gröſte Geiſtliche Verſamlung oder das Hoflager des oberſten
Lama einer Ulus.

auch kein Gurrum (Litaney für Kranke, oder abgeſchiedne Seelen) verrichten; ſondern entſeze ihn des geiſtlichen Standes und gebe ihn unter
andre Unterthanen. — Und wer als ein Mitglied dieſes ehrwürdigen
Standes ſich gröſſerer Unkeuſchheit und Schändlichkeiten ſchuldig
macht, ſoll unter das weltliche Gericht und Geſez verfallen ſeyn.

Bey Zuziehung junger Leute im geiſtlichen Stand gebt auf
aller Fähigkeiten und Vorzüge wohl acht; nach Gaben und Würden
belohnet, ehret und befördert würdige, kluge Leute. Kein Geiſtlicher ſoll
ſich ohne den Orkimoſhi (*) befinden; läſt er ſich aber ohne dieſen
Ornat ſehn, ſo ſoll ihm von dem Aelteſten des Churrul eine Strafe
auferlegt werden.

Heiliget die drey Bettage jedes Monaths mit Andacht; wer ſie
entheiliget, ſoll ein Schaaf zur Strafe geben, oder den Werth von
30 Kopeken und dabey drey Ohrfeigen ausſtehn; ein Armer giebt 10
Kop. und empfängt 5 Ohrfeigen. — Betet an den Bettagen, fa-
ſtet und leſet verdienſtvolle Bücher. Wer dagegen handelt und von
einem eifrigen Geiſtlichen mit Schlägen dafür gezüchtigt wird, der hat
ſich nicht zu beſchweren.

Alle Söhne vornehmer Eltern ſollen in den mongoliſchen Unterricht gegeben werden. Welcher Vater ſeinen Sohn, oder einen
ſeiner Söhne bis ins funfzehnte Jahr nicht dazu widmet, ſoll ein
Pferd zur Strafe und dazu ſeinen Sohn durchaus an den Bakſchi
(geiſtl. Lehrer) in die Schule geben.

Wer ein Gerücht von Kriegsunruhen vernimt, ſoll eiligſt den
Fürſten davon benachrichtigen und es überall bekannt machen. Alle
welche die Nachricht hören, ſollen ſich alsdenn ſogleich rüſten und
nach der Seite, da die Gefahr iſt, verſammeln. Wer es unterläſt
und zu Hauſe bleibt, ſoll, wenn er nicht gültige Hinderniſſe anführt,
2 mahl 9 St. Vieh zur Strafe geben. Wenn ein Aufgebot zum
Kriege ergeht, ſo ſoll derjenige, welcher ſich zur beſtimten Zeit einzufinden verſäumt, nach dieſem Geſez beſtraft werden; und wer vom
Kriegsheer nachmals entfliehet und nach Hauſe kehrt, ſoll doppelter
Strafe ſchuldig ſeyn. — Diejenigen, welche ſich im Krieg tapfer
beweiſen

(*) Ein rothes Gewand, welches wie eine Schärfe über die Schulter
getragen wird und der gemeinſte Ornat der Lamaiſchen Geiſtlichen iſt.

beweisen, soll man vorziehn und nach ihren Thaten mit Ehrenbelohnungen aufmuntern.

Welcher Fürst, seine Würde hintansetzend, sich in niederträchtige Händel mit seinen Unterthanen einläßt, hat sichs selbst zuzuschreiben, wenn sich jemand im Eifer an seiner Person vergreift und der Thäter kann deßwegen nicht zur Strafe gefordert werden; der Fürst soll sein Ansehn nicht auf solche Weise selbst in Gefahr stellen.

Ihr Richter soll die Processe nicht vorsetzlich verlängern und aufhalten; wer dessen schuldig befunden wird, soll seines Amts entsetzt, vor das Volk hinaus geführt und öffentlich verspottet werden. — Verwickelt auch nicht unschuldige Leute in Processe; wer dessen überführt werden kann, soll zehn Streiche leiden und ein Pferd an das fürstliche Hoflager liefern.

Ein Dieb soll unter seinem Saissan und dessen Gerichtsbarkeit verurtheilt werden. In ein andres Gericht zu gehn soll keinesweges statt finden, es sey auch bey wem es wolle. Wer eines Diebes Parthey nimt soll vor allem Volk verspottet werden. Der Dieb aber soll 50 Prügel und einen schweren Kloz (Chongor adsirga einen Monath lang am Halse zu tragen bekommen; auch sollen ihm Zeichen auf die Backen eingebrannt werden und man darf ihn nach Willkühr in die Krim, Kuban oder wohin man will verkaufen. Auch solche, die eine aufgelegte Strafe zu zahlen unvermögend, als Sklaven hingegeben sind, darf der Besitzer verkaufen; nur muß es vorher an gehörigem Ort angezeigt werden. — Die Nachbarn eines berüchtigten Diebes sollen auch mit büssen und zur Strafe ein Kameel an die Götzenhütte schenken, ihrer mag eine grössere oder geringe Anzahl seyn. Denn ein Dieb kann seinen Nachbarn nicht unbekannt bleiben. — Wer einen Diebstahl oder andre strafbare Händel angiebt, soll einen Theil der Strafauflagen zur Belohnung haben. — Wer aber um den Diebstahl gewußt hat und ihn läugnet, soll wenn er überführt ist, 15 Schläge dulden und ein Kameel an das Hoflager, demjenigen aber, der ihn als Verheeler offenbart hat, eine Kuh geben. — Wer einem Gesandten von Russen, Krym, Kuban, Zerkessen, Kirgisen oder andern Ausländern etwas stiehlt, soll aufs härtste gestraft und dem Angeber ein Kameel zur Belohnung werden. Wollte ein Ankläger dem Verurtheilten sein Antheil nachmals aus Freundschaft heimlich erlassen, so soll er, wenns bekant wird,

wird, vor allem Volk 25 Streiche leiden und sein Antheil wird für den Gesetze der Fürsten eingefordert werden. — Wer sich statt andrer einen Eyd abzule-mongolisch. gen fürchtet, kann durch Erlegung einer guten Busse an den fürstlichen Völker. Hof davon frey kommen.

Wer Waaren, mehr als einen Rubel an Werth stiehlt, soll dem, der es entdeckt, ein Pferd, an die Götzenhütte ein Pferd, an den Fürsten ein Kameel, an jeden der Richter eine Kuh, an den Unter= richter (Jergatschi) ein Pferd, an den Gerichtsboten ein Pferd, noch über die zuerkannte Strafe, erlegen.

Unter uns Derbet soll ein jeder die Ankunft fremder Gäste beym Dorfältesten anzeigen, und selbige zum übernachten lieber nach Hause weisen. Wer das zu thun vernachläßigt, soll allen Schaden allein tragen der dem Fremden zugefügt wird, und soviel Stück Vieh, als wegkommen möchten, ersetzen, auch überdies noch ein Pferd zur Strafe an das Hoflager liefern. Ja sollte von des Fremdlings Gut gleich nichts verlohren gehn, so soll er doch davor, daß er ohne Anzeige Fremde bey sich aufgenommen, ein Pferd büssen.

Im Gerichte fertige man diejenigen, welche sich zuerst einfin= den, auch am ersten ab: wichtige Sachen ausgenommen, die zuvor schon dem Richter gemeldet sind. Der Kläger und der Beklagte sollen sich jederzeit in Person vor Gericht stellen; hat der erste keine gründliche Sache, so soll er die Gerichtsboten lohnen und alle gemachte Weitläuftigkeiten durch Boten abbestellen. — Befindet man daß ein Gerichtsbote seinen Auftrag nicht ordentlich ausrichtet, sondern auf die lange Bank schiebt, so soll er vor allem Volk sechs Backenstreiche em= pfangen und sein Botenlohn einem andern Boten zugewandt werden. — Angeklagte müssen sich auf den bestimten Termin, der nach dem Ab= stand des Orts angesezt wird, unausbleiblich einstellen. Wer den Ter= min verfehlt, hat sein Recht verwirkt.

Wenn ein Dieb betreten wird und, um zu entkommen, einen Menschen verwundet, so soll er zur Strafe ein Sklave werden. Ver= wundet er nur ein Pferd, so ist ein Kameel die Strafe. Entwischt der Dieb, so soll er, um von der Anklage loß zu kommen, mit dem Ankläger um die Wette Pfeile auf ein Ziel schiessen und für jeden Fehlschuß ein Pferd hergeben. Vorsezliche Mörder sollen durchgängig, ohne Gnade das Leben verlieren.

Erster Theil.   E e   Wenn

Wenn sich Rotten zusammen thun, um in Zerkaß, Kuban, Krim und bey den Kirgisen zu rauben, so soll jedermann, der davon Kenntniß hat, sie verfolgen und umholen; wofür die Einbringer solcher Räuber reichlich belohnt werden sollen. Ist eine solche Bande wirklich auf Raub gewesen, so soll man ihr bey der Zurückkunft den Raub und die Reutpferde wegnehmen. Hat der Saissan darum gewust, so muß er ein Kameel zur Strafe geben, oder sich durch einen Eyd entlasten. — Wenn Unordnungen in einem Aimak vorgehn, so ist die Schuld fast allemal beym Saissan zu suchen; ein solcher muß abgesezt werden. — Kann ein Saissan beym Kriegsheer seinen Haufen nicht in Zaum halten, dessen Commando muß sogleich einem andern gegeben werden. Und welcher Kriegsanführer erhebliche Fehler begeht, soll nachmals den Russen zur Untersuchung überliefert werden.

Ihr Männer tragt das Haar eures Haupts geflochten! Weiber, geht in eurer Kleidung einher, und tragt keine weite Mannspelze! Den Wittwen soll es allenfalls erlaubt seyn. — Ihr Menschen gehorcht euren Aufsehern! thun sie euch aber Unrecht, so meldet es an den Fürsten, welcher sie alsdann richten lassen wird. Wer die zum Hoflager bestimmte Gegenden mit seinen Heerden abweidet und verderbt, soll ans Gericht ein Kameel und neun Stück Vieh entrichten. — Geringe Händel bringt vor eure Saissanen; grosse Klagen allein gehören vor das Obergericht, und da treibts aufs äusserste, bis zum glühenden Beil.

Sarwa manggalam!

Zu Erläuterung dieses lezten Ausdrucks im Gesetz und um die Beschreibung des Kalmückischen Rechtsverfahrens vollständig zu machen, soll noch von denen nach mongolischer Weise gebräuchlichen Eides-Versicherungen gehandelt werden.

Im gemeinen Leben bedienen sich die Kalmücken vielerley kleiner Schwüre und Betheurungs-Ceremonien. Dahin gehört vorzüglich, daß sie einen entblößten Säbel an ihren Nacken halten, die Mündung eines Flintenlaufs küssen, ein Pfeil mit der Spitze auf die Zunge und Stirn setzen, oder nur die Schneide eines Messers auf die Zunge legen, ja, wenn sonst nichts zur Hand ist, den Nagel des Daumens belecken

belecken (*) und dabey ſich verwuͤnſchen, ſo oder anders zu ſterben, Eidesverſi=
wenn ſie Unwahrheit betheuret haben. Ohne dieſe emblematiſche Handlun= cherungen
gen ſchwoͤren ſie noch: Uenaͤr (wahrlich, wahrlich!) — Tengeri namaihi der mongol.
alatuhai (Gott verderbe mich!) — Ger, Malan, Kooͤken, Koboͤhn Voͤlker.
Tengri nadaan bitele uͤſultei (die Tengri oder Geiſter moͤgen mir
mein Haus, Heerde, Frau, Kinder, nie wieder ſehen laſſen!) —
Mojoni zuchulaͤ chargoſuͤbi (Mag doch der Fuͤrſt mir zuͤrnen! —
Toͤroͤl bitehei olſuͤbi (Mag ich in kein Thier wieder gebohren wer=
den!) und was dergleichen Verwuͤnſchungen mehr ſind.

    Der feyerlichſte und vor Gericht guͤltige Eyd (Schachaͤn)
iſt bey den Kalmuͤcken mit folgenden Umſtaͤnden begleitet. Weil man
ſchon voraus ſezt, daß der beſchuldigte Dieb oder Verbrecher eine ver=
ſtockte Seele habe, und alſo einen getreuen Eyd zu leiſten unvermoͤ=
gend ſey, ſo muß entweder ſein vorgeſezter Auffſeher oder Saiſſan, ein
Nachbar, oder naher Verwandter, der um ſein Weſen und Auffuͤh=
rung am beſten wiſſen kann, an ſeiner Statt ſchwoͤren. Dieſem wird
einige Tage lang Zeit gegeben, um ſich nach der Wahrheit zu erkun=
digen und von der Unſchuld oder dem Verbrechen ſeines Clienten zu
verſichern. Koͤmt derſelbe nun an dem zum Eyd feſtgeſezten Tage
und weigert ſich zu ſchwoͤren, ſo wird der Angeklagte ſchuldig erklaͤrt.
Entſchließt er ſich aber zur verlangten Eydesleiſtung, ſo geht ſelbige auf
folgende Weiſe vor ſich. — Im freyen Felde wird mittelſt einiger in eine
Pyramide zuſammen gelehnter Stoͤcker und eines daruͤber gehaͤngten Filz=
mantels eine Art von Zelt formirt, unter welchem ein Tiſchchen und darauf
eine brennende Butterlampe (Sulla) mit einem aus Graßhalm und
Baumwolle gewickelten Tocht geſezt, uͤber demſelben aber entweder das
Bildniß eines der ſchrecklichen Goͤtzen (Maiman dokſchin) aufgehaͤngt,
oder eine Figur des oberſten der guten Goͤtzen, Schakſchamuih,
aufgeſtellt wird. Der Schwoͤrende muß vor dem Bildniß ſtehend laut
verſichern, daß der Angeklagte unſchuldig und faͤlſchlich belangt ſey;
        Ee 2   darauf

(*) Das Belecken des Nagels am rechten Daumen gilt darum fuͤr ein
    Betheurungszeichen, weil dieſer Nagel das toͤdtliche Werkzeug iſt,
    womit der Menſch ſich an den Laͤuſen, die ihn plagen, zu raͤchen
    pflegt; welches demnach, zufolge der Geſetze der Seelenwande=
    rung, auch den ſchwoͤrenden in einem andern Leben einmal beſtrafen
    kann.

Eidesverſi-
cherungen
der mongol.
Völker.

darauf betet er dreymal auf ſein Angeſicht niederfallend vor dem Götzen an, bläſet die auf dem Tiſchchen brennende Lampe aus und
ſetzt ſich den Fuß des Burchans auf die Stirn, welches die gewöhnliche Art iſt einem Götzenbilde Ehrerbietung zu erzeigen und ſich zugleich damit zu ſeegnen.

Bey bekannten Böſewichtern, die ſchon oft des Diebſtahls oder
falſcher Zeugniſſe überführt worden, wird die äuſſerſte Prüfung, durch
die Feuerprobe, (Andahär) vorgenommen, von welcher die Kalmücken
Sprichwortsweiſe ſagen: Chulluchaïtſchi Künmün ſchibähni Andahär (des Diebes letzte Zuflucht iſt die Feuerprobe). Dieſe Prüfung
aber geſchiehet alſo: Ein Beil wird vom Heft genommen und ins
Feuer gelegt, bis es glüht. Darauf nimt man es mit einer Zange
heraus und legt es auf zwey mit dem Obertheil in die Erde geſteckte
Steigbügel. Daſelbſt muß es der Beklagte mit der Hand oder auf
den Fingern nehmen und in eine zwey Schritt davon gemachte Grube werfen. Kann er dieſes vor Schmerzen nicht das erſte mahl, ſondern läſt es fallen, ſo muß er einen zweyten Verſuch thun; gelingts
auch denn nicht, ſo wird er zum dritten mahl dazu gezwungen. Darauf wird ſogleich der Aermel um die Hand zugenäht, damit keine
Brandmittel aufgelegt werden können, und nach drey oder fünf Tagen wird die Hand gerichtlich beſichtigt; Sieht man alsdenn daß
die Brandverletzungen in der Heilung ſind und gut ausſehn, ſo wird
der Schuldige frey geſprochen; eytern aber die Stellen und ſehen übel
aus, ſo wird er verdamt. — Diejenigen, welche ſolche Probe aus-
geſtanden haben, ſollen bezeugen, daß ein recht weiß glühendes und
ſprühendes Eiſen weniger brenne, als ein dunkelroth oder kaum
glühendes.

Bey denen zur lamaiſchen Religion noch nicht bekehrten Buräten iſt die Beſteigung eines, dieſem abergläubiſchen Volk höchſt
fürchterlichen Felſen, am weſtlichen Buſen des Baikals, den ſie
Ajechu-tſcholon (ſchrecklichen Felſen) und die Ruſſen Schamanſkoi
Kamen (Zauberfelſen) nennen, die allerſtärkſte Eydesverſicherung.

Kriegsord-
nung der
Kalmücken.

Auſſer der oben beſchriebnen obrigkeitlichen Eintheilung der
Uluſſen unter die Civilaufſeher, iſt noch eine andre, allgemeinere Eintheilung

theilung in Haufen oder Fahnen (Ottok) bey den Kalmücken einge-
ührt, welche ſonderlich im Ziehn und Lagern, am meiſten aber bey
Kriegsunternehmungen ihren Nutzen hat.   Die älteſten Unterthanen
des fürſtlichen Haufes, welche ſich zum Theil als Verwandte deſſelben
rechnen können, halten ſich im Lagern und im Treffen ſtets zur rechten, die übrigen aber, und ſonderlich die durch Krieg oder andre
Zufälle zu einer Horde geſchlagne Stämme, zur linken des Fürſten. —
Das Derbetiſche Volk, als der einige itzt noch unzertrennt an der
Wolga nachgebliebne Haufe, hat neun eigenthümliche Ottok, wovon
die zum rechten Flügel gehörige (Baaron ottok) nach dem Rang:
Boorol, Tuktun, Zorros, Schärgit und Söht heiſſen.   Die vom
linken Flügel (Süün-ottok) ſind Tſchonus, Büdermüß, Kübüt,
und Buchus.   Unter leztern werden Tſchonus, Büdermüß und Buchus
mit einem gemeinſchaftlichen Nahmen Taidſhut genannt und ſollen
nach einer alten Tradition von Tſchingischans eigner Ulus abſtammen
(*).   Zwey Stämme, Boorol und Tſchonus, theilen ſich in den
gröſſern und jüngern (Jike- und Baga- Boorol oder Tſchonus), weil
ihre Stamväter Söhne eines Vaters von verſchiednen Weibern ſollen
geweſen ſeyn.   Zu dieſen eigenthümlich derbetiſchen Ottoks iſt, nach
Entweichung der Chaniſchen Torgoten noch eine Anzahl der zurückgebliebnen des Stammes Erketenn, welche denen treugebliebnen
Fürſten vertheilt wurden, unter dem Nahmen Zoochor (**) gekommen.

Die Torgotiſche Horde hat, ſo viel ich habe erfragen können,
aus folgenden Ottoks beſtanden; und zwar erſtlich die Chaniſche Ulus,
auf dem rechten Flügel: Jike- und Baga-Erketenn, deren Urſprung
und Bedeutung oben iſt erläutert worden; Köbön-nojot, die ſich aus
Nebenlinien durch Erbſchaft geſamlet; Alyk-adoon, und Bagoot, die
von Soongariſcher Abkunft waren und worunter auch Choit geweſen. —
Zum linken Flügel der Chaniſchen Ulus gehörten: Jike-Keräht, Baga-
Keräht und Chachatſchin Keräht, die aus den entfernteſten Torgo-
Ee 3   tiſchen

(*) Man findet, unter dieſem Nahmen würklich einen von Tſchingis
abtrünnig gewordnen Stamm, beym Abulgaſi, angeführt (franz.
Ueberf. S. 162.).
(**) Zoochor bedeutet in eigentlichem Verſtand buntſchäckig; es zeigt aber
auch eine unächte oder vermiſchte Abkunft an, und iſt hier eigentlich ſo zu verſtehn.

Kriegsord-
nung der
Kalmücken.

tischen Nebenlinien herrührten; Jike-Saatun, Baga-Saatun und
Mailain-Saatun; und endlich Soongar, die flüchtige Ueberbleibsel
der grossen Soongarischen Horde. Die Ueberläufer (Sabssar) von
andern Ulussen, und die durch Heyrath oder andre Umstände zur
Chanischen Horde gesamlete Unterthanen, waren in besondre kleine Ottoks:
Ssabssor, Charachus und Chaburtschiner, vertheilt. Endlich war
noch die geistliche Ulus (Schäbinäre), welche unter Ajuka und andern Fürsten den obersten Lamen in Tybet und verschiednen Götzen geweyht, in Lamaïn, Bakschin, Ranshimbaïn, Jöüdshingin, Bur-
chanun, Sünkabaïn, Zordshin, Chutuktin-Schäbinäre eingetheilt
wurden und sich zum obersten Lama der torgotischen Horde hielt, dem
sie allein Gaben und Zehnten zu entrichten schuldig war, ohne dem
Chan, wie die übrigen Ottok, zinnsbar zu seyn. — Ganz abgesondert
von der Chanischen Horde und unter eignen Torgotischen Fürsten standen die Ulussen Jike-Zoochor und Baga-Zoochor, und die sogenannte Masarmüt, oder Tabun-Mutruk (fünf Horden), welche unter
der Nachkommenschaft des Mamoseren erblich verblieben und zulezt
den Fürsten Bambar zum Haupt hatten,

Bey den mongolischen Völkern überhaupt ist ein jeder Gemeiner oder schwarzer Mensch (Chara-Köön) ein Kriegsmann, muß
sein Pferd und seine Waffen in Bereitschaft haben und auf seines Fürsten Befehl im Felde erscheinen. Wenn ein Kalmückischer Fürst vor
sich zu Felde zieht, so bietet er alles erwachsne Mansvolk auf, welches sich, mit den Waffen die ein jeder hat, und mit Lebensmitteln
auf einige Zeit, beym fürstlichen Lager einfindet. Die Chane konnten
auch den Nebenfürsten anbefehlen, nach der geschäzten Zahl ihrer Unterthanen, ihr Contingent an Krigsvölkern zu stellen. Wenn das
Heer beysammen ist, so werden die alten, untüchtigen oder gar zu
schlecht berittnen ausgesondert und nach Hause geschickt. Darauf geht
die Eintheilung der Truppen vor sich. Die mit Schießgewehr versehene, wozu sich die beherzteren gewöhnen, machen unter dem Nahmen
Butschiner den einen Haufen; die mit Köcher und Bogen bewafneten
(Söberschinèr) den zweyten, und die, welche nur Lanzen oder Säbel und kein Schießgewehr haben (Choschootschinèr) den dritten
Haufen aus, wohin denn also die ärmsten unter dem Volk gehören.
Diese Haufen Reuterey, unter welchen auch noch die mit Panzern
versehene, wenn deren viele vorhanden sind, abgesondert zu werden
pflegen,

pflegen, theilt der Fürſt mit Hülfe ſeiner Vornehmen wieder in Schwa- Kriegsver-
dronen und Compagnien, über welche Anführer (Jaſſooltſchiner) ge- faſſung der
ſezt werden. Die Eintheilung geſchieht zu Funfzigen und Hunderten; Kalmücken.
der Anführer einer Schwadron von Hundert Pferden wird Sooni-
Jaſſool und ein Anführer über Funfzig Tabini-Jaſſool genannt.
Der oberſte Feldherr bekömt den Titel (*) Zerregin-Jaſſool, und
iſt er von fürſtlichem Geblüt Zerregin-Nojon.

Beym Fürſten ſelbſt wird auf Kriegszügen von einem der beſten und tapferſten ſeiner Edlen eine geweyhete Standarte (Tuk) getragen, auf welcher der Kriegsgenius Daërſchin Tänggri (**) mit
ſeinem ganzen Gefolge und allen ſinnbildlichen Attributen vorgeſtellt iſt.
Man ſieht darauf Löwen und Tyger, welche die Macht und Un-
erſchrockenheit, Hunde, welche die Treue und Wachſamkeit, Affen und
Schlangen, welche die Liſt im Krieg und Behendigkeit, Falken, welche die Geſchwindigkeit vorbilden, u. dergl. Solche geweyhte Flaggen werden denen Fürſten aus dem Tybet, vom Dalai-Lama zum
Geſchenk überſchickt und ſehr heilig gehalten.

Vor kleinen Kriegs-Expeditionen pflegen die Kalmücken, als
eine Vorſpiegelung vom Siege, ein Spiel, Schilä genannt, zu ver-
anſtalten. Ein verkleideter und von allem unterichteter Kalmück muß,
wenn das Kriegsheer verſammelt iſt, ſich in voller Rüſtung, gleichſam
als ein Kundſchafter, dem Lager nähern. Sogleich wird er von den
Wachthabenden verfolgt, mit blinden Schüſſen nach ihm gefeuert und
derſelbe endlich gefangen eingebracht. Man bindet ihn, ſtellt ſich als
ob man ihn ſchlüge und befragt ihn nach dem Stande, der Macht
und Verfaſſung der Feinde, nach der Wahrſcheinlichkeit einer glücklichen
Expedition, u. ſ. w. Es verſteht ſich daß die Berichte alle günſtig
und vortheilhaft ausfallen, und ſo wird dieſes Kinderſpiel mit der
Freylaſſung des Gefangnen geendigt.

Vor wichtigen und gefährlichen Heerzügen iſt noch eine andre Ceremonie gebräuchlich, die den Nahmen Daërſchin-tängeri-tokcho bekömt.
Man macht auf der Steppe, in der Nähe des verſammelten Kriegs-
heers,

(*) Zerregin bedeutet ein Kriegsheer in der mongoliſchen Sprache; einen
Haufen oder Schwadron nennen die Mongolen Tamba; Daëtſchi
heiſt ein Krieger oder Soldat, und bey den Mongolen iſt auch Mä-
genn dafür gebräuchlich; Ssokong aber bezeichnet einen Bogenſchützen.

(**) Die gewöhnliche Vorſtellung deſſelben wird im zweyten Theil, unter
andern Götzenbildern mitgetheilt werden.

Kriegsver-
fassung der
Kalmücken.

heers, aus Heu oder Graß eine grosse Menschenfigur, bekleidet selbige mit schwarzem Filz und bewafnet sie aufs beste. Gegen diesen Kriegsteufel rückt das ganze kalmückische Heer in der gewöhnlichen Ordnung aus, so daß alle mit Feuergewehr bewafnete Schützen auf den Flügeln, in der Mitte aber die ganze Geistlichkeit, mit Pauken und voller geistlicher Musik einhergeht, unter welcher auch eine Flagge mit dem Bildniß des Kriegsgenies Daëtschin-Tänggri auf einer Lanze empor getragen wird. Sobald sich das Treffen dem Heumann auf einen Büchsenschuß genähert hat, fängt auf einmal die ganze geistliche Musik an zu spielen, das Heer erhebt ein lautes Geschrey und stürmt mit Schiessen auf den Heumann los, welchem vorzüglich mit der Lanze des Daëtschin-Tänggri ein Stoß gegeben und diese Figur, so bald sie zur Erde stürzt in kleine Wische zerrissen und verbrannt, die Flagge des Kriegsengels aber, an der Stelle wo das feindseelige Schreckenbild gestanden, aufgepflanzt wird. — Leute welche von solchem Spielfechten, bey Gelegenheit der zwischen den Derbeten und Torgoten entstandnen Feindseeligkeiten, unter erstern am Ssallfluß Augenzeugen gewesen sind, haben mir diese Umstände erzählt.

In einem Soongarischen Calender habe ich ein vor Feldschlachten zu gebrauchendes Kriegsgebet gefunden, welches an den vergötterten Gessürchan, den Bacchus und Herkules der Mongolen und Chineser, gerichtet war und mit dem indianischen Tarni: Om aa chum gha gha lien bassang lah! (*) und der Anrufung anfängt: Du des erhabnen Hrud-Bogdo-Tänggri Chubylgan, du Ueberwinder der Schlachten, Gessürchan! Du mein Kriegsheersführer nimm dich nun unsrer an, zc.

Bey Gefechten, wo ganze Kalmückische Heere, unter Anführung ihres Fürsten oder eines Feldherrn einen Anfall zu thun oder zu empfangen haben, pflegt ihre Kriegsregel und gewöhnlichste Schlachtordnung diese zu seyn. Die Schützen (Butschiner) sitzen ab, lassen
ihre

(*) Tarni werden die schon vorhin ewähnte Beschwörungsformeln, welche die Tybetische Abgötter aus der Indianischen heiligen Sprache übernommen haben, genannt; und geistliche, von welchen man glaubt, daß sie vermöge ihrer Heiligkeit oder kräftigen Glaubens diesen Formuln eine vorzügliche Würksamkeit zu geben vermögen, heissen davon: Tarnitschi!

ihre Pferde hinter dem lezten Treffen und gehn dem Feinde zu Fuß
entgegen, feuern, ſobald ſie nahe genug ſind, zu funfzigen, gleichſam
plotonweiſe, ſonſt aber ohne Glieder zu halten, und ſuchen ſich dabey
ſo gut als moͤglich vor den feindlichen Schuͤſſen zu bewahren; daher
die meiſten, wie auf der Jagd, auf dem Bauch kriechen und aus
ihren Buͤchſen zielen.   Iſt der Feind mit dem Feuergewehr nicht in
die Flucht zu treiben und koͤmt mit Macht zum Angriff, ſo ziehen ſich
die Schuͤtzen durch das anruͤckende zweyte Treffen der Bogenſchuͤtzen
(Soͤbetſchiner), ſo geſchwind ſie koͤnnen zuruͤck.   Dieſe jagen
dann haufenweiſe hin und wieder und ſchieſſen ihre Pfeile ab,
doch ſo, daß ſie zulezt noch einige zur Nothhuͤlfe behalten.
Schieſt auch der Feind mit Pfeilen und das Treffen dauert ſo
lange, daß die Pfeile zu fehlen anfangen, ſo ſitzen einige ab und
ſamlen hinter dem Treffen die Pfeile von der Erde auf.   Das lezte
Treffen macht die mit Lanzen und Saͤbeln verſehene Mannſchaft
(Choſchootſchiner) aus, hinter welcher ſich der Fuͤrſt mit denen die
am ſchlechteſten beritten ſind aufhaͤlt, wo auch die Pferde der Schuͤtzen
gehalten werden und das Lager mit dem Gepaͤcke in der Naͤhe iſt. —
Koͤnnen endlich auch die Bogenſchuͤtzen den Feind nicht mehr aufhalten, ſo empfaͤngt ihn das zum Handgemenge bereite Treffen der Lan-
zentraͤger, worunter ſich denn die Panzernen und alles, was herzhaft
und mit Saͤbeln verſehen iſt, miſchet.   Die Bogenſchuͤtzen fangen
dann an ſich fliehend zu ſchlagen, welches nach dem Geſtaͤndniß der
Kalmuͤcken ihre beſte, und mit den unvermutheten Anfaͤllen aus der
Flucht ihre gluͤcklichſte Art zu ſchlagen iſt. — Geſchieht die Action
nahe vor dem Lager und es ſieht gefaͤhrlich aus, ſo laͤſt der Fuͤrſt
zeitig zum Abzug des Gepaͤckes und der ſchlecht berittnen Mannſchaft
Anſtalt machen.   Die beſte Cavallerie haͤlt den Feind indeſſen auf,
geht ihm abwechſelnd entgegen und macht die zu dreiſt und trupweiſe
verfolgende zu nicht, welche anzulocken immer die herzhafteſten und am
beſten berittnen einzeln zuruͤck bleiben und ihre Pferde tummeln, als
ob ſie nicht recht fort wollten u. ſ. w.

Was uͤbrigens die Kalmuͤcken izt vor Helden ſind, wenn ſie
einen ſtandhaften und entſchloßnen Feind vor ſich haben und die erſte
Hitze vorbey iſt, davon ſey es hinlaͤnglich nur ein Beyſpiel zu erzaͤhlen.
Beym lezten Ueberfall der den Kalmuͤcken 1769. uͤber ein Kubaniſches
Heer gluͤckte, welches in der erſten Hitze mit einer groſſen Niederlage

über den Haufen geworfen wurde, entkamen etwan vierzig der vornehmſten und tapferſten, alle wohl bepanzert, mit dem Hauptanfüh-
rer Koſlänbek, in ein Thal, ſaſſen von ihren Pferden ab und machten ſich in dieſer Verfaſſung bereit, weil ihnen die Flucht abgeſchnit-
ten war, ihr Leben theuer zu verkaufen. Aus dem ganzen Kalmückiſchen, über 30,000 Pferde ſtarken Heer getraute ſich niemand dieſen kleinen Haufen anzufallen, ſondern ſie begnügten ſich von ferne mit Büchſen
unter die Kubaner zu ſchieſſen, welche vor den Schüſſen in ihrem
Thal ſicher genug lagen.   Ja da dieſe endlich, nach Ausraſtung
ihrer Pferde, vielleicht auch durch den ſchlechten Muth der Kalmücken verwegner gemacht, ſich zuſammen aufmachten und wohl geſchloſſen gegen das Gebürge zogen, wollte niemand auf ſie anſetzen; ſo
daß dieſe kleine Parthey, mit dem Verluſt einiger wenigen, glücklich
entkam. — Uberhaupt bezeigen ſich die Kalmücken beym erſten Angriff am beherzteſten; finden ſie Widerſtand, oder ſehen ſie Gefahr, ſo
nimt ein jeder gern zuerſt das Reißaus. Anders war es bey den
Soongaren, welche mehr an Gefahren gewöhnt und durch eine ſtrenge-
re Oberherrſchaft von Seiten der Fürſten verpflichtet waren, ihre Schul-
digkeit im Kriege zu thun; wobey noch der Nationalhaß und die gröſſere Muthloſigkeit der Mongolen und Chineſer, mit welchen ſie ihre
Kriege führten, viel zum Glück ihrer Waffen beytragen konnte.

Auf Kriegszügen treiben die Kalmücken, ſtatt der Proviant-
wagen, lebendes Vieh, ja auch milchende Kühe und Stuten mit ſich, und
jeder hat auf ſeinen Handpferden einen kleinen Mundvorrath an Käſe, Meel, und dergl. bey ſich.   Wenn ſie bey der ruſſiſchen Armee
Dienſte leiſteten, ſo pflegte ihnen von dem Tage ihrer Ankunft an,
wie den Kaſacken, ein gewiſſer Proviant gereicht zu werden.   Groſſe

Pl. 6. a. Kriegsparthehen führen auch, ſonderlich im Winter, beſondre Feldgezelte
(Zeregien Chatchaatſchi Gerr) auf Kameelen bey ſich, mit wel-
chen ſie ſich Geſellſchaftsweiſe lagern.   Dergleichen Gezelte beſtehn
aus vierzig bis funfzig vier Fuß langen, unten geſpizten Stäben, an
deren obern Ende eben ſo viel andre ſieben bis acht Fuß lange, ge-
lenksweiſe mit kleinen Riemen befeſtigt ſind.   Dieſe längern Stäbe
ſind am obern Ende an einen Riemen gereiht, vermittelſt deſſen ſie
in Ordnung gehalten und, wenn man die Hütte aufſtellen will, im
Kreiß zuſammen gefügt werden.   Die kürzern, geſpizten Stäbe werden alsdenn in einem gehörigen Umkreiß in die Erde geſteckt, ſo daß
die

die obersten zusammen ein conisches Dach bilden; und dieses Gerüst wird mit leichten Filzen bekleidet. — Weil eine solche Hütte, um zu einem Gefängniß zu dienen, viel zu locker gebaut ist, so pflegen die Kalmücken und Mongolen ihre Kriegsgefangne, oder wen sie sonst genau bewachen wollen, gebunden unter einem ausgebreiteten grossen Filz übernachten zu lassen und sich rund um, auf dem Rand des Filzes selbst schlafen zu legen; da denn jede Bewegung des Gefangnen die Wächter wecken und der Flucht hinderlich seyn muß, die auf dem Marsch dadurch verhütet wird, daß man die Gefangnen auf Handpferden führt, und ihnen die Beine unter des Pferdes Bauch bindet.

Hier muß ich noch bemerken, daß die Kalmücken in ihren Scharmützeln, wenn sie die Oberhand behalten oder sonst nur Zeit dazu haben, den erschlagnen Feinden die Galle und auch wohl das Fett auszuschneiden nie unterlassen, weil beyde unter ihnen nicht nur als Wahrzeichen der bewiesenen Tapferkeit, sondern auch als Arzneymittel angesehn und das Menschenfett sonderlich zur Heilung frischer Wunden vortreflich gehalten wird. Auch den gefallenen Pferden pflegen sie, als eine Trophee, die Ohren abzuschneiden und mit sich zu nehmen.

⁂ ⁂ ⁂

Zum Beschluß noch etwas vom Hoflager, Staat und Ceremo- niell Kalmückischer Chane und Fürsten. — Das Hoflager (Oergö) eines Fürsten pflegt immer mit einer grossen Anzahl Vornehmer und Gemeiner begleitet zu seyn, die sich, so viel es seyn kann, in einen weiten Kreiß um die fürstliche Wohnungen lagern und diese, zugleich mit den fürstlichen Götzenhütten (Buchanin=oergö) und denen die zu geistlichen Versammlungen bestimt sind (Churulin=Oergö) einschliessen. Der Fürst und die Fürstin wohnen in abgesonderten, sehr geraumen und innenher aufs beste gezierten, ja auch wohl mit Seidenzeugen behangnen, weissen Filzhütten, welche Farbe zu den Wohnungen aller Vornehmen und der höhern Geistlichkeit, so wie auch zu den Götzen und Versammlungshütten, durchgängig beliebt wird. Hinter dem Gezelt des Fürsten sowohl, als der Fürstin ist eine kleinere Hütte zur Küche (Sama), eine andre zum Theekochen (Zaitschi) und noch eine dritte (Dscholong) zu heimlichen Verrichtungen. In einigem Abstand von den fürstlichen Hütten schlagen die Stallmeister (Moritschi) des Fürsten und der Fürstin, jeder an seiner Seite,

F f 2

ihre

ihre Hütten auf. — Die geistlichen Wohnungen befinden sich immer
in einem noch beträchtlichern Abstand von den fürstlichen Wohnungen
und es werden bey der Versammlungshütte, wenigstens bey festlichen
Gelegenheiten, heilige Flaggen (Dardzak oder Ki-morin) aufgepflanzt,
von welchen unten gehandelt werden soll. — Beym fürstlichen Gezelt
pflegt stets, als ein Zeichen, eine grosse Lanze (Dshidda) aufgesteckt zu
seyn, welche ausser der eisernen Spitze noch eine zwey Spannen lange
Schneide am Schaft herunter und darunter zwey Quäste von fünffär-
biger Seyde, einen unter dem andern, zu haben pflegt. Reitet der
Fürst aus, so wird diese Lanze stets mit ihm getragen und fehlt alsdenn vor dem Gezelt.

In der südlichen Hälfte des Kreises welcher das Hoflager
umgiebt, pflegt sich die zum Gefolge gehörige Geistlichkeit zu lagern,
und dieser Theil des Lagers wird Dsaik genannt; derjenige Theil
aber, wo der weltliche Troß ohne Unterschied seine Hütten aufschlägt,
bekömt den Nahmen Zachar.

Wenn ein Unterthan vor seinem Fürsten erscheint, so muß er
sich ohne das Haupt zu entblössen tief gebückt nähern und mit beyden
aneinander gelegten Händen dessen linke Hüfte oder gar den Saum des
Kleides berühren; welches der Fürst mit einem großmüthigen Schulter-
klopfen erwiedert. Das größte Zeichen der Unterthänigkeit, welches Gemeine ihren Fürsten oder Saissanen erweisen, ist daß sie sich mit dem
Zipfel des Kleides ihres Patrons den Kopf berühren. Die Geistlichkeit
ist von allen dergleichen Zeichen der Unterwerfung gegen den weltlichen
Oberherrn, so wie von Abgaben befreyt, ja der Fürst erweist seinem
obersten Lama vielmehr gebückt die tiefste Ergebenheit, um dessen Seegen zu empfangen.

Wenn sich Gemeine in Gegenwart eines Fürsten oder Vornehmern auf die Erde niederlassen, so geschieht es nie (wie sonst bey Ihnen
und im ganzen Orient gewöhnlich ist) mit kreuzweiß unterschlagnen
Füssen, sondern vorwärts niederkniend und sich dann auf die Hacken
zurück setzend. Die Mützen abzunehmen ist nur gebräuchlich, wenn sie
vor dem Chan, ihren Fürsten oder dem Lama mündliche Befehle empfangen sollen. Um vor etwas dargereichtes oder sonst eine Gnade ehrer-
bietig zu danken, berühren sie ganz flüchtig, ohne einige Verbeugung,
die

die Stirn mit dem zuſammen gelegten Daumen und Zeigefinger, faſt nach Art unſrer Grenadierer.

　　Unter einander grüſſen ſich die Kalmücken mit dem freundli-chen Zuſpruch Mendu! (Wohlauf!) ohne Verbeugung oder Berührung der Mütze. Vornehme haben doch auch (und noch mehr die geſitte-tern Mongolen) einige wörtliche Höflichkeits-Bezeigungen, Erkundi-gungen nach dem Wohlſeyn und gute Wünſche beym Abſchied im Gebrauch. — Wenn ſich ein paar Freunde lange nicht geſehen, ſo geben ſie einander die rechte Hand beym Gruß, uud Vornehmern nimt der Geringere die Hand zwiſchen ſeine beyde. Umarmungen ſind, auſ-ſer am erſten Morgen des jährlichen Zaganfeſtes, nicht gebräuchlich. Ja man ſieht ſie auch nie ihre Weiber oder Dirnen küſſen, und die Kalmücken verſichern, das es ſogar bey ihren vertrauteſten Umarmun-gen nicht gewöhnlich iſt.

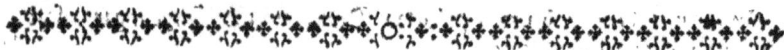

❧❧❧❧❧❧❧❧❧❧❧❧❧❧❧❧O❧❧❧❧❧❧❧❧❧❧❧❧❧❧❧❧

II.

Verfaſſung der Mongolen und Buráten, unter Chineſiſcher und Rußiſcher Herrſchaft.

Verfaſſung
der Mongolen.

Die Mongolen, welche nun unter dem Schuz des Chineſiſchen Reichs ſtehn, leben zwar gröſtentheils noch unter ihren angeerbten Stamfürſten, aber dieſe haben ihre Unabhängigkeit weit mehr, als je die Wolgiſchen Kalmücken, verlohren und ſind im ſtrengſten Verſtand Vaſallen geworden. China unterhält in verſchiednen Gegenden der Mongoley, vorzüglich beym Hoflager des Mongoliſchen Pabſtes oder Chutuktu, am Tolafluß, in den Buchariſchen Städten und der, ſeit Zerſtreuung der Soongaren, an der ſüdöſtlichen Seite des Altaiſchen Gebürges neuangelegten Gränzfeſtung Hobdo, ſeine Befehlshaber, bey welchen ſich die Häupter der Mongoliſchen Stämme in einer politiſchen Abhängigkeit aufhalten müſſen, die man ihnen, ſo lange ſie ſich gehorſam bezeugen, mit Ehrentiteln und Jahrgeldern ſüß zu machen ſucht, um durch ſie die Nation im Zaum zu halten.

Sonſt führten die vornehmſte Mongoliſche Fürſten (Tajidſhi), wie die Kalmückiſche, die Titel Chan und Chuntaidſhi, welche ihnen vom Dalai-Lama, und ich glaube, auch vom Chutuktu beygelegt wurden. Izt empfangen ſie ihre Titul vom Chineſiſchen Hofe, worunter der vornehmſte Oang oder Ouang iſt. Es giebt unter den Mongolen dergleichen, die nach dem Chineſiſchen Etiket vom erſten Hofrange (Tſchin-Oang), andre die von der zweyten Ordnung ſind (Gun-Oang). Die geringern Fürſten und Edle (Sajiſſang) werden zu Unterofficianten (Sajid) unter den Titeln von Büli, Beyſſi und Sangin ernannt. lezteres ſind die geringſten Befehlshaber, die gemeiniglich ohngefähr anderthalb hundert Mann unter ſich haben, und dergleichen in den Gränzwachten und Poſtirungen an den Karawanenwegen, welche die Mongolen beſetzen müſſen, das Commando führen. Die erſteren ſtehen gröſſern Haufen oder Fahnen und ganzen Stämmen vor.

Beym

Beym Haupt = Commando der Gränze, die gegen das östliche Verfassung Sibirien liegt, in der am Tolafluß nunmehr zu einem unveränderlichen der Mon- und befestigten Wohnplaz gewordnen Oergö des Chutuktu, befinden golen. sich ausser dem Chinesischen Oberbefehlshaber, einem, über das Ceremoniell wachenden Mandarin, und ihren Unterbedienten, der zum Oberhaupt des Mongolischen Heers von China ernannte Fürst und die aus der Zahl der Mongolischen Fürsten sonst noch gewählte Beysitzer oder Räthe (Tussulaktschi). Von diesem Gränzcommando werden mit dem rußischen Gränz = Befehlshaber, wegen aller vorfallenden Gränzangelegenheiten, häufige Briefe und Bothen gewechselt, welche leztere von Chinesischer Seite, oft um einer Kleinigkeit willen, mit dem Ehrentitul Boschka (Abgesandte) abgefertigt werden und nebst ihren Gehülfen und Schreibern das Ehrenzeichen einer Hofbedienung, nämlich einem gläsernen Knopf auf der Müße, und davon nach hinten herabhängenden einfache Pfauenfederspize, zu tragen pflegen. Dergleichen Chrystall = und Glaßknöpfe von verschiednen Farben führen auch die Mongolische Fürsten und Vornehme zum Zeichen des ihnen vom Chinesischen Hofe ertheilten Ranges.

Die wenige Mongolische Stämme, welche unter Rußland ver-Verfassung blieben sind, zahlen, wie die Buräten und andre Sibirische Nationen, der Burä- einen mäßigen Tribut an die Krone, oder leisten auch ohne Sold ten. Kasackendienste. Einige Stämme davon haben noch izt ihre angeerbte kleine Fürsten oder Taischen über sich; doch hat man neuliche Fälle gehabt, da, mit Uebergehung der Taischenkinder, andre vermögende Leute zu dieser Würde sind erhoben worden. Die mehresten Stämme haben nur Sajissanen zu Häuptern, deren Ernennung, so wie auch die Bestätigung der geistlichen Würden, völlig von den rußischen Befehlshabern abhängt. Nächstdem sind sowohl bey den grössern, unter Taischen und Saissanen stehenden Ulussen, als auch bey den kleinern burätischen Stämmen, welche dergleichen nicht haben, sogenannte Schulüngas verordnet, welche im Range den Saissanen nachstehen, und diesen sind wieder Unterofficianten zugeordnet, die man Sassul nennt. Ueberdem pflegt auch ein jedes Geschlecht einen Damall zu wählen, und nach Gefallen abzuwechseln, welcher die zu Kronsdiensten und auf die Poststationen zu stellende Pferde besorgen und die Eintheilung der dazu erforderlichen Kosten auf selbige Ulus machen muß. Obige Vorgesezte verwalten zwar die kleine Ge-

richt-

Verfaſſung der Burä̈ten. richtbarkeit unter ihren Stämmen; ihr Anſehn aber iſt in ſofern eingeſchränkt, daß ein jeder Untergebner, wenn er nur das Vermögen dazu hat, an die ruſſiſche Obrigkeit appelliren kann. Den Tribut zahlen viele dieſer Vorgeſezten aus ihrem Mittel in Gelde für den ganzen Stam, und treiben dann, ſonderlich zur Jagdzeit, den Antheil eines jeden ihrer Untergebnen mit reichlichem Wucher ein, wodurch ſie leztere am meiſten in ihrer Abhängigkeit erhalten.

Ende des erſten Theils.

D. R. Michelmann inv. et del. omnes

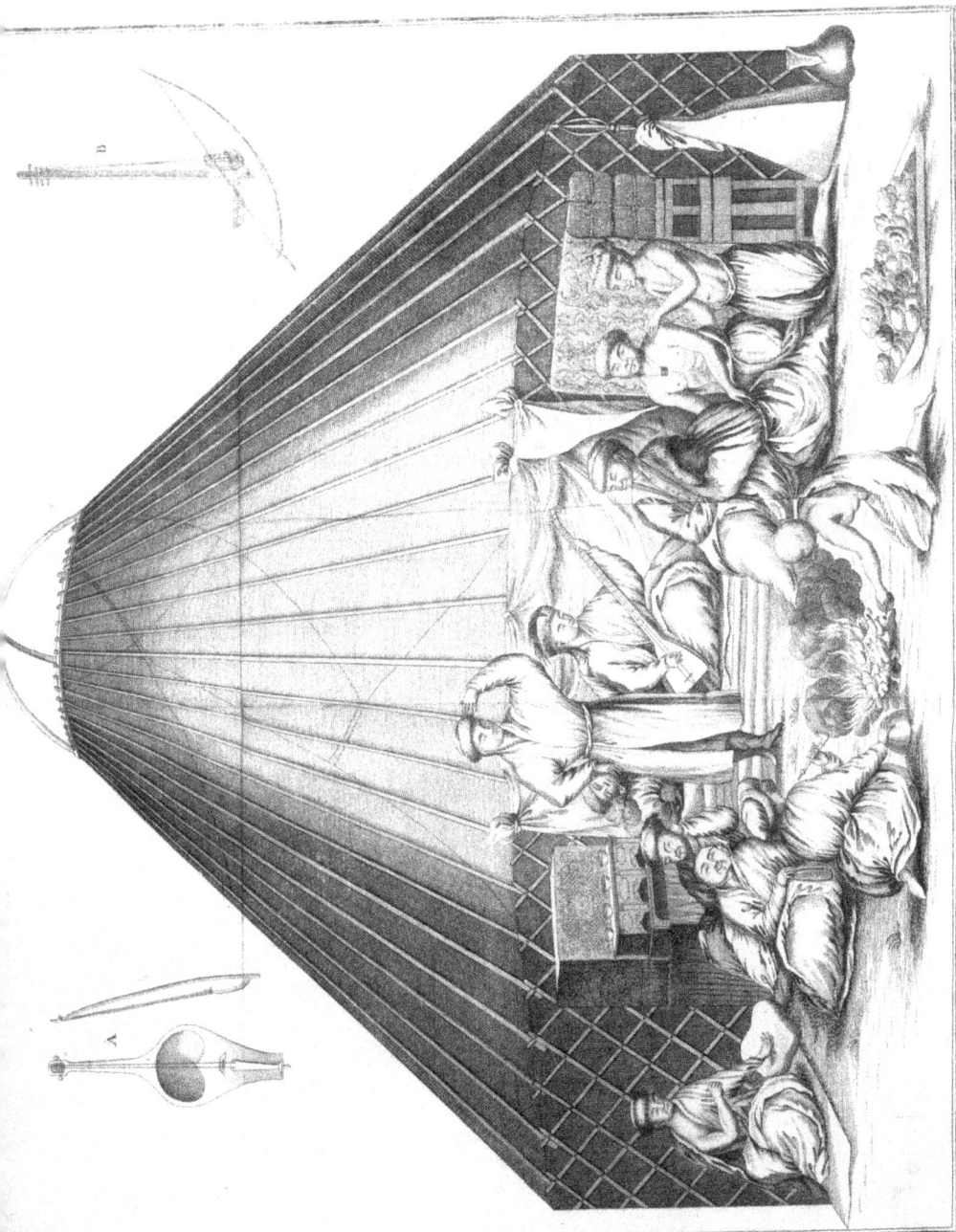